在线社交网络信息传播建模
与舆情演化分析

刘小洋　著

科 学 出 版 社

北　京

内 容 简 介

本书主要围绕在线社交网络信息传播与舆情演化分析展开，旨在反映在线社交网络信息传播过程与舆情演化规律。主要从在线社交网络影响力最大化、在线社交网络社区发现、基于突发公共事件与负反馈能力、热扩散运动下的信息传播规律、人工神经网络、社交网络用户自身属性、节点信息负反馈与竞争性特性、微博舆情信息等角度，深入剖析在线社交网络信息传播规律、传播模型与舆情演化规律，并结合真实在线社交网络案例进行舆情演化分析。本书总结了作者团队的研究成果和实际的研究经验，同时总结和梳理了在线社交网络信息传播与舆情演化分析的研究现状和未来的发展动态。

本书涉及计算机科学、数学、社会学、新闻与传播学、管理学等多个学科领域，可供从事社交网络的科研人员和高等院校相关专业的研究生、本科生阅读，也可为从事社交网络、复杂网络、新闻与传播学、动力学及大数据分析相关领域工作的教学、科研人员提供参考。

图书在版编目（CIP）数据

在线社交网络信息传播建模与舆情演化分析/刘小洋著. —北京：科学出版社，2020.11
ISBN 978-7-03-064623-1

Ⅰ．①在⋯ Ⅱ．①刘⋯ Ⅲ．①网络传播－模型算法控制-研究 ②互联网络-舆论-研究 Ⅳ．①G206.2

中国版本图书馆 CIP 数据核字（2020）第 038723 号

责任编辑：宋 芳 吴超莉／责任校对：王 颖
责任印制：吕春珉／封面设计：东方人华平面设计部

科学出版社 出版
北京东黄城根北街 16 号
邮政编码：100717
http://www.sciencep.com
三河市骏杰印刷有限公司 印刷
科学出版社发行 各地新华书店经销

*

2020 年 11 月第 一 版 开本：B5（720×1000）
2020 年 11 月第一次印刷 印张：13 3/4 插页：5
字数：277 000
定价：108.00 元
（如有印装质量问题，我社负责调换〈骏杰〉）
销售部电话 010-62136230 编辑部电话 010-62135397-2052

前　言

　　近年来,随着在线社交网络(online social network,OSN),如 Twitter、Facebook 和新浪微博、微信、抖音等的飞速发展,越来越多的用户通过这些平台与朋友们分享信息。在线社交网络已经成为人们生活的一部分,为人们提供了传递信息、分享心情、表达观点等功能。2017 年,美国的 Facebook 月活跃用户达到 20 亿。在线社交网络具有开放性(如任何人都可以加入其中并与外部世界产生联系)、互动性(如通过回复和转发,用户可以与朋友就一部电影或一个事件进行互动)和时效性(如用户可随时更新状态信息)。用户的参与在社交网络上会产生巨大的数据流。Twitter 上平均每天新发出 50 亿条信息,如人们可能对突发事件发表自己的看法,或者仅仅是更新状态信息告诉朋友们自己的日常生活;企事业单位或公司会倾向用有较大影响力的用户来推销新产品。

　　本书主要对在线社交网络的信息传播与舆情演化的规律进行全面系统的研究。在线社交网络产生的海量数据是动态流动的,并且在用户间进行传播,一旦用户觉得某个内容有趣,就可能转发给朋友,如果被转发信息的朋友同样喜欢该内容,也可以把这个内容进一步分享给自己的朋友,信息从而得以在网络上传播和扩散,那些接收信息的用户即受影响用户或活跃用户。然而,信息通过在线社交网络进行传播的机理仍然未知。而理解海量信息的传播机制非常重要,它可应用于诸多领域,如病毒式营销、社会行为预测、社会化推荐、社区发现、群体发现、舆情监测等。此类问题吸引了来自流行病学、计算机科学、社会学等不同领域的研究学者,他们提出了不同的信息传播模型,用以描述和仿真信息传播的过程,如独立级联模型(independent cascade model,ICM)、线性阈值模型(linear threshold model,ITM)和传染病模型。多数模型认为信息由源(或种子)节点集开始传播,其他节点只能通过源节点集的邻居节点获得信息。这些已经构建好的传播模型得到了广泛应用。例如,通过评估用户带来的影响,可以识别出有影响力的传播者;通过将有影响力的用户定为种子用户,增加种子用户的数量,进而实现影响力最大化;当信息从一组源节点传播了一段时间后,将会影响到更多节点,根据已经观察到的受影响的节点,推测出源节点,即进行信息源检测。

　　在线社交网络舆情是现实舆情在网络空间上的反应,是社会舆情演化的一种网络表现形式。过去,舆情只是人们的思想观点和日常生活中邻里之间的言语谈论，要获取和收集这些传统意义上的舆情，只能通过社会调查、访问等方法进行，不仅获取效率低、样本少、不全面，而且准确率不高。随着在线社交网络提供的各项服务飞速发展，信息传播速度不断加快，传播渠道相对之前也大大增加，大众开始通过在线社交网络以信息化方式（如博客、贴吧、微博、论坛等社交网站或者各类即时通信软件）发表观点和看法。通过收集、分析在线社交网络平台的信息，挖掘舆情事件传播过程数据，了解在线社交网络中舆情信息传播的特点及方式，把握舆情信息传播的变化规律，从而深化对舆情信息传播本质的认识，为政府舆情分析和舆情监控提供决策支持。社会化媒体平台是用户表达观点、传播信息的重要平台，也是企业品牌推广和企业形象攻关的重要工具，因此了解在线社交网络中舆情演化机制和掌握舆情信息传播的内在规律对于指导舆情传播具有重要意义。

本书共 10 章。第 1 章首先分析在线社交网络的定义与结构特点，接着分析其功能与研究意义，并指出主要研究方向、网络结构模型与分析工具。第 2 章首先分析大数据和数据挖掘等相关定义和技术，接着针对特定的在线社交网络进行数据挖掘分析，最后对在线社交网络的大数据应用进行分析。第 3 章在分析微博各因素间的相关关系的基础上构建新的数学模型，然后分别研究了影响力最大化经典算法，在经典算法的基础上提出了基于有向无环图和中心度的一种新算法。第 4 章主要分析了经典社区发现算法与改进算法的设计和实现，并提出一种改进的社区发现算法。第 5 章结合节点间交互规则构建了具有负反馈能力的在线社交网络信息传播模型，建立系统协同演化动力学微分方程。第 6 章通过对微博在线社交网络结构的研究，结合微博的网络结构及传统信息传播 SIS（susceptible-infected-susceptible，易感-感染-易感）、SIR（susceptible-infected-removal，易感-感染-恢复）模型等提出了一种新的信息传播模型。第 7 章从突发公共事件出发，在分析大量在线社交网络平台上数据的基础上构建信息传播速率模型，接着构建动态扩散网络舆情演化模型。第 8 章提出一种基于用户自身属性的信息传播模型，该模型能较好地适应信息传播规律，能合理地描述用户影响力、态度及其年龄在信息传播中所起到的作用。第 9 章以热力学分子热运动理论为基础，构建基于热扩散运动的信息传播数学模型并确立了转换函数与节点演化机制。第 10 章构建包括输入层、传播层和终结层在内的七层神经网络模型，以神经元模型为基础，推导出了事件信息正向传播算法、舆情差值逆向传播算法、网络结构动态更新算法。

本书的研究成果将为政府、媒体、社交网络平台等相关管理部门提供参考，通过进一步对舆情信息的监控增进政府、媒体、社交网络平台对社会网络舆情信息传播的掌控，减少不健康的社会网络信息对社会造成的危害与网络谣言的传播。通过在线社交网络中用户数据的分析，可以对用户的行为规律进行深入挖掘、分析，进而为网络舆论预测的研究和应用奠定基础。社交网络信息传播在舆情监控和舆情分析、个性化营销及品牌推广等方面拥有很高的应用价值和广阔的应用前景。

　　本书受国家社会科学基金项目"网络安全文化传播动力学模型与传播策略研究"（项目批准号：17XXW004）资助。在此，作者表示诚挚的谢意。特别感谢为本书的完整性做出巨大贡献的课题组成员何道兵、唐婷、杨林枫、刘加苗、何洪玉、刘芯岑、曾德建等。最后感谢自己一直以来对在线社交网络研究方向的坚持。科研是不断探索的过程，在线社交网络领域期待着更多的有志之士加入。

　　由于作者水平有限，书中难免存在不足之处，望广大读者不吝赐教。

刘小洋

2019 年 12 月

目　　录

第1章 在线社交网络

1.1 在线社交网络概述

1.1.1 在线社交网络的定义[1]

在线社交网络是互联网与传统社交网络的结合，是一种在信息网络上由社会个体集合及个体之间的连接关系构成的社会性结构，它的产生与计算机技术的飞速发展息息相关。这种社会性结构也可以抽象为由节点和链路构成的图。节点可以是个人或者组织，也可以是虚拟个体，链路则代表各种社会关系，或者收发消息等多种动作行为。

在线社交网络拥有大量的节点和链路，网络拓扑十分复杂，但令人惊讶的是，任意两节点的最短路径和网络平均路径都非常小，这种现象被形象地称为小世界特征。小世界概念，也被称为六度分隔理论，由社会心理学家斯坦利·米尔格拉姆（Stanley Milgram）提出，来自其进行的一次连锁信件实验。

斯坦利·米尔格拉姆创立的六度分隔理论被认为是社交网络的理论基础（图1-1）。按照六度分隔理论，网络上每个用户的社交圈都不断放大，最后就可构成一个大型的在线社交网络[2]。然而，什么是在线社交网络，目前还没有统一的定义。为了便于理解在线社交网络的概念，本书给出一种描述性定义。

图 1-1 六度分隔理论

在线社交网络是一个系统，它的主体是用户，而用户可以公开或半公开个人信息，可以创建和维护与其他用户之间的连接（或朋友）关系及个人预分享的内容信息（如日志或照片等），可以通过连接（或朋友）关系浏览和评价朋友分享的信息。

　　在线社交网络凸显了网络交际的特点，用户在成为信息受众的同时还可以进行双向互动，发表自己的观点，以及与其他用户进行交流。这就打破了传统媒介"一对多"的单向信息传播，构建了用户间的信息交流平台。用户不再是单一的接收者，而是可以在社交网络贡献自己的价值，并带动庞大的数据流量，形成用户间信息接收与分享的良性循环。

> **知识链接**
>
> ### 连锁信件实验
>
> 　　20 世纪 60 年代，斯坦利·米尔格拉姆设计了一个连锁信件实验。他把信件随机发送给住在美国各城市的一部分居民，信中写有一个波士顿股票经纪人的名字，并要求每名收信人把这封信寄给自己认为是比较接近这名股票经纪人的朋友。这位朋友收到信后，再把信寄给他认为更接近这名股票经纪人的朋友。最终，大部分信件寄到了这名股票经纪人手中，每封信平均经手 6.2 次到达[3]。
>
> 　　经过多年的发展，现代通信方式早已取代原有的信函、传真等通信方式，信息传播所需要的时间和代价也大幅降低。与传统通信方式相比，在线社交网络中信息最大的优势就是可复制性。六度分隔理论也随着信息传播几何级增长而得到更好的证明。
>
> 　　传统的人际交往除了面对面直接交流外，还可以依靠电话等工具实现"一对一"的交流，依靠电视、广播实现"一对多"的单向交流，但信息传媒仍有局限性。在线社交网络克服了传统信息传媒的局限性，实现了"一对一""一对多""多对多""多对一"的多元化交往方式。图 1-2 是一些典型的在线社交网络媒体平台。

图 1-2 　典型的在线社交网络媒体平台

1.1.2　在线社交网络的服务平台

　　近年来，在线社交网络吸引了很多人的关注和参与，如美国近 90%的本科生加入在线社交网络。从网络访问量来看，中国的社交网站的访问量虽然比不上传统的搜索引擎网站或新闻网站，但也能排进前 15 位；国外社交网站 Facebook 的访问量仅次于 Google。访问量排在全球前 15 位的网站中，社交网站占据了优势。同样，社交网络也引起了学术界的关注，如 2012～2019 年的 KDD（knowledge discovery in database，数据挖掘）国际会议、CIKM（the ACM International Conference on Information and Knowledge Management，信息提取，知识管理和数据库国际会议）、IMC（Internet Measurement Conference，互联网测量会议）、VLDB（very large data bases，超大规模数据库）国际会议上都有关于在线社交网络的文章，尤其是 WWW（The International Conference of World Wide Web，国际万维网大会），还专门设立 Social Networks and Web 2.0 来讨论相关问题；另外，SIGCOMM（Special Interest Group on Data Communication，数据通信特别兴趣组）和 Eurosys 也有针对在线社交网络的研讨会[4]。表 1-1 给出了在线社交网络的一些具体服务平台。

表 1-1　在线社交网络的一些具体服务平台

类别	平台举例
博客	新浪、Blogger、LiveJournal、WordPress
游戏	QQ、Snda、ETC
微博	新浪、Yahoo、Twitter、Google Buzz
观点挖掘	知乎、Yelp、Epinions
购物	淘宝、京东
图片视频共享	Youtube、Flickr
社会标签	Delicious、StumbleUpon
交友	QQ、微信、Facebook
求职	LinkedIn、51job、智联
社会新闻	Digg、Slashdot
搜索	百度、Google、Wikipedia、Scholarpedia
婚恋	世纪佳缘、百合

1.1.3　在线社交网络的发展历程

中国在线社交网络的发展历程主要分为 4 个阶段。

（1）早期在线社交网络雏形 BBS 时代

从在线社交网络的深层演变来看，在线社交网络应该是从 Web 1.0 时代的 BBS 层面逐渐演进的。相比于 E-mail 形态，BBS 把社交网络向前推进了一步，将点对点形式演变为点对面形式，降低了交流成本。此外，相比于即时通信和博客等轻社交工具，BBS 淡化了个体意识，将信息多节点化，实现了分散信息的聚合。此时，天涯、猫扑、西祠胡同等产品都是 BBS 时代的典型产品。但是从后期来看，这类企业的发展多不尽如人意。

（2）娱乐化在线社交网络时代

经历了早期概念化的六度分隔理论时代，在线社交网络凭借娱乐化概念取得了长足的发展。国外社交产品推动了社交网络的深度发展。2002 年，LinkedIn 成立；2003 年，运用丰富的多媒体个性化空间吸引注意力的 Myspace 成立；2004 年，复制线下真实人际关系来到线上低成本管理的 Facebook 成立。这些优秀的在线社交网络产品或服务形态一直遵循在线社交网络的"低成本替代"原则，降低了人们在线社交的时间与成本，取得了长足发展。

在国外在线社交网络如火如荼发展之际，中国社交网络产品也相继出现，如 2005 年成立的人人网、2008 年成立的开心网，2009 年推出的搜狐白社会等。

（3）微信息在线社交网络时代

新浪微博的推出，拉开了中国微信息在线社交网络时代的大幕。2009 年 8 月，新浪推出微博产品，该产品允许最多 140 字的即时表达，可根据用户价值取向及兴趣所向等多维度划分用户群体，而用户通过推介及自行搜索等方式构建自己的朋友圈。这种产品迅速聚合了海量的用户群，也吸引了众多业者（如腾讯、网易、盛大）的追随。这种模式也再次将广义社交网络推向投资人的视野。

此外，随着移动互联网的发展，微信息社交产品逐渐与位置服务等移动特性相结合，相继出现米聊、微信、"简简单单"等移动客户端在线社交网络产品。另外，不容忽视的是 SoLoMo，其社交功能逐渐成为产品标配，已经无法准确区分社交产品的范围。

（4）垂直社交网络应用时代

垂直社交网络应用时代并非是在上述三个社交网络时代终结时产生的，而是与其他三个时代交相辉映。目前，垂直社交网络主要与游戏、电子商务、分类信息等相结合，可以称为社交网络探究商业模式的有利尝试。随着社交网络的不断完善，各类社交网络产品不断寻求差异化发展之路，研究领域称其为从"增量性娱乐"到"常量性生活"的演变。目前，在线社交网络逐渐拓展到移动手机平台领域，借助手机普遍性、随身性、及时性等特性，利用各类交友/即时通信/邮件收发器等软件，使手机成为新的在线社交网络的主要载体。

1.2　在线社交网络的特点

1. 真实性

在线社交网络网站倡导实名制注册。在注册的时候，用户不仅要提供自己的真实姓名、性别、年龄等资料，还要提供自己的头像照片以供人辨识，注册完毕后经过审核，才可创立自己的专属空间，即将自己现实生活中的社会圈子搬到网络上，以网络交友的形式，根据不同的条件形成并拓展属于自己的社交圈。所以在线社交网络的真实性是其特质。除此以外，实名制还让人们能够更快地找到自己所属的群体，让其在网络这个虚拟的空间中有了归属，为在线社交网络及其网站的安全性提供了保障。

2.　趣味性

国外的大型社交网络网站注重交友互动，如 Facebook、Twitter，国内的社交网站（如新浪网等）对社交中的休闲娱乐部分也比较侧重。

近年来，"抢车位""趣味餐厅""摩天大楼"等休闲游戏接连推出。这些游戏都有一个共同的特点——趣味性；不仅需要自己"努力"地玩，还需要邀请好友加入才能快速升级，并且在与好友游戏互动时，双方都能得到相应的回报。

3.　互动性

在线社交网络突显了网络交往互动的特点，通过"个人主页"动态、实时地展现自我，并不断地吸收他人的建议，调整、修正，从而塑造出一个众人眼中理想的自己；通过"日志"记录自己生活中的点点滴滴，与朋友分享；通过"游戏"等表达对朋友的关注和关心；通过"相册"与好友分享自己的生活悲喜。

在线社交网络的互动性首先表现在互动主体的拓展性上，即从自己熟悉的朋友或者群体至陌生人群。首先，从自己熟悉的朋友或者群体开始进行互动，这种互动与现实的互动具有较大程度的一致性，它是现实人际互动的延伸。然而，在线社交网络主要的功能之一是通过自己熟悉的朋友或群体增进与陌生人的关系，或者与不太熟悉的对象维持良好的弱连带关系。相互之间并不熟悉或者陌生的人们通过熟悉的朋友或群体，互相浏览对方的主页、进行转帖、交流、实时在线聊天等。因此，在现实生活中人际互动主体多发生在熟悉的人群中，而在网络虚拟空间中人际互动多以陌生人群为主。以实名制注册的开心网和校内网就将二者巧妙联系，充分体现了个人的真实身份和虚拟身份的融合，并在两者之间起到了一个互补作用，既体现了现实互动的真实性，又借助网络空间扩大了人际交往范围[5-7]。

1.3　在线社交网络的表示与特性

1.3.1　在线社交网络的表示

在线社交网络其实是对真实生活的虚拟化，一般来说会把真实的网络具象成网络拓扑图的形式 $G = G(V, E)$，在网络拓扑图中确定 n_c 个社区 $C = \{C_1, C_2, \mathbf{L}, C_{n_c}\}$，使各个社区的顶点集构成 V 的一个覆盖，V 表示社交网络中的节点集合，E 表示节点之间的相互联系的总和。可以依据网络结构的拓扑图中边的特性对图进行分类，按照图之间的存在关系是否具有方向性，能够划分出有向图和无向图；按照图中节点间的边是否存在距离，能够划分成无权图和有权图。图 1-3 为三维无向无权在线社交网络结构图。

图 1-3　三维无向无权在线社交网络结构图

1.3.2　在线社交网络的特性

对虚拟网络特性的研究，能够更好地增加大家对现实生活的了解。对在线社交网络从数学角度或拓扑结构进行度量，结果表明，在线社交网络具有以下基本特性[8-9]。

（1）小世界特性

在线社交网络的平均路径长度最短高聚合系数是小型世界网络的典型特征。在一些小型世界网络中，节点数量或边缘数量都非常多。节点与节点之间相距并不会太远，所以一个节点到达另一个节点，可能只用几条边即可。显然，小型的网络世界并不是大家常见的网络，也并不是随机的网络。但两者的结合恰好具有小世界特性。

（2）无标度特性

在线社交网络中的节点度大致遵守幂律分布，即 $p(k) \sim k^{-\gamma}$ [$p(k)$ 为节点度 k 的分布概率]。从表达式中不难发现，有的节点度也许很大，但是数量很小；有的节点度虽然比较小，但是数量很大，这种类型的网络通常被称为无标度网络。也就是说，在这种类型的网络下，不存在一个值让所有的节点都能够在该值附近集中。

（3）社区结构

社区结构是在线社交网络的重要结构特征之一，它代表了真实网络的异质性和模块化的特点，它在网络的功能和拓扑分析中发挥着重要作用。此外，在线社交网络通常在社区上会展现出单个节点和整个网络所不具备的特点。因此，对在线社交网络社区结构的研究在很多方面具有重要意义。

在对大规模的网络进行分析时，通常会选择对局部网络进行分析。通过局部网络分析能够发现，在整个网络中节点与节点之间的连通分布并不是均匀的。在同一区块中的节点之间的联系比较紧密，在不同的区块中的节点之间的联系较少。

这样的一个区块就代表一个社区。在现实世界的网络结构里，具有相似特征的个体在不断进化的过程中聚集在一起，一般来说它们之间的联系比较强，而具有不同特征（如偏好）的个体之间的联系比较弱，从而形成了社区结构。图 1-4 是包含三个社区的社区结构示意图。

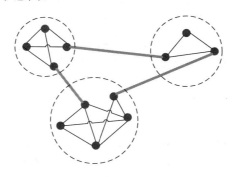

图 1-4　包含三个社区的社区结构示意图

从图 1-4 中可以看出，每个节点代表一个个体，虚线框包围的即一个社区。不难看出社区内部的边比社区之间的边要多，所以社区内部的连通性更高，社区之间的连通性相对比较弱。

1.4　在线社交网络网站的功能

在线社交网络网站的结构分为三层：核心层结构为用户，第二层结构是在用户周围提供各种服务的服务商，第三层结构是在线社交网络网站提供的社区服务。基于这三层结构，在线社交网络网站可以为用户提供许多功能[10]。

1）为用户量身打造社区交友功能。它创建了一个高速、稳定的网络交友社区，吸引了大量用户入驻，用户如实地填写自己的资料，创建自己的专属空间，并且可以在一定的权限内自由地将个人的真实信息发布在专属空间上，通过互联网点对点地传播，寻找志同道合的朋友。在线社交网络可以将人际关系网的资源完全挖掘出来，用户利用在线社交网络可通过认识的人轻松地找到需要的人，扩展自己的人脉，还可以更科学、迅速地管理人际网络资源，节约大量的人际交往成本。

2）服务商提供服务的功能，如一些微博营销、新闻、音乐、资源下载等服务。在线社交网络网站本身并不是专门提供这类服务的网站，但是这类服务对于在线社交网络网站的功能构成起到相当巨大的作用，因为它们的存在让整个在线社交网络网站变得更有吸引力，吸引用户使用。服务商提供服务是一个互利的过程，既使用户享受到服务，又使服务商取得了可观的经济利益。

3）社区服务。在线社交网络除了打造交友社区与接纳服务商相关服务外，还设计了许多吸引广大用户的额外服务，如网页社区游戏、星座运势等。

1.5　在线社交网络的主要研究方向

近几年，在线社交网络得到了学术界越来越多的关注，相关研究内容包括在线社交网络的信息传播、拓扑分析、用户行为分析、社会化推荐、网络社区发现、舆情演化分析等。

1.　信息传播

在线社交网络信息传播模型大部分是基于独立级联模型（independent cascade model，ICM）的，但 ICM 的计算量较大，而用最短路径模型（shortest-path model，SPM）来近似求解信息的传播范围以降低计算量。SPM 的主要思想是信息沿着从已受影响节点集合到将要受影响节点的最短路径传播，其速度是最快的，SPM 是 ICM 的一个特例[11]。实验结果表明，SPM 具有 ICM 的相同效果，但运行效率更高。有学者从两个方面研究了信息传播最大化的问题：①改进贪婪算法，以降低运行时间；②通过舍弃某些度值，提出新的启发式算法，以改进信息的传播速度。基于实验结果，在解决信息传播的可扩展性方面，启发式算法应优于贪婪算法。很多研究者关注，在社交网络的活动中，哪些用户行为会影响信息传播，因此，在在线社交网络的基础上，有人提出了 Interactive network 和 Visit network 等表现用户交互行为的关系网。大规模开放式社交网络信息传播示意图如图 1-5 所示。

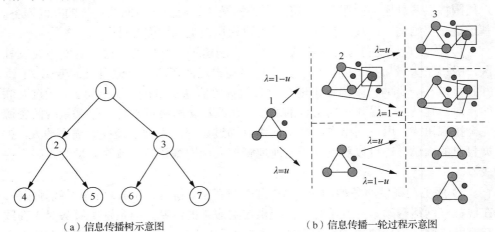

（a）信息传播树示意图　　　　　　　　　（b）信息传播一轮过程示意图

图 1-5　大规模开放式社交网络信息传播示意图

注：λ——传播率；μ——信息感染率。

2. 拓扑分析

当在线社交网络刚进入研究者的视线时，研究者通过了解在线社交网络的拓扑特性，与已知的一些网络，如万维网、互联网的拓扑结构进行比较。这些比较主要基于节点度分布，社交网络的网络半径、平均路径长度和聚集系数等，主要是为了分析在线社交网络的图结构和非社交网络的图结构的不同。有些研究者希望通过这些特性分析来判断某些应用的性能。例如，有些应用只有在具有很强的局部连通的社交结构的条件下才能有效工作。这就意味着，社交网络的图结构必须有大量的联系紧密的簇。

3. 用户行为分析

用户行为分析主要是分析用户访问在线社交网络过程中的行为，其数据来源是用户访问在线社交网络的超文本传输协议会话过程中数据。相关研究结果表明，访问社交网站与其他网站存在以下不同之处：①用户容易重复同一个行为；②用户每次会话时间较长；③图片目录最受欢迎。除了研究用户访问在线社交网络的行为外，一些学者还研究了各种行为之间的转移概率。为验证社交网络拓扑特性与用户交互网络拓扑特性之间的差异，利用 Facebook 中的数据分别对这两种网络的拓扑特性进行统计分析，结果表明二者之间存在较大的差异，用户交互网络的网络直径显著变大。

4. 社会化推荐

传统的社会化推荐技术主要利用了用户对项目的评价矩阵，但在在线社交网络中用户对某项目的评价往往会极大地影响其朋友的选择。在在线社交网络背景下的社会化推荐综合了用户对项目的评价及用户之间的信任关系，使推荐结果更精确，并具有现实意义。相关研究基于协同过滤的社会化推荐问题，针对传统协同过滤法存在的两个问题（因计算复杂度而引起的特征信息融合困难、各种特征信息之间的依赖关系不能被有效利用）提出了多层次的连续随机场模型，用于社会化推荐。

5. 网络社区发现

在线社交网络社区的发现算法有很多种，但有些算法的可扩展性较差，适合大规模开放式在线社交网络的不多，CNM 算法、Wakita 算法和 Louvain 算法是三种扩展性较好的在线社交网络发现算法。然而这三种算法都存在输入数据顺序不同，得到的结果也不相同的问题。相关研究选取两个定量指标，即成员成对概率和一致性，并依据这两个指标提出新的在线社交网络发现算法来解决挖掘结果一致性的问题。该算法利用 Filckr 中的图片和标签描述信息推测图片的拍摄位置，并基于位置进行新型的关系挖掘，表明时序信息和可视内容有助于推测图片呈现的位置，结合位置和时序信息可以还原图片的拍摄路线，启示信息的变迁。

随着人们对复杂网络认识的深入及网络社区检测技术的不断发展，人们发现社交网络等复杂网络中的社区结构并不是相互独立的，它们之间存在交集：一个节点往往是隶属于多个社区的。从数学角度来讲，可以表示为将网络 G 划分为若干子集 $C = \{C_1, C_2, \mathbf{L}, C_k\}$，且至少存在两个子集 $C_i \mathbf{I} C_j = \varnothing$（$i \neq j$），$C_i$ 表示第 i 个社区。重叠社区的网络结构示意图如图 1-6 所示。

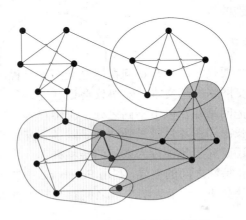

图 1-6　重叠社区的网络结构示意图

6. 舆情演化分析

在社交网络舆情演化与检测领域中，通过话题检测与跟踪（topic dectection and tracking，TDT）技术对各种在线社交网络信息源的监测和分析，可以识别出各种突发事件及时间的演化过程，舆情热点发现分层架构模型如图 1-7 所示。如何高效地在在线社交网络的海量信息中挖掘出舆论热点和各类事件发展趋势，已成为各级政府部门和研究机构十分关心的问题，也是在线社交网络舆情演化研究的意义所在。

7. 在线社交网络的其他应用

除了针对在线社交网络本身特性的研究外，越来越多的研究还在关注基于在线社交网络的其他应用问题。例如，利用在线社交网络中朋友关系的疏密程度来防止"女巫攻击"；利用朋友关系来改善网络的流量控制及阻断干扰消息等。

近年来，深度学习已经应用于在线社交网络分析的很多问题中，如网络嵌入和链接预测。在线社交网络中信息传播过程很复杂，有时甚至无法直接观察到。

因此，设计一种深度学习方法（如只需将网络结构和用户信息，如年龄、性别、发帖等输入基于深度学习的模型中就能输出用户的影响力）来分析信息传播具有十分重要的现实意义。

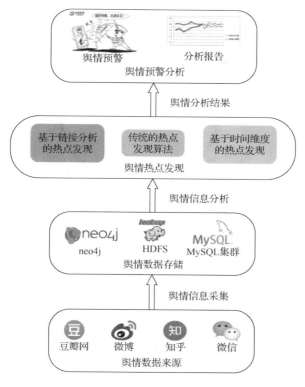

图 1-7　舆情热点发现分层架构模型

1.6　在线社交网络结构模型

随着社会的进步与科技水平的提高，从最开始的规则网络、随机网络到社交网络，人们对网络的认识不断深入，下面主要介绍四种基本在线社交网络结构模型[12]。

1. 规则网络结构模型

如果节点之间按某种确定的规则连线，所得到的网络就称为规则网络，规则网络具有明显的对称性，并且具有较大的聚类系数和较大的平均最短路径。例如，将节点排列成一条直线，假定每个节点与它最近的四个节点连接，就得到一维无限规则网络。如果在一个网络中，每一个节点只和它的邻居节点相连，那么就称该网络为最近邻耦合网络（nearest-neighbor coupled network，NNCN）。具有周期边界条件的最近邻耦合网络包含 $K/2$ 个围成一个环的点，其中每个点都与它左右的邻居节点相连，这里 K 是一个偶数。规则网络结构模型如图 1-8 所示。

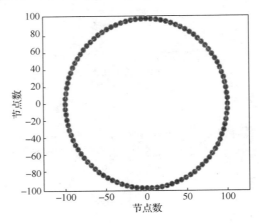

图 1-8　规则网络结构模型

2. 随机网络结构模型

如果节点不按确定的规则连接，而是以一定概率随机连接，所得到的网络称为随机网络结构模型。随机网络具有较小的聚类系数和较小的平均路径长度。其度分布满足泊松分布，随机网络结构模型如彩图 1 所示。

3. 小世界网络结构模型

小世界网络是在规则网络的基础上先断开连线然后进行重连所得到的网络。小世界网络具有较小的平均路径和较大的聚类系数。小世界网络结构模型如彩图 2 所示。

4. 无标度网络结构模型

无标度网络中节点度分布满足幂律分布，即 $p(k)\sim k^{-\gamma}$，γ 为幂律指数。该类网络没有明显的特征长度，故称为无标度网络。无标度网络是在初始有一定连接的网络基础上进行节点的添加，并在添加的同时添加连线，无标度网络结构模型如图 1-9 所示。

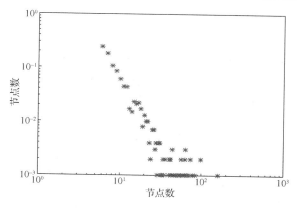

图 1-9　无标度网络结构模型

1.7　在线社交网络分析工具

1.7.1　NetLogo

NetLogo 是一个用来对自然和社会现象进行仿真的可编程建模环境，特别适合于模拟随时间发展的复杂系统。它是由 UriWilensy 在 1999 年发起的，由美国西北大学连接学习和计算机建模中心负责持续开发，其研发目的是为科研教育机构提供一个强大且易用的计算机辅助工具。NetLogo 建模能很好地模拟微观个体的行为和宏观模式的涌现，以及分析两者之间的联系。

NetLogo 的主要功能有多主体建模、运行控制、仿真输出、实验管理、系统动力学仿真、参与式仿真与模型库等。NetLogo 界面如图 1-10 所示。

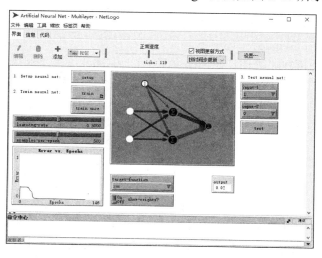

图 1-10　NetLogo 界面

1.7.2　Gephi

　　Gephi 是一款基于 JVM 的复杂网络的开源免费跨平台分析软件，其主要用于各种网络和复杂系统，有动态和分层图的交互可视化与探测开源工具。Gephi 可用于探索性数据分析、链接分析、社交网络分析、生物网络分析等。同时，Gephi 是一款将信息数据进行可视化处理的利器。Gephi 界面及其绘制的图形如图 1-11 和彩图 3 所示。

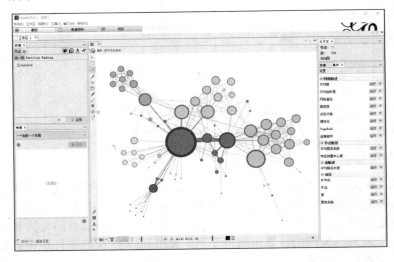

图 1-11　Gephi 界面

1.7.3　Pajek

　　Pajek 是一种大型复杂网络分析工具，可用于研究目前所存在的各种复杂非线性网络。Pajek 在 Windows 环境下运行，能对带有上千乃至数百万个节点的大型网络进行分析和可视化操作。在斯洛文尼亚语中 Pajek 是蜘蛛的意思。Pajek 采用 Pascal 语言开发，菜单驱动，只提供免费安装程序，不提供源代码。Pajek 能够分析普通图（有向图、无向图、混合图）、多关系图、2-模图及动态图；能够挖掘输入数据的结构关系，根据节点的核心性、连通性等进行聚类分组，能够输出和显示划分的结果，并动态显示节点删减对划分结果的影响。

1.7.4　Python

　　Python 是一种计算机程序设计语言，是一种动态的、面向对象的脚本语言。Python 最初被设计用于编写自动化脚本，随着版本的不断更新和语言新功能的添加，越来越多地被用于独立的、大型项目的开发。Python 语言具有简洁性、易读性及可扩展性的特点。在国外利用 Python 做科学计算的研究机构日益增多，一些知名大学已经采用 Python 来教授程序设计课程。例如，卡内基·梅隆大学、麻省理工学院的相关课程就使用 Python 语言讲授。众多开源的科学计算软件包都提供了 Python 的调用接口，如著名的计算机视觉库 OpenCV、三维可视化库 VTK、医学图像处理库 ITK。而 Python 专用的科学计算扩展库更多，如 NumPy、SciPy 和 Matplotlib。这些科学计算扩展库分别为 Python 提供了快速数组处理、数值运算及绘图功能。因此，Python 语言及其众多的扩展库所构成的开发环境十分适合工程技术、科研人员处理实验数据、制作图表，甚至开发科学计算应用程序。Python 的集成开发环境工具一般选择 Pycharm 或 Anaconda。

1.7.5　MATLAB

MATLAB 是美国 MathWorks 公司出品的商业数学软件，用于算法开发、数据可视化、数据分析及数值计算的高级技术计算语言和交互式环境，主要包括 MATLAB 和 Simulink 两大部分。MATLAB 是 "matrix" "laboratory" 两个词的组合，意为矩阵工厂（矩阵实验室）。MATLAB 的基本数据单位是矩阵，它的指令表达式与数学、工程中常用的形式十分相似，故用 MATLAB 来解算问题要比用 C、FORTRAN 等语言简捷。MATLAB 在新的版本中也加入了对 C、FORTRAN、C++、Java 的支持。MATLAB 将数值分析、矩阵计算、科学数据可视化及非线性动态系统的建模和仿真等诸多强大功能集成在一个易于使用的视窗环境中，为科学研究、工程设计，以及必须进行有效数值计算的众多科学领域提供了一种全面的解决方案，并在很大程度上摆脱了传统非交互式程序设计语言（如 C、FORTRAN）的编辑模式，代表了当今国际科学计算软件的先进水平。MATLAB 和 Mathematica、Maple 并称为三大数学软件。它在数学类科技应用软件中在数值计算方面首屈一指。

1.7.6　Tableau

Tableau 是一款操作简便的报表分析工具，并且具备强大的统计分析扩展功能、可视化功能、信息分享功能。它能够根据用户的业务需求对报表进行迁移和开发，实现业务分析人员独立自主、简单快速、以界面拖曳式的操作方式对业务数据进行联机分析处理、即时查询等功能。Tableau 包括个人计算机所安装的桌面端软件 Tableau Desktop 和企业内部数据共享的服务器端 Tableau Server 两种形式，两者配合，实现报表从制作到发布共享，再到自动维护的过程。Tableau 支持现有主流的各种数据源类型，包括 Microsoft Office 文件、逗号分隔文本文件、Web 数据源、关系数据库和多维数据库。Tableau 可以连接到一个或多个数据源，支持单数据源的多表连接和多数据源的数据融合，用户可以轻松地对多源数据进行整合分析而无须任何编码基础。

本 章 小 结

　　本章首先分析了在线社交网络的定义、网络结构特点；接着分析了在线社交网络网站的功能，并指出了主要研究方向；然后对在线社交网络的四种结构模型进行了分析；最后对在线社交网络的分析工具进行了介绍。

参 考 文 献

[1] 刘尹平, 王笃会, 任朝阳. 在线社交网络研究概述[J]. 微型机与应用，2016, 35（14）：12-15, 18.

[2] CHAKRABORTY B, BANERJEE S. Modeling the evolution of post disaster social awareness from social Web sites[C]. 2013 IEEE International Conference on Cybernetics (CYBCO),2013:51-56.

[3] WANG Z X, DU C J, FAN J P, et al. Ranking influential nodes in social networks based on node position and neighborhood[J]. Neurocomputing, 2017, 260: 466-477.

[4] XU H J, CAI W D, CHEN G R. Opinion evolution model based on the node influence on the internet[C]. 2015 2nd International Conference on Information Science and Control Engineering, 2015:359-362.

[5] ACEMOGLU D, MOSTAGIR M, OZDAGLAR A. State-dependent opinion dynamics[C]. 2014 IEEE International Conference on Acoustics, Speech and Signal Processing (ICASSP), 2014:4773-4777.

[6] TIAN R Y, MA N, LI Q Q, et al. The evolution and application of network analysis methods[C]. 2013 IEEE International Conference on Systems, Man, and Cybernetics,2013:2197-2201.

[7] ABID O, JAMOUSSI S, AYED Y B. Deterministic models for opinion formation through communication: a survey[J].Online social networks and media, 2018, 6:1-17.

[8] LIAN Y, DONG X F, LIU Y J. Topological evolution of the internet public opinion[J]. Physica a: statistical mechanics and its applications,2017,486:567-578.

[9] PROSKURNIKOV A V, RAVAZZI C, DABBENE F. Dynamics and structure of social networks from a systems and control viewpoint: a survey of Roberto Tempo's contributions[J]. Online social networks and media, 2018,7:45-59.

[10] ZHANG L F, SU C, JIN Y F, et al. Cross-network dissemination model of public opinion in coupled networks[J]. Information sciences, 2018,7:451-452.

[11] UREÑA R, CHICLANA F, HERRERA-VIEDMA E. A new influence based network for opinion propagation in social network based scenarios[J]. Procedia computer science, 2018, 139:329-337.

[12] BAMAKAN S M H, NURGALIEV I, QU Q. Opinion leader detection: a methodological review[J]. Expert systems with applications, 2019, 115:200-222.

第2章 在线社交网络大数据分析

2.1 大数据概述

2.1.1 大数据与数据处理

1. 大数据的定义及特征

大数据是指规模巨大到无法通过目前主流的软件工具在合理时间内捕捉、管理、处理的数据。

大数据的特征主要有四个：第一，数量（volume），即数据巨大，从 TB 级别跃升到 PB 级别；第二，多样（variety），即数据类型繁多，不仅包括传统的格式化数据，还包括来自互联网的大量视频、图片、位置和日志等；第三，速度（velocity），即处理速度快；第四，价值（veracity），即追求高质量的数据。大数据具有"4V"特征，给人们带来了新的机遇与挑战[1-2]。网络爬虫是获取大数据的方式之一，其架构如图 2-1 所示。

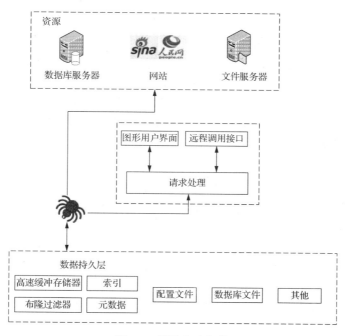

图 2-1 网络爬虫架构

2．数据处理

利用网络爬虫获取的数据需要进行处理（数据清洗），以便后续模型的建立和参数的调整。数据处理是基于采集的原始数据，通过数据验证和转化得到构建模型所需数据的过程。数据处理过程示意图如图 2-2 所示[3-4]。

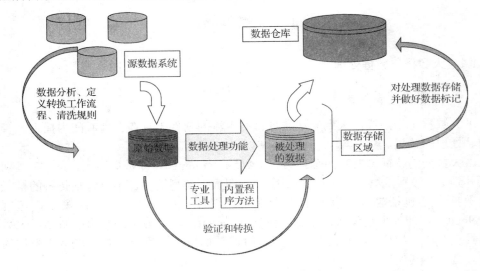

图 2-2　数据处理过程示意图

数据处理的主要工作内容包括：①缺失值处理，即对空数据、缺失数据进行数据补缺操作，对无法处理的做标记；②数据规范化，将从源数据系统抽取的原始数据格式转换成便于进入数据仓库处理的目标数据格式；③数据归一化，可将数据映射到合理范围之内处理，使处理过程更加便捷快速；④数据去重，是指在一个数字文件集合中，找出重复的数据并将其删除，只保存唯一的数据单元。

2.1.2　大数据分析方法

大数据分析人员要掌握五种大数据分析能力或方法，分别是预测性分析、数据质量和数据管理、可视化分析、语义搜索引擎及数据挖掘[5-7]。

1．预测性分析

数据挖掘可以让分析人员更好地理解数据，而预测性分析可以让分析人员根据可视化分析和数据挖掘的结果做出一些预测性的判断。预测性分析涵盖了各种统计学技术，包括利用预测模型、机器学习、数据挖掘等技术来分析当前及历史数据，从而对未来可能发生的事件或其他不确定的事件进行预测。在商业领域，预测模型从历史和交易数据中探索规律，以识别可能的风险和商机。预测模型捕捉各个因素之间的联系，以评估风险及与之相关的潜在的条件，从而指导交易方案的决策。这些技术方法的功能效应是指，预测分析为每一个个体（以概率的形式）提供一个预测评分，从而决定或影响针对大量上述个体的组织性流程。这些流程包括营销、信用风险评估、欺诈检测、制造等。预测性分析被广泛地应用于保险精算科学、营销、金融服务、保险、电信、零售、旅行、保健、制药、能力规划及其他领域。其中一个著名的应用是信用评分模型，这项应用贯穿了整个金融服务体系。利用信用评分模型处理一个客户的信用记录、贷款申请、客户数据等，从而分析个体（客户）在未来还贷的可能性，并依照分析结果将客户依次排序。

2. 数据质量和数据管理

通过标准化的流程和工具对数据进行处理，可以保证一个预先定义好的高质量的分析结果。数据清洗工具通常简单地被称为数据质量工具，因此很多人认为数据质量管理就是修改数据中的错误、对错误数据和垃圾数据进行清理。这个理解是片面的，其实数据清洗只是数据质量管理中的一步。数据质量管理，不仅包含对数据质量的改善，还包含对组织的改善。针对数据的改善和管理，主要包括数据分析、数据评估、数据清洗、数据监控、错误预警等内容；针对组织的改善和管理，主要包括确立组织数据质量改进目标、评估组织流程、制订组织流程改善计划、制定组织监督审核机制、实施改进、评估改善效果等多个环节。任何改善都是建立在评估的基础上，知道问题在哪里才能实施改进。数据质量评估主要从完整性、规范性、一致性、准确性、唯一性、关联性等方面进行评估。

3. 可视化分析

可视化分析主要指海量数据关联分析。因为可视化分析所涉及的信息比较分散、数据结构有可能不统一，而且通常以人工分析为主，加上分析过程的非结构性和不确定性，所以不易形成固定的分析流程或模式，很难将数据调入应用系统中进行分析挖掘。借助功能强大的可视化数据分析平台，可辅助人工操作将数据进行关联分析，并做出完整的分析图表。图表中包含所有事件的相关信息，也完整展示数据分析的过程和数据链走向。同时，这些分析图表也可通过另存为其他格式，供相关人员调阅。不管是对数据分析专家还是普通用户，数据可视化都是数据分析工具基本的要求，可视化可以直观地展示数据。

4. 语义搜索引擎

非结构化数据的多样性带来了数据分析的新的挑战，我们需要一系列的工具去解析、提取、分析数据，因此语义搜索引擎要能够从"文档"中智能提取信息。

语义搜索引擎通过对网络中的资源对象进行语义上的标注，以及对用户的查询表达进行语义处理，使自然语言具备语义上的逻辑关系，能够在网络环境下进行广泛、有效的语义推理，从而更加准确、全面地实现用户的检索。例如，当一个用户在搜索框中输入"孟字去掉子"时，语义搜索引擎就能够判断出，用户想要找的并不是含有"孟""去掉子"等字眼的内容，而是想要查找与"皿"这个字相关的内容；同样，当用户搜索"表现春天的图片"时，语义搜索引擎会向其呈现出各种与春天相关的图片，而不仅仅局限于该图片的标题是否包含"春天"字样。

5. 数据挖掘

数据挖掘是根据数据创建数据挖掘模型的一组试探法和计算方法。为了创建模型，可以先分析提供的数据，并查找特定类型的模式和趋势。数据挖掘使用此分析的结果来定义用于创建挖掘模型的最佳参数。然后，这些参数应用于整个数据集，以便提取可行模式和详细统计信息。数据挖掘模型可以采用多种形式，包括：①说明数据集中的事例如何相关的一组分类；②预测结果并描述不同条件是如何影响该结果的决策树的；③预测销量的数学模型，说明在事务中如何将产品分到一起的一组规则，以及一起购买产品的概率。可视化是给人看的，数据挖掘是给机器看的，集群、分割、孤立点分析还有其他的算法让人们深入数据内部、挖掘价值，这些算法不仅要满足处理大数据量的需求，还要满足处理大数据速度的需求。

2.2　数 据 挖 掘

2.2.1　数据挖掘的定义

数据挖掘，又称为数据库中的知识发现（knowledge discovery in database，KDD），就是从大量数据中获取有效的、新颖的、潜在有用的、最终可理解的模式的过程。简单来说，数据挖掘就是从大量数据中提取或"挖掘"知识。

1. 技术角度的定义

数据挖掘就是从大量的、不完全的、有噪声的、模糊的、随机的实际应用数据中，提取隐含的、事先不知道的、潜在有用的信息和知识的过程。这个定义包括以下几层含义：数据源必须真实、大量、含噪声；用户感兴趣；可接受、可理解、可运用；不要求放之四海而皆准。与数据挖掘相近的同义词有数据融合、人工智能、商务智能、模式识别、机器学习、知识发现、数据分析和决策支持等。何为知识？从广义上理解，数据、信息也是知识的表现形式，概念、规则、模式、规律和约束等也可看作知识。原始数据可以是结构化的，如关系数据库中的数据；

也可以是半结构化的，如文本、图形和图像数据；甚至可以是分布在网络上的异构型数据。发现知识的方法可以是数学的，也可以是非数学的；可以是演绎的，也可以是归纳的。发现的知识可以被用于信息管理、查询优化、决策支持和过程控制等，还可以用于数据自身的维护。因此，数据挖掘是一门交叉学科，它把人们对数据的应用从低层次的简单查询，提升到从数据中挖掘知识，提供决策支持。在这种需求的牵引下，不同领域的研究者（尤其是数据库技术、人工智能技术、数理统计、可视化技术、并行计算等方面的学者和工程技术人员）投身到数据挖掘这一新兴的研究领域。这里所说的知识发现，不是要求发现放之四海而皆准的真理，也不是要去发现崭新的自然科学定理和纯数学公式，更不是证明某些定理。实际上，所有发现的知识都是相对的，是有特定前提和约束条件，面向特定领域的，同时还要能够易于被用户理解，能用自然语言表达。

2. 商业角度的定义

数据挖掘是一种新的商业信息处理技术，其主要特点是对商业数据库中的大量业务数据进行抽取、转换、分析和其他模型化处理，从中提取辅助商业决策的关键性数据。简而言之，数据挖掘其实是一类深层次的数据分析方法。数据分析本身已经有很多年的历史，只不过在过去数据收集和分析的目的是科学研究，另外，受当时计算能力的限制，对大数据量进行分析的复杂数据分析方法难以发挥应有的效用。随着各行业业务自动化的实现，商业领域产生了大量的业务数据，这些数据不再是为了分析的目的而收集的，而是由于纯机会的商业运作而产生的。分析这些数据也不再是单纯为了研究的需要，更主要是为商业决策提供真正有价值的信息，进而获得利润。但所有企业面临的一个共同问题是，企业数据量非常大，而其中真正有价值的信息很少，因此从大量的数据中经过深层分析，获得有利于商业运作、提高竞争力的信息，就像从矿石中淘金一样，数据挖掘也因此而得名。因此，数据挖掘可以描述为，按企业既定业务目标，对大量的企业数据进行探索和分析，揭示隐藏的、未知的或验证已知的规律性，并进一步将其模型化的先进有效的数据分析方法。并非所有的信息发现任务都被视为数据挖掘。例如，使用数据库管理系统查找个别的记录，或通过搜索引擎查找特定的 Web 页面等属于信息检索领域的任务。虽然这些任务是重要的，可能涉及使用复杂的算法和数据结构，但是它们主要依赖传统的计算机科学技术和数据的明显特征来创建索引结构，从而有效地组织和检索信息。数据挖掘技术已用来增强信息检索系统的能力。

2.2.2　数据挖掘分析方法

利用数据挖掘进行数据分析常用的方法主要有分类方法、回归分析方法、聚类方法、关联规则方法、特征分析方法、变化和偏差分析方法、Web 数据挖掘方法等。

1. 分类方法

分类方法是找出数据库中一组数据对象的共同特点并按照分类模式将其划分为不同的类，其目的是通过分类模型，将数据库中的数据项映射到某个给定的类别。它可以应用到客户分类、客户属性和特征分析、客户满意度分析、客户的购买趋势预测等方面，如一个汽车零售商将客户按照对汽车的偏好划分成不同的类，这样营销人员就可以将新型汽车的广告手册直接邮寄到有这种偏好的客户手中，从而大大增加了商业机会。

2. 回归分析方法

回归分析方法反映的是事务数据库中属性值在时间上的特征，产生一个将数据项映射到一个实值预测变量的函数，发现变量或属性间的依赖关系。其主要研究内容包括数据序列的趋势特征、数据序列的预测及数据间的相关关系等。它可以应用到市场营销的各个方面，如客户寻求、保持和预防客户流失活动、产品生命周期分析、销售趋势预测及有针对性的促销活动等。

3. 聚类方法

聚类方法是把一组数据按照相似性和差异性分为几个类别，其目的是使属于同一类别的数据间的相似性尽可能大，不同类别中的数据间的相似性尽可能小。它可以应用到客户群体的分类、客户背景分析、客户购买趋势预测、市场细分等方面。

4. 关联规则方法

关联规则方法是描述数据库中数据项之间所存在的关系的规则，即根据一个事务中某些项的出现可推导出另一些项在同一事务中也出现，即隐藏在数据间的关联或相互关系。在客户关系管理中，通过对企业的客户数据库里的大量数据进行挖掘，可以从大量的记录中发现有趣的关联关系，找出影响市场营销效果的关键因素，为产品定位、定价与定制，客户寻求、细分与保持，市场营销与推销，营销风险评估和诈骗预测等决策支持提供参考依据。

5. 特征分析方法

特征分析方法是从数据库中的一组数据中提取出关于这些数据的特征式，这些特征式表达了该数据集的总体特征。例如，营销人员通过对客户流失因素的特征提取，可以得到导致客户流失的一系列原因和主要特征，利用这些特征可以有效地预防客户的流失。

6. 变化和偏差分析方法

偏差包括很大一类潜在有趣的知识,如分类中的反常实例、模式的例外、观察结果对期望的偏差等,其目的是寻找观察结果与参照量之间有意义的差别。在企业危机管理及其预警中,管理者更感兴趣的是那些意外规则。意外规则的挖掘可以应用到各种异常信息的发现、分析、识别、评价和预警等方面。

7. Web 数据挖掘方法

随着互联网的迅速发展及 Web 的全球普及,Web 上的信息量无比丰富,通过对 Web 的挖掘,可以利用 Web 的海量数据进行分析,收集政治、经济、政策、科技、金融、市场、竞争对手、供求信息、客户等有关的信息,集中精力分析和处理对企业有现实或潜在重大影响的外部环境信息和内部经营信息,并根据分析结果找出企业管理过程中出现的各种问题和可能引起危机的先兆,对这些信息进行分析和处理,以便识别、分析、评价和管理危机。

2.3　在线社交网络大数据挖掘

2.3.1　Web 数据挖掘

当前,在线社交网络发展迅速,各种社交网站比比皆是。但在竞争日益激烈的网络经济中,只有赢得用户,才能最终取得竞争优势。作为一个网站的管理员或拥有者,应该了解用户的行为、偏好等,而 Web 数据挖掘技术正好能满足这些需求。

对于 Web 数据挖掘,到目前为止学术界还没有很明确而权威的定义。国外有学者认为,Web 数据挖掘就是利用数据挖掘技术自动地从网络文档及服务中发现和抽取信息的过程。国内学者则众说纷纭,有学者认为它是在大量已知数据样本的基础上得到数据对象间的内在特性,并以此为依据在 Web 中进行有目的的信息提取过程。同时,也有学者将网络环境下的 Web 数据挖掘归入网络信息检索与网络信息内容的开发等。总之,Web 数据挖掘是从万维网上获取原始数据,并从中挖掘隐含且潜在可用的知识,最终应用于商业运作以满足管理者的需要的过程。根据挖掘的对象不同可以把 Web 数据挖掘分为三大类[8-10]。

1. 基于 Web 内容的挖掘

基于 Web 内容的挖掘实际上是从 Web 文档及其描述中获取知识,Web 文档文件挖掘、基于概念索引或 Agent 技术的资源搜索也应该归于此类。Web 信息资源类型众多,目前万维网信息资源已经成为网络信息资源的主体,然而除大量的人们可以直接从网上抓取、建立索引、实现查询服务的资源外，还有相当一部分信息是隐藏的数据（如由用户的提问而动态生成的结果，存在于数据库系统中的数据，或是某些私人数据），无法被索引，这就迫使我们把这些内容挖掘出来。若从信息资源的表现形式来看，Web 信息内容是由文本、图像、音频、视频、元数据等形式的数据组成的，因而我们所说的基于 Web 内容的挖掘也是一种针对多媒体数据的挖掘。

2. 基于 Web 结构的挖掘

基于 Web 结构的挖掘是从万维网的整体结构和网页上的相互链接中发现知识的过程，它主要挖掘 Web 潜在的链接结构模式。这种思想源于引文分析，即通过分析一个网页链接和被链接数量及对象来建立 Web 自身的链接结构模式。这种模式可以用于网页归类并且可以由此获得有关不同网页间相似度及关联度的信息。基于 Web 结构的挖掘有助于用户找到相关主题的权威站点，而且对网络资源检索结果的排序有重大意义。

3. 基于 Web 使用的挖掘

基于 Web 使用的挖掘，也称为 Web 日志挖掘。与前两种挖掘方式以网上的原始数据为挖掘对象不同，基于 Web 使用的挖掘面对的是从用户和网络交互的过程中抽取出来的第二手数据。这些数据包括网络服务器访问记录、代理服务器日志记录、用户注册信息及用户访问网站时的行为动作等。基于 Web 使用的挖掘将这些数据一一记录到日志文件中，然后对积累起来的日志文件进行挖掘，从而了解用户的网络行为数据所具有的意义。我们前面所举的例子正属于这一种类型。

Web 数据最大特点就是半结构化。传统的数据库都有一定的数据模型，可以根据模型来具体描述特定的数据而且按照一定的组织有规律地集中或者分布存放，结构性很强；但是 Web 数据与传统数据库中的数据不同，Web 数据非常复杂，没有特定的模型用以描述每一站点的数据，都是各自独立设计并且数据本身具有自述性和动态可变性，因而 Web 上的数据不是强结构性的。但与此同时 Web 页面又是有描述层次的，单个网站也是按照各自的结构构建的，从而具有一定的结构性。因此，我们认为 Web 数据既不是完全结构化的也不是完全非结构化的，而是介于两者之间的，即属于半结构化数据。显然，面向 Web 的数据挖掘比面向单个数据仓库或者其他结构化数据集的数据挖掘要复杂得多。

2.3.2 文本挖掘

1. 文本挖掘的定义

随着网络时代的到来，用户可获得的信息包含了从技术资料、商业信息到新闻报道、娱乐资讯等多种类别和形式的文档，构成了一个异常庞大的具有异构性、开放性特点的分布式数据库，而这个数据库中存放的是非结构化的文本数据。结合人工智能研究领域中的自然语言理解和计算机语言学，从数据挖掘中派生了两类新兴的数据挖掘研究领域：网络挖掘和文本挖掘。网络挖掘侧重于分析和挖掘与网页相关的数据，包括文本、链接结构和访问统计（最终形成用户网络导航）。一个网页中包含了多种不同的数据类型，因此网络挖掘就包含了文本挖掘、数据库中数据挖掘、图像挖掘等。文本挖掘作为一个新的数据挖掘领域，其目的是把文本信息转化为人可利用的知识。

文本挖掘是抽取有效、新颖、有用、可理解、散布在文本文件中的有价值知识，并且利用这些知识更好地组织信息的过程。1998 年年底，《国家重点基础研究发展计划》首批实施项目中明确指出，文本挖掘是图像、语言、自然语言理解与知识挖掘中的重要内容。文本挖掘是信息挖掘的一个研究分支，用于基于文本信息的知识发现。文本挖掘利用智能算法，如神经网络、基于案例的推理、可能性推理等，结合文字处理技术，分析大量的非结构化文本源（如文档、电子表格、客户电子邮件、问题查询、网页等），抽取或标记关键字概念、文字间的关系，并按照内容对文档进行分类，获取有用的知识和信息。文本挖掘是一个多学科混杂的领域，涵盖了多种技术与理论，包括数据挖掘、信息抽取、信息检索、机器学习、自然语言处理、计算语言学、统计数据分析、线性几何、概率理论甚至图论。数据挖掘技术本身就是当前数据技术发展的新领域，文本挖掘的发展历史更短。传统的信息检索技术对于海量数据的处理并不尽如人意，而文本挖掘更日益重要起来，可见文本挖掘技术是从信息抽取及相关技术领域中慢慢演化而成的。

2.　文本挖掘的准备工作

文本挖掘虽然是从数据挖掘发展而来的，但并不意味着简单地将数据挖掘技术运用到大量文本的集合上就可以实现。文本挖掘的准备工作有文本收集、文本分析和特征修剪。

（1）文本收集

文本收集是指寻找和检索所有被认为可能与当前工作相关的文本，这些文本数据可能具有不同的类型，且分散在很多地方。一般地，系统用户都可以定义文本集，但是仍需要一个用来过滤相关文本的系统。

（2）文本分析

与数据库中的结构化数据相比，文本具有有限的结构，或者没有结构；文本的内容是人类所使用的自然语言，计算机很难处理其语义。文本数据源的这些特殊性使现有的数据挖掘技术无法直接应用，因此需要对文本进行分析，抽取代表其特征的元数据，将这些特征用结构化的形式保存起来，作为文档的中间表示形式。文本分析的目的是从文本中扫描并抽取所需要的特征数据。

（3）特征修剪

特征修剪包括横向选择和纵向投影两种方式。横向选择是指剔除噪声文本以改进挖掘精度，或者在文本数量过多时仅选取一部分样本以提高挖掘效率。纵向投影是指按照挖掘目标，选取有用的特征数据，通过特征修剪，就可以得到代表文本集合的有效的、精简的特征子集，在此基础上可以开展各种文本挖掘工作。

3．文本挖掘的关键技术

文本经特征修剪之后，可以开展数据文本挖掘工作。从目前文本挖掘技术的研究和应用状况来看，从语义的角度来实现文本挖掘的还很少，目前研究和应用最多的几种文本挖掘技术有文档聚类、文档分类和自动文摘。

（1）文档聚类

首先，通过文档聚类可以发现与某文档相似的一批文档，帮助知识工作者发现相关知识；其次，文档聚类可以将一个文档聚类成若干个类，提供一种组织文档集合的方法；最后，文档聚类可以生成分类器以对文档进行分类。

文本挖掘中的聚类可用于：提供大规模文档集内容的总括；识别隐藏的文档间的相似度；减少浏览相关、相似信息的过程。

聚类方法通常有层次聚类法、平面划分法、简单贝叶斯聚类法、k-最近邻参照聚类法、分级聚类法、基于概念的文本聚类法等。

（2）文档分类

分类和聚类的区别在于：分类是基于已有的分类体系表的类别范畴的，而聚类没有分类表，只是基于文档之间的相似度。

分类体系表一般能够比较准确、科学地反映某一个领域的划分情况，所以在信息系统中使用分类的方法，能够让用户手动遍历一个等级分类体系来找到自己需要的信息，达到发现知识的目的，这对于用户在刚开始接触一个领域想了解其中的情况时，或者用户不能够准确地表达自己的信息需求时特别有用。传统搜索引擎中的目录式搜索引擎属于分类的范畴，但是许多目录式搜索引擎采用了人工分类的方法，不仅工作量巨大，而且准确度不高，大大限制了其作用的发挥。

对于检索到的具有较高相似度的成千上万篇文档，如果系统能够将检索结果分门别类地呈现给用户，那么显然会减少用户分析检索结果的工作量，这是文档分类的另一个重要应用。

文档分类一般采用统计方法或机器学习来实现，常用的方法有简单贝叶斯分类法、矩阵变换法、k-最近邻参照分类算法及支持向量机分类方法等。

（3）自动文摘

互联网上的文本信息、机构内部的文档及数据库的内容都在以指数级的速度增长，用户在检索信息的时候，可以得到成千上万篇文档的返回结果，其中许多是与其信息需求无关或关系不大的，如果要剔除这些文档，则必须阅读完全文，这要求用户付出很多劳动，而且效果较差。自动文摘能够生成简短的关于文档内容的指示性信息，将文档的主要内容呈现给用户，帮助用户决定是否要阅读文档的原文，这样能够节省大量的浏览时间。简单来说，自动文摘就是利用计算机自动地从原始文档中提取能够全面而准确地反映该文档中心内容的简单连贯的短文。

2.3.3　多媒体挖掘

多媒体挖掘与文本挖掘的不同点在于需要提取的特征数据不同。多媒体挖掘需要提取的特征数据一般包括图像或视频的文件名、类型、键值表、颜色向量等。多媒体挖掘的技术和方法主要有以下几类：①多媒体数据中的相似搜索，包括两种多媒体标引和检索技术，即基于描述的检索系统和基于内容的检索系统；②多媒体数据的多维分析，可以按传统的从关系数据中构造数据立方体的方法，设计和构造多媒体数据立方体；③分类和预测分析，主要应用于天文学、地震学和地理科学的研究，决策树分类是常用的分类和预测方法；④多媒体数据的关联规则挖掘，关联规则的挖掘主要包括图像内容和非图像内容之间的关联规则挖掘、与空间关系无关的图像内容的关联规则挖掘、与空间关系有关的图像内容的关联规则挖掘。

2.4　在线社交网络大数据应用

2.4.1　聚类的算法与应用

聚类是一种重要的人类行为，人类在孩提时代就通过不断改进下意识中的聚类模式来区分动物、植物。目前，在线社交网络大数据应用中的聚类在许多领域得到了广泛的研究和成功的应用，如用于模式识别、数据分析、图像处理、市场研究、客户分割、Web 文档分类等。聚类就是按照某个特定标准（如距离准则）把一个数据集分割成不同的类或簇，使同一个簇内的数据对象的相似性尽可能大，同时不在同一个簇中的数据对象的差异性也尽可能地大，即聚类后同一类的数据尽可能聚集到一起，不同类数据尽量分离。聚类算法正在蓬勃发展，对此有贡献的研究领域包括数据挖掘、统计学、机器学习、空间数据库技术、生物学及市场营销等。各种聚类算法也被不断提出和改进，而不同的算法适合于不同类型的数据，因此对各种聚类算法、聚类效果的比较成为值得研究的课题。

目前，聚类算法有很多种。而对于具体应用而言，聚类算法的选择取决于数据的类型、聚类的目的。如果聚类被用作描述或探查的工具，可以对同样的数据尝试多种算法，以发现数据可能揭示的结果。聚类算法主要可以划分为如下几类：

划分方法、层次方法、基于密度的方法、基于网格的方法及基于模型的方法。每一类中都存在着得到广泛应用的算法，如划分方法中的 k-means 算法、层次方法中的层次聚类算法等。目前，聚类问题的研究不仅仅局限于上述的硬聚类，即每一个数据只能被归为一类，而模糊聚类也是聚类分析中研究较为广泛的一个分支。模糊聚类通过隶属函数来确定每个数据隶属于各个簇的程度，而不是将一个数据对象硬性地归类到某一簇中。目前已有很多关于模糊聚类的算法被提出，如 FCM 算法等。

1. 聚类的算法

（1）k-means 算法

k-means 算法是划分方法中比较经典的聚类算法之一，效率高，所以在对大规模数据进行聚类时应用广泛。目前，许多算法围绕该算法进行扩展和改进。

通常，k-means 算法采用平方误差准则，其定义如下：

$$E = \sum_{i=1}^{k} \sum_{p \in c_i} \left| p - m_i \right|^2 \tag{2-1}$$

式中，E 为数据库中所有对象的平方误差的总和；p 为空间中的点；m_i 为簇 c_i 的平均值。该目标函数使生成的簇尽可能紧凑独立，使用的距离度量是欧几里得距离，当然也可以用其他距离度量。

k-means 算法的聚类过程实质上是一个逐步求精的迭代过程，如图 2-3 所示。首先任意选择 k 个对象作为初始的簇中心，按照种子间中垂线原理，将空间对象分配给所属的种子形成初始聚类；再对初始的每个簇求出其中心（均值）；然后以此作为新的种子，重新聚类，直到所有的新种子不再更新为止。

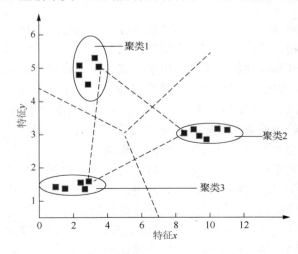

图 2-3　k-means 算法的聚类过程

（2）层次聚类算法

根据层次分解的顺序是自下向上的还是自上向下的，层次聚类算法分为凝聚型层次聚类算法和分裂型层次聚类算法。凝聚型层次聚类算法是先将每个对象作为一个簇，然后合并这些原子簇为越来越大的簇，直到所有对象都在一个簇中，或者使某个终结条件被满足。绝大多数层次聚类是凝聚型层次聚类，它们只是在簇间相似度的定义上有所不同。四种广泛采用的簇间距离度量方法如下。

最小距离：

$$d_{\min}(c_i, c_j) = \min_{p \in c_i, p' \in c_j} |p - p'| \qquad (2\text{-}2)$$

式中，c_i, c_j 分别为簇 i 和簇 j；$|p - p'|$ 为两个对象之间的距离。

最大距离：

$$d_{\max}(c_i, c_j) = \max_{p \in c_i, p' \in c_j} |p - p'| \qquad (2\text{-}3)$$

平均值距离：

$$d_{\mathrm{mean}}(c_i, c_j) = \mathrm{mean}\,|m_i - m_j| \qquad (2\text{-}4)$$

式中，m_i, m_j 分别为簇 c_i 和簇 c_j 的均值。

平均距离：

$$d_{\mathrm{avg}}(c_i, c_j) = \frac{1}{n_i n_j} \sum_{p \in c_i} \sum_{p \in c_j} |p - p'| \qquad (2\text{-}5)$$

式中，n_i, n_j 分别为簇 c_i 和簇 c_j 中对象的数目。

（3）SOM 算法

SOM（self-organizing feature map，自组织特征映射）算法是由芬兰神经网络专家 Kohonen 提出的，该算法假设在输入对象中存在一些拓扑结构或顺序，可以实现从输入空间（n 维）到输出平面（二维）的降维映射，其映射具有拓扑特征保持性质，与实际的大脑处理有很强的理论联系。

SOM 算法包含输入层和输出层。输入层对应一个高维的输入向量，输出层由一系列组织在二维网格上的有序节点构成，输入节点与输出节点通过权重向量连接。学习过程中，找到与之距离最短的输出层单元，即获胜单元，对其更新。同时，将邻近区域的权值更新，使输出节点保持输入向量的拓扑特征。

（4）FCM 算法

1965 年美国扎德（Zadeh）教授第一次提出了模糊集合的概念。经过多年发展，模糊集合理论渐渐被应用到各个实际应用方面。为克服非此即彼的分类缺点，数学界出现了以模糊集合理论为数学基础的聚类分析。用模糊数学的方法进行聚类分析，就是模糊聚类分析。FCM（fuzzy c-means，模糊 c-均值）算法是一种以隶属度来确定每个数据点属于某个聚类程度的算法，其是传统硬聚类算法的一种改进算法。

（5）基于梯度下降的逻辑回归算法

如果将 $E_{\text{in}}(w)$ 曲线看作一个山谷，要求 $E_{\text{in}}(w)$ 最小，即可比作下山的过程。整个下山过程受两个因素影响：一个是下山的单位方向 v；另一个是下山的步长 η。

利用微分思想和线性近似，假设每次下山只前进一小步，即 η 很小，那么根据泰勒（Taylor）一阶展开（泰勒多元展开式），可得

$$E_{\text{in}}(w_t + \eta v) \approx E_{\text{in}}(w_t) + \eta v^{\text{T}} \nabla E_{\text{in}}(w_t) \tag{2-6}$$

式中，w_t 为 t 步的权重；η 为更新的步长；v 为更新的方向；$\nabla E_{\text{in}}(w_t)$ 为梯度值，包含梯度方向；$E_{\text{in}}(w_t + \eta v)$ 为更新步长求得的误差值（损失值）。

迭代的目的就是让 E_{in} 越来越小，即让 $E_{\text{in}}(w_t + \eta v) < E_{\text{in}}(w_t)$。$\eta$ 是标量，因为如果两个方向相反，那么它们的内积最小（值为负），也就是说如果方向 v 与梯度 $\nabla E_{\text{in}}(w_t)$ 反向，那么就能保证每次迭代 $E_{\text{in}}(w_t + \eta v) < E_{\text{in}}(w_t)$ 都成立，则令下降方向 v 为

$$v = -\frac{\nabla E_{\text{in}}(w_t)}{\left\| \nabla E_{\text{in}}(w_t) \right\|} \tag{2-7}$$

式中，$\left\| \nabla E_{\text{in}}(w_t) \right\|$ 为梯度的数值，不含有方向。

v 是单位向量，v 每次都是沿着梯度的反方向走，这种方法称为梯度下降算法，那么每次迭代公式就可以写成：

$$w_{t+1} \leftarrow w_t - \eta \frac{\nabla E_{\text{in}}(w_t)}{\left\| \nabla E_{\text{in}}(w_t) \right\|} \tag{2-8}$$

下面讨论 η 对迭代优化的影响：如果 η 太小，那么下降的速度就会很慢；如果 η 太大，那么之前利用 Taylor 展开的方法就不准确，造成下降很不稳定，甚至会上升。因此，η 应该选择合适的值。η 的选择方法之一是在梯度较小的时候，选择小的 η；在梯度较大的时候，选择大的 η，即 η 正比于 $\left\| \nabla E_{\text{in}}(w_t) \right\|$。这样就保证了能够快速、稳定地得到最小值 $E_{\text{in}}(w)$。

对学习速率做修正，梯度下降算法的迭代公式可以写成：

$$w_{t+1} \leftarrow w_t - \eta' \nabla E_{\text{in}}(w_t) \tag{2-9}$$

式中，η' 为修正后的步长。

$$\eta' = \frac{\eta}{\left\| \nabla E_{\text{in}}(w_t) \right\|} \tag{2-10}$$

基于梯度下降的逻辑回归算法步骤如下。

步骤 1，初始化 w_0。

步骤 2，计算梯度 $\nabla E_{\text{in}}(w_t) = \dfrac{1}{N} \displaystyle\sum_{n=1}^{N} \theta(-y_n w_t^{\text{T}} x_n)(-y_n x_n)$。

步骤 3，迭代更新 $w_{t+1} \leftarrow w_t - \eta \nabla E_{\text{in}}(w_t)$。

步骤 4，满足 $\nabla E_{\text{in}}(w_{t+1}) \approx 0$ 或者取到最优值。

2. 聚类的应用

1）基于聚类分析的案例——零售客户细分。对客户类型的细分，在商业领域是比较常见的。细分的功能在于能够有效地划分出客户群体，使群体内部成员具有相似性，而群体之间存在差异性。其目的是识别不同的客户群体，然后针对不同的客户群体，精准地进行产品设计和推送，从而节约营销成本，提高营销效率。例如，针对商业银行中的零售客户进行细分，基于零售客户的特征变量（人口特征、资产特征、负债特征、结算特征），计算客户之间的距离。然后，按照距离的远近，把相似的客户聚集为一类，从而有效地细分客户，如将全体客户划分为诸如理财偏好者、基金偏好者、活期偏好者、国债偏好者、风险均衡者、渠道偏好者等。

2）基于聚类异常值分析的案例——支付中的交易欺诈侦测。采用支付宝支付或者刷信用卡支付时，系统会通过判断刷卡的时间、地点、商户名称、金额、频率等要素实时判断这笔刷卡行为是否属于盗刷。其基本原理是寻找异常值。若某次刷卡被判定为异常，则该笔交易可能会被终止。异常值的判断基于欺诈规则库，可能包含两类规则：第一，事件类规则，如刷卡的时间是否异常（凌晨刷卡）、刷卡的地点是否异常（非经常所在地刷卡）、刷卡的商户是否异常（被列入黑名单的套现商户）、刷卡的金额是否异常（是否偏离正常均值的三倍标准差）、刷卡的频次是否异常（高频密集刷卡）；第二，模型类规则，通过算法判定交易是否属于欺诈，一般通过支付数据、卖家数据、结算数据，构建模型进行分类问题的判断。

2.4.2　分类的算法与应用

1. 分类的算法

分类就是根据文本的特征或属性，将其划分到已有的类别中。常用的分类算法包括决策树分类法、贝叶斯分类算法、人工神经网络、k-最近邻法、支持向量机、关联规则分类法、核岭回归、LSTM 网络等。

（1）决策树分类法

决策树是一种用于对实例进行分类的树形结构，是一种依托于策略抉择而建立起来的树。决策树由节点和有向边组成。节点的类型有两种，即内部节点和叶子节点。其中，内部节点表示一个特征或属性的测试条件（用于分开具有不同特性的记录），叶子节点表示一个分类。一旦我们构造了一个决策树模型，以它为基础进行分类将是非常容易的。具体做法是，从根节点开始，以实例的某一特征进行测试，根据测试结构将实例分配到其子节点（也就是选择适当的分支）；沿着该分支可能达到叶子节点或者到达另一个内部节点时，那么就使用新的测试条件递归执行下去，直到抵达一个叶子节点。当到达叶子节点时，我们便得到了最终的分类结果。从数据产生决策树的机器学习技术称为决策树学习，通俗来说就是决策树，这是一种依托于分类、训练的预测树，可以根据已知预测、归类未来。

（2）贝叶斯分类算法

贝叶斯分类算法是一类利用概率统计知识进行分类的算法，如朴素贝叶斯分类算法。这些算法主要利用贝叶斯定理来预测一个未知类别的样本属于各个类别的可能性，选择其中可能性最大的一个类别作为该样本的最终类别。贝叶斯定理的成立本身需要一个很强的条件独立性假设前提，而此假设在实际情况中经常是不成立的，因而其分类准确性就会下降。为此就出现了许多降低独立性假设的贝叶斯分类算法，如 TAN（tree augmented naive Bayesian，树扩展型朴素贝叶斯）算法，它是在贝叶斯网络结构的基础上通过增加属性对之间的关联来实现的。通常，事件 A 在事件 B 的条件下的概率，与事件 B 在事件 A 的条件下的概率不同，但两者有确定的关系，贝叶斯定理就是对这种关系的陈述。贝叶斯定理是指概率统计中的应用所观察到的现象对有关概率分布的主观判断（即先验概率）进行修正的标准方法。当分析样本大到接近总体数时，样本中事件发生的概率将接近于总体中事件发生的概率。作为一个规范的原理，贝叶斯分类算法对于所有概率的解释是有效的。然而，频率主义者和贝叶斯主义者对于在应用中概率如何被赋值有着不同的看法：频率主义者根据随机事件发生的频率，或者总体样本里面的个数来赋值概率；贝叶斯主义者根据未知的命题来赋值概率。贝叶斯统计中有两个基本概念，分别是先验分布和后验分布。先验分布为：总体分布参数 θ 的一个概率分布。贝叶斯学派的根本观点是，在关于总体分布参数 θ 的任何统计推断问题中，除使用样本所提供的信息外，还必须规定一个先验分布，它是在进行统计推断时不可缺少的一个要素。他们认为先验分布不必有客观的依据，可以部分地或完全地基于主观信念。后验分布为：根据样本分布和未知参数的先验分布，用概率论中求条件概率分布的方法，求出的在样本已知条件下，未知参数的条件分布。因为这个分布是在抽样以后才得到的。贝叶斯分类算法的关键是任何推断都必须且只需根据后验分布函数，而不能再涉及样本分布。

（3）人工神经网络

人工神经网络是一种应用类似于大脑神经突触连接的结构进行信息处理的数学模型。在这种模型中，大量的节点（或称"神经元"，或"单元"）之间相互连接构成网络，即神经网络，以达到处理信息的目的。神经网络通常需要进行训练，训练的过程就是网络进行学习的过程。训练改变了网络节点的连接的权值，使其具有分类的功能，经过训练的网络可用于对象识别。目前，神经网络已有上百种模型，常见的有 BP 网络、径向基网络、Hopfield 网络、随机神经网络、竞争神经网络（Hamming 网络、自组织映射网络）等。但是，当前的神经网络仍普遍存在收敛速度慢、计算量大、训练时间长和不可解释等缺点。

（4）k-最近邻法

k-最近邻法是一种基于实例的分类算法。该算法就是找出与未知样本 x 距离最近的 k 个训练样本，看这 k 个样本中多数属于哪一类，就把 x 归为哪一类。k-最近邻法是一种懒惰学习方法，它存放样本，直到需要分类时才进行分类，如果样本集比较复杂，可能会产生很大的计算开销，因此无法应用到实时性很强的场合。

（5）支持向量机

支持向量机的主要思想是，建立一个最优决策超平面，使该平面两侧距离该平面最近的两类样本之间的距离最大，从而对分类问题提供良好的泛化能力。对于一个多维的样本集，系统随机产生一个超平面并不断移动，对样本进行分类，直到训练样本中属于不同类别的样本点正好位于该超平面的两侧。满足该条件的超平面可能有很多个，支持向量机正是在保证分类精度的同时，寻找到这样一个超平面，使超平面两侧的空白区域最大化，从而实现对线性可分样本的最优分类。支持向量机中的"支持向量"是指训练样本集中的某些训练点，这些点最靠近分类决策面，是最难分类的数据点。支持向量机中最优分类标准就是使这些点距离分类超平面的距离达到最大值；"机"是机器学习领域对一些算法的统称，常把算法看作一个机器，或者学习函数。支持向量机是一种有监督功能的学习方法，主要针对小样本数据进行学习、分类和预测。

（6）关联规则分类法

关联规则挖掘是数据挖掘中一个重要的研究领域。近年来，对于如何将关联规则挖掘用于分类，学者们进行了广泛的研究。关联规则分类法形如 condset→C 的规则，其中 condset 是项（或属性-值对）的集合，而 C 是类标号，这种形式的规则称为类关联规则。关联规则分类法一般步骤如下：第一步用关联规则挖掘算法，从训练数据集中挖掘出所有满足指定支持度和置信度的类关联规则；第二步使用启发式方法，从挖掘出的类关联规则中挑选出一组高质量的规则用于分类。

（7）核岭回归

对于任何一个 L2-规则化线性模型：

$$\min_{w} \frac{\lambda}{N} \boldsymbol{w}^{\mathrm{T}} \boldsymbol{w} + \frac{1}{N} \sum_{n=1}^{N} \mathrm{err}(y_n, \boldsymbol{w}^{\mathrm{T}} \boldsymbol{z}_n) \tag{2-11}$$

$$\mathrm{optimal}\ \boldsymbol{w}^* = \sum_{n=1}^{N} \beta_n \boldsymbol{z}_n \tag{2-12}$$

任何一个 L2-规则化线性模型都能被核化，可以使用线性最小二乘法，通过向量运算，直接得到最优解。核岭回归核心问题表示如下。

截距核岭回归：

$$\min_{w} \frac{\lambda}{N} \boldsymbol{w}^{\mathrm{T}} \boldsymbol{w} + \frac{1}{N} \sum_{n=1}^{N} (y_n - \boldsymbol{w}^{\mathrm{T}} \boldsymbol{z}_n)^2 \tag{2-13}$$

最优解：

$$w^* = \sum_{n=1}^{N} \beta_n z_n \tag{2-14}$$

最优解 w^* 必然是 z 的线性组合。把 $w^* = \sum_{n=1}^{N} \beta_n z_n$ 代入核岭回归中,将 z 的内积用 Kernel 函数替换,把求 w^* 的问题转化成求 β_n 的问题,得到

$$\min_{\beta} \quad \frac{\lambda}{N} \sum_{n=1}^{N} \sum_{m=1}^{N} \beta_n \beta_m K(x_n, x_m) + \frac{1}{N} \sum_{n=1}^{N} \left(y_n - \sum_{m=1}^{N} \beta_m K(x_n, x_m) \right)^2 \tag{2-15}$$

核岭回归可以写成矩阵的形式,其中第一项可以看成是 β_n 的正则项,而第二项可以看成是 β_n 的误差函数。只需要求解该式最小化对应的 β_n 值,就能解决核岭回归问题。

求解 β_n 的问题可以写成如下形式:

$$E_{\mathrm{aug}}(\boldsymbol{\beta}) = \frac{\lambda}{N} \boldsymbol{\beta}^{\mathrm{T}} \boldsymbol{K} \boldsymbol{\beta} + \frac{1}{N} \left(\boldsymbol{\beta}^{\mathrm{T}} \boldsymbol{K}^{\mathrm{T}} \boldsymbol{K} \boldsymbol{\beta} - 2 \boldsymbol{\beta}^{\mathrm{T}} \boldsymbol{K}^{\mathrm{T}} \boldsymbol{y} + \boldsymbol{y}^{\mathrm{T}} \boldsymbol{y} \right) \tag{2-16}$$

$$\nabla E_{\mathrm{aug}}(\boldsymbol{\beta}) = \frac{2}{N} \left(\lambda \boldsymbol{K}^{\mathrm{T}} \boldsymbol{I} \boldsymbol{\beta} + \boldsymbol{K}^{\mathrm{T}} \boldsymbol{K} \boldsymbol{\beta} - \boldsymbol{K}^{\mathrm{T}} \boldsymbol{y} \right)$$

$$= \frac{2}{N} \boldsymbol{K}^{\mathrm{T}} \left[(\lambda \boldsymbol{I} + \boldsymbol{K}) \boldsymbol{\beta} - \boldsymbol{y} \right] \tag{2-17}$$

$E_{\mathrm{aug}}(\boldsymbol{\beta})$ 是关于 $\boldsymbol{\beta}$ 的二次多项式,对 $E_{\mathrm{aug}}(\boldsymbol{\beta})$ 求最小化解属于凸二次最优化问题,只需要先计算其梯度,再令梯度为零即可。令 $\nabla E_{\mathrm{aug}}(\boldsymbol{\beta})$ 等于零,即可得到一种可能的 $\boldsymbol{\beta}$ 的解析解,为 $\boldsymbol{\beta} = (\lambda \boldsymbol{I} + \boldsymbol{K})^{-1} \boldsymbol{y}$。

（8）LSTM 网络

LSTM（long short-term memory,长短期记忆）网络是对来源于人工神经网络的 RNN（recurrent neural network,循环神经网络）的扩展。在自然语言处理领域,上下文关系的处理极其重要,而 RNN 虽然适用于上下文处理,但其内部因梯度消失/爆炸而不能对长期依赖性进行针对性处理。为了弥补 RNN 对于长期依赖性处理的不足,LSTM 网络应运而生,其自然行为便是长期的保存输入。

在 LSTM 网络中存在一种特殊的记忆单元:该单元在下一个周期将拥有一个连接到其自身的权值,并在连接的过程中不断累积其余单元的权值,以及复制自身状态的真实值。在记忆单元中的自连接状态由乘法门控单元控制,学习并决定何时清除及记忆内容。

LSTM 网络的构建过程如图 2-4 所示:待处理文本进入输入层,经过用于向量化的词嵌入层之后得到向量空间,进入标准 LSTM 层进行上下文学习,其输出结果经过全连接层将向量空间维度降至目标类别个数 3,继而叠加到 Softmax 层得到输入层的待处理文本在各个类别下的概率值,选择其中概率值最大的进入输出层,输出所属类别,从而实现分类的目的。

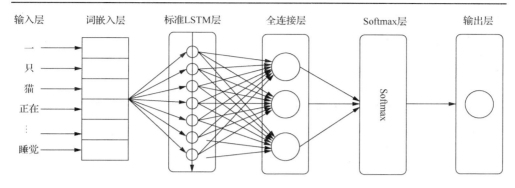

图 2-4　LSTM 网络的构建过程

2．分类的应用

（1）垃圾邮件的判别

电子邮箱系统如何判断一封邮件是否属于垃圾邮件？这属于文本挖掘的范畴，通常会采用贝叶斯分类算法进行判断。它的主要原理是，根据邮件正文中的单词是否经常出现在垃圾邮件中进行判断。例如，如果一封邮件的正文中包含"报销""发票""促销"等词汇，则该邮件被判定为垃圾邮件的概率将会比较大。

一般来说，判断邮件是否属于垃圾邮件，应该包括以下几个步骤：第一，把邮件正文拆解成单词组合，假设某封邮件包含 100 个单词；第二，根据贝叶斯条件概率，计算一封已经出现了这 100 个单词的邮件属于垃圾邮件的概率和属于正常邮件的概率；第三，根据计算结果进行判断，如果属于垃圾邮件的概率大于属于正常邮件的概率，那么该邮件就会被判断为垃圾邮件；反之，则被判断为正常邮件。

（2）医学上的肿瘤判断

医学上如何判断细胞是否属于肿瘤细胞呢？肿瘤细胞和普通细胞有差别，但是需要医生通过病理切片才能判断，效率低下。如果通过机器学习的方式，使系统自动识别出肿瘤细胞，那么效率将会得到飞速提升。并且，通过主观（医生）+客观（模型）的方式识别肿瘤细胞，结果交叉验证，结论可能更加准确。

通过分类模型识别肿瘤细胞包括两个步骤：首先，通过一系列指标数据刻画细胞特征，如细胞的半径、质地、周长、面积、光滑度、对称性、凹凸性等；其次，在细胞特征的基础上，通过搭建分类模型进行肿瘤细胞的判断。

2.4.3　预测的模型与应用

1．预测的模型

在线社交网络信息传播的预测模型主要有以下几种。

（1）多元回归模型

多元回归模型是用来进行回归分析的数学模型（含相关假设），其中只含有一个回归变量的回归模型称为一元回归模型，否则称为多元回归模型。

（2）BP 神经网络预测模型

BP 神经网络又称反向传播神经网络，通过样本数据的训练，不断修正网络权值和阈值，使误差函数沿负梯度方向下降，逼近期望输出。BP 神经网络预测模型是一种应用较为广泛的神经网络模型，多用于函数逼近、模型识别分类、数据压缩和时间序列预测等。

（3）路径分析模型

路径分析模型包含两个基本内容：一个是路径的搜索；另一个是距离的计算。路径搜索的算法与连通分析是一致的，通过邻接关系的传递来实现路径搜索。路径的长度（距离）以积聚距离来计算。距离的计算方法为，将栅格路径视为由一系列路径段组成，在进行路径搜索的同时计算每个路径段的长度并累计起来，表示从起点到当前栅格单元的距离。这里路径段指的是在一定的精度范围内可以以直线段模拟和计算的栅格单元集合。

（4）结构方程模型

结构方程模型（structural equation model，SEM）是基于变量的协方差矩阵来分析变量之间关系的一种统计方法，是多元数据分析的重要工具。SEM 在估计一组观察变量与其代表的潜变量、因子的关系的同时，分析各潜变量之间的关系，这样潜变量之间的关系估计不受测量误差的影响。

结构方程建模过程如下：①模型表述，模型估计之前形成的最初理论模型是在理论研究或实践经验的基础上形成的；②模型识别，决定设定模型参数估计是否有唯一解，如果错误设定，模型估计可能不收敛或无解；③模型估计，常用的方法是最大似然估计方法；④模型评估，需要评估模型是否拟合数据；⑤模型修正，如果拟合不好，需要重新设定或修改模型（增减或修改模型参数）。

2. 预测的应用

（1）电商企业产品的销量预测

电商企业商品销量预测具有影响因素多、自相关性显著等特点，可以采用机器学习等方法实现其销量预测。例如，利用 XGBoost 算法建立商品销量预测模型，将该商品销量预测方法应用于某电商企业生活用品的销量预测，其方法能有效地提高商品销量的预测精度，具有较高的实际应用价值。

（2）搜索引擎的搜索量和股价波动

南美洲热带雨林中的一只蝴蝶，偶尔扇动了几下翅膀，可以在两周以后引起美国得克萨斯州的一场龙卷风。那么用户在互联网上的搜索是否会影响一家公司股价的波动？很早之前，就有文献证明，互联网关键词的搜索量（如流感）会比疾病预防控制中心提前 1～2 周预测出某地区流感的暴发。同样，现在也有些学者发现了这样一种现象，即公司在互联网中搜索量的变化，会显著影响公司股价的波动和趋势，即所谓的投资者注意力理论。该理论认为，公司在搜索引擎中的搜索量，代表了该股票被投资者关注的程度。因此，当一只股票的搜索频数增加时，说明投资者对该股票的关注度提升，从而使该股票更容易被个人投资者购买，进一步导致股票价格上升，带来正向的股票收益。

本 章 小 结

本章首先分析了大数据和数据挖掘等相关定义和技术；其次针对特定的在线社交网络数据挖掘方法进行分析，主要包括 Web 挖掘、文本挖掘和多媒体挖掘；最后对在线社交网络的大数据应用进行了分析，主要包含聚类、分类和预测的应用，并列举了相关技术方法。

参 考 文 献

[1] KONG X J, SHI Y J, YU S, et al. Academic social networks: modeling, analysis, mining and applications[J]. Journal of network and computer applications, 2019, 132: 86-103.

[2] PENG S C, YU S, MUELLER P. Social networking big data: opportunities, solutions, and challenges[J]. Future generation computer systems, 2018, 86: 1456-1458.

[3] GUO L, ZHANG B. Mining structural influence to analyze relationships in social network[J]. Physica a: statistical mechanics and its applications, 2019,523: 301-309.

[4] LOGLISCI C, CECI M, IMPEDOVO A, et al. Mining microscopic and macroscopic changes in network data streams[J]. Knowledge-based systems, 2018,161: 294-312.

[5] INJADAT M N, SALO F, NASSIF A B. Data mining techniques in social media: a survey[J]. Neurocomputing, 2016, 214:654-670.

[6] SAPOUNTZI A, PSANNIS K E. Social networking data analysis tools & challenges[J].Future generation computer systems, 2018,86: 893-913.

[7] YANG C C, ZHAO M N. Mining heterogeneous network for drug repositioning using phenotypic information extracted from social media and pharmaceutical databases[J]. Artificial intelligence in medicine, 2019, 3: 12-21.

[8] ZHANG L M, ASHURI B. BIM log mining: discovering social networks[J]. Automation in construction, 2018, 91: 31-43.

[9] NETTLETON D F. Data mining of social networks represented as graphs[J]. Computer science review, 2013,7: 1-34.

[10] MALLEK S, BOUKHRIS I, ELOUEDI Z, et al. Evidential link prediction in social networks based on structural and social information[J]. Journal of computational science, 2019, 30: 98-107.

第3章　在线社交网络用户影响力分析

　　为了更好地对在线社交网络信息传播与舆情演化进行分析，本章先对在线社交网络用户影响力进行了量化分析。We Are Social 和 HootSuite 联合公布：2019年全球人口达到 76.76 亿人，其中网民有 43.9 亿人。中国互联网络信息中心，在《第 44 次中国互联网络发展状况统计报告》中公布：截至 2019 年 6 月我国网民规模达 8.54 亿。互联网技术的迅速发展，使人们在网络上的交流越发频繁。互联网技术彻底改变了人们的生活方式，让人们的生活进入了数字化时代，其中社交网络已经成为信息传播的重要途径[1-6]。人们每天都在社交网络上生产大量的数据。据 Facebook 统计，其用户每天会产生 4PB 的数据量，Twitter 的用户每天要发送 5 亿条信息，Instagram 用户每天要分享 9 500 万张照片和 3 600 万条视频。在信息交流如此频繁的网络上，衍生了著名的病毒式营销模型。

　　研究在线社交网络中的每个用户（可视为节点）的影响力成为诸多领域发展的重要环节[1-3]。对它的研究主要涉及以下几个方面：①用户影响力衡量的因素。对用户影响力的衡量因素有很多，找出并研究分析其中重要的衡量因素就是这部分要解决的问题。②研究用户影响力最大化的方法。在正确使用影响力衡量因素的前提下，对用户影响力最大化进行定性分析，提出解决这个问题的正确方法。③正确推测用户影响力的传播。在线社交网络中，用户之间的关系错综复杂，并且一直都在变化中。研究它的变化规律并进行正确分析，对了解在线社交网络的舆情演化具有重要意义[4-6]。

3.1　微博意见领袖影响力模型构建与分析

　　微博的兴起改变了人们的生活方式，其正逐渐成为人们获取新闻的第一途径，在社交网络中的作用也越来越重要。作为一种新兴的社交网络媒体，微博具有文本短小、内容精炼、信息传播速度快的特点[1-2]。意见领袖作为信息传播当中的媒介，可以使信息传播形成二级传播。通过意见领袖造成信息传播的社会舆论也存在重大影响，引起了更多的研究者关注，故对微博意见领袖影响力的研究，以及微博生命周期建模与预测分析是在线社交网络研究的前沿问题。

　　微博作为国内用户规模庞大的网络媒体，也是全球用户较多的微型博客提供商之一。微博用户产生的数据量巨大，对其在线社交网络行为进行分析具有重大意义。

微博原创发送及微博转发都是信息传播行为，本章将研究微博生命周期行为特征，主要研究一条微博发送或转发之后，经历潜伏期、激增期、二次增长期、衰亡期的规律特征；以意见领袖作为研究对象，分析其在发送或转发微博之后的信息传播模式。

从图 3-1 可清晰地看出一条微博所经历的各个阶段，三条曲线分别描述了典型的三类微博的传播模式。

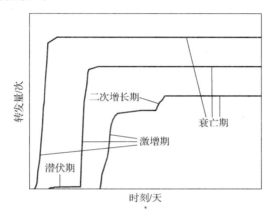

图 3-1　微博在线社交网络生命示意图

3.1.1　意见领袖影响力分析研究

本节进行相关数据采集后，对微博各因素数据归类，并对意见领袖影响力进行研究。首先，对微博的传播模式进行分析；其次，对爬取到的与意见领袖影响力有关的各个因素进行分析；最后，构建意见领袖影响力模型[7]。意见领袖影响力指标如表 3-1 所示。

表 3-1　意见领袖影响力指标

指标	影响因素
意见领袖传播力指标	意见领袖转发微博总数量、意见领袖关注列表数量、意见领袖粉丝数量
意见领袖活跃度指标	意见领袖微博平均评论数量、意见领袖微博转发数量、意见领袖活跃天数

若仅考虑微博的意见领袖传播力指标，并不能准确计算和分析其影响力，因此引入发表意见领袖微博平均评论数量、意见领袖微博转发数量、意见领袖活跃天数这三个因素来构建意见领袖活跃度指标；意见领袖活跃度与这三个因素均成正比。对爬取到的数据，将影响力通过式（3-1）进行归一化处理。

$$Y = \frac{X - X_{\min}}{X_{\max} - X_{\min}} \tag{3-1}$$

　　用意见领袖转发微博总数量、意见领袖关注列表数量、意见领袖粉丝数量、意见领袖微博平均评论数量、意见领袖微博转发数量、意见领袖活跃天数分别与意见领袖影响力进行绘图分析，以发现因素的相关关系。

　　根据图 3-2 可以看出，意见领袖转发微博总数量和关注列表数量对意见领袖的影响力不存在函数关系。对其他四个因素先用式（3-1）将其数值进行归一化至区间 $[0,1]$，然后分别用 V_{fans}、V_{comment}、V_{forward} 和 V_{activity} 来表示，并对图 3-2 中其他四个因素对意见领袖影响力的关系进行函数拟合。

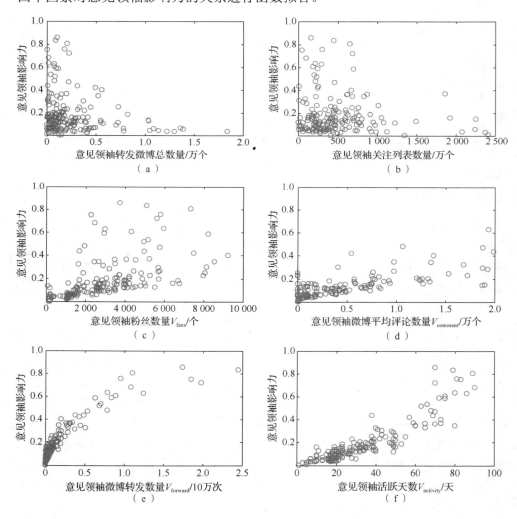

图 3-2　不同因素与意见领袖影响力的关系

由图 3-3 可以看出四个因素的归一化值对意见领袖影响力均存在函数关系，通过拟合出的四条线性直线可得式（3-2）～式（3-5）。

$$V_{\text{fans}} = 0.469 x_{\text{fans}} + 0.042 \tag{3-2}$$

$$V_{\text{comment}} = 1.081 x_{\text{comment}} + 0.118 \tag{3-3}$$

$$V_{\text{forward}} = 0.684 x_{\text{forward}} + 0.084 \tag{3-4}$$

$$V_{\text{activity}} = 0.691 x_{\text{activity}} - 0.059\,2 \tag{3-5}$$

通过式（3-2）～式（3-5）可得，意见领袖粉丝数量、意见领袖微博平均评论数量、意见领袖微博转发数量及意见领袖活跃天数四个因素确实与意见领袖影响力存在函数关系，接下来分析拟合曲线的误差及各指标值。

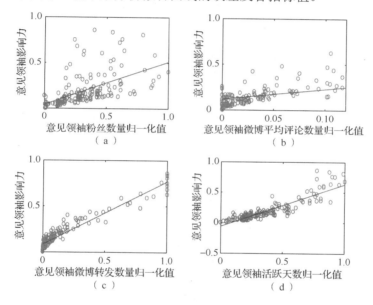

图 3-3   各因素与意见领袖影响力拟合关系

根据表 3-2，首先可以分析出四个因素与意见领袖影响力都存在线性关系，其次发现与意见领袖影响力关系最大的是意见领袖微博转发数量，关系最小的是意见领袖粉丝数量。

表 3-2   拟合曲线分析

因素	误差平方和	拟合度（R^2）	调整的 R^2	标准差
意见领袖粉丝数量	2.811	0.412 8	0.408 7	0.129 7
意见领袖微博平均评论数量	1.894	0.658 4	0.656 4	0.105 6
意见领袖微博转发数量	0.429 4	0.922 6	0.922 1	0.050 26
意见领袖活跃天数	1.055	0.809 7	0.808 5	0.078 79

3.1.2　意见领袖影响力模型构建与分析

一条微博在通过意见领袖传播的过程中，对其传播作用起到最大影响的是意见领袖的影响力，意见领袖影响力越大，其带来的网络传播力度越广，所造成的社会影响也就越大[8]。故将利用意见领袖粉丝数量、意见领袖微博平均评论数量、意见领袖转发数量及意见领袖活跃天数通过式（3-6）来计算意见领袖影响力。意见领袖影响力用 f 表示。

$$f = w_1 V_{\text{fans}} + w_2 V_{\text{comment}} + w_3 V_{\text{forward}} + w_4 V_{\text{activity}} \qquad (3\text{-}6)$$

其中，意见领袖活跃度是由意见领袖微博平均评论数量、意见领袖微博转发数量、意见领袖活跃天数三个因素分别归一化并相加取平均得到。此处将构建的意见领袖影响力模型定义为 OLB（opinion leader blog，意见领袖博客）模型。

接着将确定各因素在影响力计算中的权值，对属性矩阵数据归一化处理后，可以在[0,1]范围内比较各因素数据，但各属性值在评价中的重要性不能确定，因此还需要确定属性的权重值。采用 Saaty 的 10 级重要性等级表和两两比较的判断矩阵专家法计算各个属性指标的相对重要性。例如，评价人认为意见领袖粉丝数量（x_{fans}）与意见领袖微博平均转发数量（x_{forward}）和意见领袖活跃天数（x_{activity}）相比相当重要，则可取 $w_1 = 5$（相比明显重要可以取 7；介于相当重要和明显重要之间可以取 6；介于略微重要与相当重要之间可以取 4）。依次对各个指标进行比较后，运用层次分析法，则得到属性相对重要性判断矩阵。最后通过一致性检验来确定各因素权重，如表 3-3 所示。

表 3-3　意见领袖影响力因素权重

因素	意见领袖粉丝数量	意见领袖微博平均评论数量	意见领袖微博转发数量	意见领袖活跃天数
权重	0.22	0.12	0.36	0.30

通过表 3-3 中的权重来计算意见领袖影响力，可以更好地分析微博生命周期。除特殊情况外，意见领袖微博转发数量高于 10 万次的都认为有水军参加，忽略这些转发量，本章将微博实际转发量超过 10 万次的定义为 10 万次。并且假定在信息传播过程中，意见领袖粉丝数量 V_{fans}、意见领袖微博平均评论数量 V_{comment}、意见领袖微博转发数量 V_{forward} 及意见领袖微博活跃天数 V_{activity} 不会发生变化。

意见领袖影响力 f 可以影响信息传播的力度，而一条微博的转发数量主要与信息的传播力度有关，信息的传播力度越大，看到信息的人数越多，微博转发数量也就越多。意见领袖影响力根据式（3-2）～式（3-5）并结合式（3-6）进行计算，下一步判断计算出意见领袖影响力 f 与相应的意见领袖微博转发数量 V_{forward} 存在的函数关系，对两个因素进行拟合分析得到图 3-4。

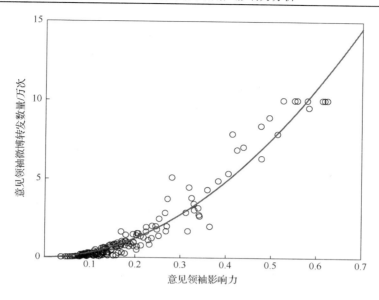

图 3-4　意见领袖微博影响力与转发数量关系

由图 3-4 可以看出，意见领袖微博转发数量与意见领袖影响力存在函数关系，且保持递增关系。拟合得到的 R^2 为 0.9473，说明拟合结果有效。

$$V_{\text{forward}} \propto f \tag{3-7}$$

$$V_{\text{forward}} = 29.3f^2 \tag{3-8}$$

在一条微博的激增期，转发数量会随时间 t 的增加而增加，但转发数量最终会达到一个稳定状态。转发数量增长的这段时间称为影响力持续时间 t_c，当 $t < t_c$ 时，微博转发数量在激增，可用式（3-9）来拟合出转发数量在激增期的大体变化趋势，t_k 为时间控制参数。

$$y = 1 - e^{(t_k - t)} \tag{3-9}$$

在意见领袖微博转发数量模型中引入放大级数 β。放大级数对通过模型计算出的意见领袖转发数量进行实际放大，发现放大级数与意见领袖影响力存在正相关关系，即影响力越大，放大级数 β 也就越大，函数关系如式（3-10）所示。

$$\beta = \begin{cases} 10f, & 0 < f < 0.08 \\ 1.06f + 0.716, & 0.08 \leqslant f < 0.25 \\ 34.375f - 8.2125, & 0.25 \leqslant f < 0.35 \\ 11.165f - 0.878, & 0.35 \leqslant f < 1 \end{cases} \tag{3-10}$$

当 $t < t_c$ 时，微博生命状态处于激增期，此时意见领袖微博转发数量随时间快速增长，如式（3-11）所示。

$$V_{\text{forward}} = 10f^2 + \beta[1 - e^{2(t_k - t)}] \tag{3-11}$$

当 $t = t_c$ 时，微博生命状态处于激增结束阶段，开始缓慢增加至稳定态。此时可以根据式（3-11）计算出意见领袖微博最终的转发数量。

3.1.3　仿真结果与分析

　　本节采用热门微博数据进行仿真，构建的微博意见领袖预测模型针对意见领袖发表的原创微博有效。由于一般微博评论量及转发量均具有随机性，本节提出的预测模型适用于意见领袖的热门微博。在之前爬取的数据中选取四个不同类别且转发量多的话题，以拟合微博事件热度图，可以分析一个话题从出现并被人们关注的热度变化趋势。

　　由图 3-5 可以看出，一个微博话题在发布后，人们对其极为关注，热度也在攀升，但随着时间的流逝，该微博话题将会被人们淡忘，热度也会降低，媒体在人们即将淡忘时爆出话题的附属事件可引起更大关注量，使人们重新关注事件，事件的热度会再次增加，如此循环，最后热度会降到最低。利用热度分析中的四个不同话题的微博进行分析，首先对意见领袖粉丝数量及活跃天数进行仿真分析；其次从转发的人当中寻找意见领袖，并计算意见领袖的影响力 f，在计算影响力时各因素均采集近一年内的数据；最后进行真实数据、传统模型及 OLB 模型的对比仿真分析。本节将其转发数量累积起来进行对比，对比效果更直观。

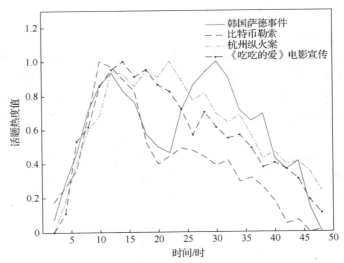

图 3-5　微博话题热度图

表 3-4 是针对《吃吃的爱》电影的宣传微博，各意见领袖都帮其转发宣传，起到信息传播的作用，其中筛选出杨幂、王嘉尔、张大大三个意见领袖进行模型与真实数据的仿真分析。

表 3-4　《吃吃的爱》电影宣传微博参数

意见领袖	杨幂	王嘉尔	张大大
传播力 f	0.625	0.316	0.051
放大级数	6.10	2.65	0.51
转发间隔时间/天	0.20	0.13	0.42
实际转发量/万次	10.02	3.66	0.54

据图 3-6 可以得到，意见领袖在转发他人微博的时间点上没有规律。而特征都为先激增后衰亡，因为人们对信息的消化时间很短，在信息出现后，迅速关注令其热度达到一个峰值又迅速下降至零，表现在微博累积转发量达到一个高点后不会再变化。

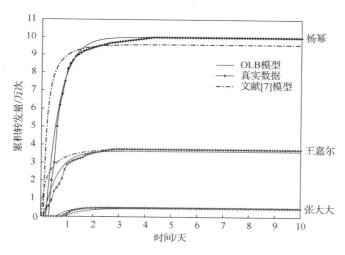

图 3-6　微博一个生命周期

3.2　在线社交网络用户影响力最大化算法

在使用计算机算法解决问题时，往往用时间复杂度和空间复杂度来衡量算法的效率。若是一个算法的时间复杂度可以使用多项式来表示，则称这个算法可以在多项式时间内解决。P 类（polynomial）问题就是能够在多项式时间内解决的问题，NP（non-deterministic polynomial，非确定性多项式）问题是指在多项式时间内可以猜出一个解的问题。若问题 A 是 NPC（non-deterministic polynomial complete，非确定性多项式完全）问题，则所有的 NP 问题都可以归到问题 A。若问题 B 不是 NP 问题，某一 NPC 问题（问题 C）可以在多项式时间内转为问题 B，则问题 C 为 NP 难问题。Kempe 证明了在线社交网络用户影响力最大化问题是 NP 难问题，即永远找不到最优解，只能用近似解来模拟最优解。

3.2.1　贪心算法

贪心算法在解决社交网络影响力最大化方面具有比较好的表现。在图 $G(V, E)$ 中，初始化种子集合 seed 为空，激活的种子集合 active 为空。每次选择的种子节点满足式（3-12）。

$$v = \text{Max}\{\text{Influence}(seed + m) - \text{Influence}(seed) \mid m \in V/active\} \qquad (3\text{-}12)$$

式中，Influence(seed) 为种子节点集合 seed 的影响力传播范围。在没有激活的所有节点中，计算加入节点 m 后带来的影响，选择增加的影响力最大的节点 v。

贪心算法的中心思想就是每次均选择影响力传播范围最大的节点加入种子集合中，即每次都要计算没有激活节点中每个节点增加的影响力，然后从中选择增加的影响力最大的节点作为种子节点。给定图 $G(V, E)$ 和种子节点个数 k，贪心算法的伪代码如算法 3-1 所示。

算法 3-1　Greedy(k)
输入：$G(V, E)$，k
输出：种子节点集合 seed
1: seed=∅
2: while seed≤k do
3:　使用式（3-12）选择影响力最大的种子节点 v
4:　seed=seed+v
5: end while

由算法 3-1 可以知道，贪心算法每次都需要计算所有没有激活节点可以增加的影响力，这样极其耗费时间，所以并不适合数据量庞大的在线社交网络的研究。基于此，出现了许多可以节省时间但是耗费一定空间的启发式算法。

3.2.2　Degree 算法

Degree 算法是一个典型的启发式算法。在考虑一个节点的影响力时，通常一个节点越处于中心位置，那么这个节点是种子节点的概率就越高。度是度量节点中心性的重要因素之一，一个节点的度越大，这个节点的影响力越高。放在现实生活中可以认为，一个人与更多的人有关联，则这个人的影响力就越大。Degree 算法的中心思想就是每次寻找未激活节点中度最大的节点作为种子节点，选择种子节点的方式满足式（3-13）。

$$v = \text{Max}\{\text{degree}(m) \mid m \in V/active\} \qquad (3\text{-}13)$$

式中，degree(m) 为节点 m 的度数；active 为已经激活的种子节点集合。给定图
$G(V,E)$ 和种子节点个数 k，Degree 算法的伪代码如算法 3-2 所示。

算法 3-2　Degree(k)

输入：$G(V,E)$, k
输出：种子节点集合 seed

```
1: seed=∅
2: while seed≤k do
3:    使用式（3-13）选择度数最大的种子节点 v
4:    seed=seed+v
5: end while
```

由算法 3-2 可知，相对于贪心算法来说，Degree 算法的时间复杂度大大降低
了，可以适用于数据量比较大的在线社交网络。Degree 算法只考虑了节点对其出
度邻居节点的影响，但是实际上，当前节点对其可以到达的节点均可以产生影响。
所以 Degree 算法在聚集度不高的在线社交网络存在一定的误差，可以说聚集度越
低，算法的准确度就越低，不能准确模拟现实社交网络。

3.2.3　DegreeDiscount 算法

DegreeDiscount 算法[9-10]的中心思想是每次选取未激活节点中度最大的节点
作为种子节点，可是在计算每个节点 u 的度时，若这个节点的邻居节点 v 已经成
为种子节点，则不会考虑节点 u 到节点 v 的这条边，即在计算种子节点中 v 的邻居
节点 u 的度时，对节点的度打一定的折扣。折扣后的度 dd_u 满足式（3-14）。

$$dd_u = d_u - 2t_v - (d_u - t_v)t_v\,\text{weight}(uv) \qquad (3\text{-}14)$$

式中，d_u 为节点 u 打折扣前的度；t_v 为节点 v 的所有邻居节点中种子节点的个数；
weight(uv) 为节点 u 到节点 v 的这条边的权重，即节点 u 激活节点 v 的概率。给定
图 $G(V,E)$ 和种子节点个数 k，DegreeDiscount 算法的伪代码如算法 3-3 所示。

算法 3-3　DegreeDiscount（k）

输入：$G(V,E)$, k
输出：种子节点集合 seed

```
1: seed=∅
2: for each vertex u∈V do
3:    计算节点 u 的度，记为 dᵤ
4:    ddᵤ=dᵤ
5:    init tᵤ=0
6: end for
7: while seed≤k do
8:    使用式（3-13）选择度数最大的种子节点 v
9:    seed=seed+v
10:   for each neighbor node u of v and u∈V\seed do
```

```
11:      t_u=t_u+1
12:      使用式 (3-14) 对节点 u 的度打折扣
13:   end for
14: end while
```

DegreeDiscount 算法是 Chen 等对 Degree 算法的优化。DegreeDiscount 算法的时间复杂度与 Degree 算法相似,但是 DegreeDiscount 算法考虑了种子节点对度的影响,使算法更加贴合现实。DegreeDiscount 算法同 Degree 算法一样,只考虑了节点对其邻居节点的影响力。将两个基于度的算法在影响力传播范围进行对比,可以得到图 3-7。

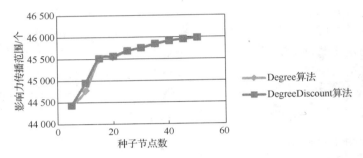

图 3-7　Degree 算法与 DegreeDiscount 算法的影响力传播范围对比图

从图 3-7 中可以看到,Degree 算法和 DegreeDiscount 算法在影响力传播范围上相差无几,但是 DegreeDiscount 算法的影响力传播范围更广。将两个基于度的算法在时间花费上进行对比,可以得到图 3-8。

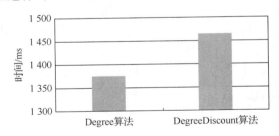

图 3-8　Degree 算法与 DegreeDiscount 算法的时间花费对比图

从图 3-8 中可以看出,DegreeDiscount 算法在时间上花费更多,这是因为该算法增加了度折扣运算。但是综合对比图 3-7 和图 3-8 可以知道,DegreeDiscount 算法虽然在时间花费上增加了,但是影响力传播范围也增加了,尤其是在种子节点数少于 20 时,可以明显看出 DegreeDiscount 算法的优越性。

3.2.4　PageRank 算法

PageRank(网页排名)算法[11]最初是拉里·佩奇和谢尔盖·布林用来计算网

页等级或重要性的链接分析算法，可以用来衡量网页的质量。根据每个网页的出度和入度计算每个网页的 PR（pagerank）值，PR 值越高代表网页等级越高。在网络中若是一个网页有很多其他网页链入，说明这个网页很重要，但是链入的不同网页的重要性也是不同的，所以对每个网页也有质量指标，这个思想同样可以用来衡量一个节点的重要性。

PageRank 算法的中心思想是一开始认为每个节点的重要性是一样的，都为 1。每个节点将自己的重要性分给链出的节点，而其本身的重要性等于链入的节点的重要性之和，不断重复这个操作，直至每个节点的 PR 值趋于稳定。

节点 u 将自己的 PR 值平均分给链出节点，即链出节点 v 得到节点 u 的 PR 值为 $PR(u)/degree(u)$，假设节点 v 有 a、b、c 三个链入节点，则 $PR(v)$ 的计算满足式（3-15），即所有链入节点与度数的比值之和。

$$PR(v) = PR(a)/degree(a) + PR(b)/degree(b) + PR(c)/degree(c) \quad （3\text{-}15）$$

需要考虑一种特殊情况，那就是节点自己与自己形成环或者几个节点形成环，那么在经过 N 次迭代后，节点的 PR 值单调递减，最终均趋于零，这样是不符合期望的。为了解决这一问题，引入了一个阈值 α，即节点影响下一个节点的可能性，一般取 α 为 0.85。所以每个节点的 PR 值的计算公式为

$$PR(v) = \sum_{u \in N^{in}(v)} PR(u)/degree(u)\alpha + 1 - \alpha \quad （3\text{-}16）$$

3.2.5　基于结构洞的贪心算法——SG 算法

假设网络存在 a、b、c、d 四个节点，如图 3-9 所示，节点 a、b、c 通过 d 两两产生联系，其本身并无关系，若是去掉节点 d，则 a、b、c 三点的联系就消失了，网络看起来像出现了一个洞，这样的节点可以看作结构洞节点。

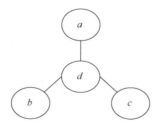

图 3-9　结构洞概念图

结构洞节点可以有效控制信息的传播，如图 3-10 所示，网络 A 与网络 B 之间信息的传播全靠节点 1，如果没有节点 1，则信息将局限于单个网络。在 Twitter 上，1% 的结构洞节点决定了 25% 的信息流向，加入结构洞节点可以促进信息传播。

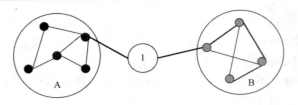

图 3-10　结构洞信息传播图

效率值和网络约束系数可以用来衡量结构洞节点，但是网络约束系数不仅耗费内存，而且在节点较多的社交网络中不稳定，所以本章采取效率值 EF 来衡量结构洞节点。

$$\mathrm{EF}(i) = \sum_{j \in \tau(i)} (1 - \sum_{q} p_{iq} m_{jq}) / n_i, \quad q \neq i, j \tag{3-17}$$

式中，$\mathrm{EF}(i)$ 为节点 i 的效率值；$\tau(i)$ 为与节点 i 连接的所有邻居节点；q 为节点 i 与邻居节点 j 共同的邻居节点；n_i 为节点 i 所处网络大小；p_{iq} 为节点 i 连接节点 q 耗费的精力与总精力的比重；m_{jq} 为节点 j 连接节点 q 耗费的精力与节点 j 连接其他节点耗费的最大精力的比重。

$$p_{iq} = a_{iq} / \sum_{q \in \tau(i)} a_{iq} \tag{3-18}$$

式中，

$$a_{iq} = \begin{cases} 1, & \text{节点} i \text{到节点} q \text{有连接} \\ 0, & \text{节点} i \text{到节点} q \text{无连接} \end{cases} \tag{3-19}$$

$$m_{jq} = p_{jq} / \mathrm{Max}(p_{jm}), \quad m \in \tau(j) \tag{3-20}$$

式中，

$$m_{jq} = \begin{cases} 1, & \text{节点} i \text{和节点} j \text{有共同邻居} \\ 0, & \text{节点} i \text{和节点} j \text{无共同邻居} \end{cases} \tag{3-21}$$

从计算 $\mathrm{EF}(i)$ 的过程可以知道，$\mathrm{EF}(i)$ 不仅综合考虑了节点 i 的邻居节点的数量，还考虑了其连接的紧密度，节点的效率值越高，该节点是结构洞节点的可能性就越高。基于结构洞的贪心（structure-based greedy，SG）算法的中心思想就是寻找所有的结构洞节点，然后结合贪心算法从结构洞节点中选取 k 个影响力传播范围最大的节点作为种子节点。

3.2.6　基于结构洞和中心度的影响力最大化算法——SHDD 算法

SG 算法仅仅使用了结构洞节点[12-13]，无法最大限度地扩散信息。因为结构洞可以看作边缘节点，该算法只激活了边缘节点或核心节点，在社交网络覆盖范围较大时，得出的结果没有那么理想。相关学者利用结构二度评价标准来选择结构洞节点，并提出了基于结构洞和中心度的影响力最大化算法（a maximization algorithm based on structure hole and degree discount），即 SHDD 算法。

使用 Burt 提出的计算效率值的方法计算在图 3-11 中的节点 e、节点 f 的效率值，可以得出 $EF(f) = EF(e) = 1/2$，可以看出节点 f 比节点 e 更适合做结构洞节点，但是 Burt 提出的算法无法体现这一点，所以 YANG YJ 等[14]使用二度邻居节点来改进效率值计算方法。

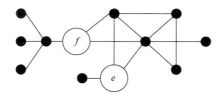

图 3-11　二度效率值计算图

$Q(i)$ 为节点 i 的所有邻居节点的度之和，定义如下：

$$Q(i) = \sum_{j=1}^{n} d(j) \qquad (3\text{-}22)$$

式中，$d(j)$ 为节点 i 的邻居节点 j 的度。

式（3-22）考虑了节点对一度邻居节点和二度邻居节点投入精力的比重，能更好地反映节点的效率值。将式（3-22）代入式（3-17）中可以得到式（3-23）。

$$EF(i) = \sum_{j \in \tau(i)} \left(1 - \sum_{q} \frac{Q(q)}{\sum_{v \in \tau(i)} Q(v)} \times m_{jq} \right) \Bigg/ n_i, \quad q \neq i, j \qquad (3\text{-}23)$$

SHDD 算法的中心思想就是，先根据式（3-17）计算每个节点的效率值，然后根据效率值来确定所有的结构洞节点，从结构洞节点中挑选 k_1 个效率值最大的作为种子节点。最后使用 DegreeDiscount 算法来挑选 k_2 个折扣度最大的节点作为种子节点。其中种子节点为 k_1 个效率值最大的结构洞节点和 k_2 个折扣度最大的节点的集合，k_1 的计算满足式（3-24）。

$$k_1 = \lceil \alpha k \rceil \qquad (3\text{-}24)$$

k_2 的计算满足式（3-25）。

$$k = k_1 + k_2 \qquad (3\text{-}25)$$

在式（3-24）和式（3-25）中，k 代表种子节点数，同时 YANG YJ 等已经证明了 α 取值为 0.6 时 SHDD 算法的影响力传播范围最为稳定。

3.3　基于有向无环图和中心度的影响力最大化算法——LAD 算法

3.3.1　构造有向无环图

研究人员在研究基于线性阈值模型下的影响力传播时，证明了虽然影响力传播是 NP 难问题，但是在有向无环图中影响力传播是线性的。值得注意的是，现实生活中的社交网络并不是一个简单的有向无环图，所以，这里需要先构造社交网络的有向无环图。在对节点 v 构造有向无环图时，可以忽略对节点 v 影响特别小的点（包括直接影响与间接影响）。经过试验发现阈值在 1/360 和 1/640 之间所有的影响力传播具有相似的结果，而且在阈值为 1/360 时传播效果最好，所以本节影响阈值选取 1/360，即如果节点 v 对节点 u 的影响小于 1/360，在对节点 u 构造有向无环图时忽略节点 v。使用式（3-26）计算节点 u 对节点 v 的影响力：

$$\text{Influ}(u,v) = \sum_{w \in N^{\text{in}}(v) \mathbf{I} \, w \in \text{seed}} \text{Influ}(u,w)\text{weight}(u,w) \tag{3-26}$$

式中，$\text{Influ}(u, v)$ 为节点 u 对节点 v 的影响力；$\text{weight}(u, w)$ 代表节点 u 影响节点 w 的概率；$N^{\text{in}}(v)$ 为节点 v 的数量。式（3-26）是一个递归公式，其递归出口条件为节点自己对自己的影响力为 1。$\text{weight}(u, w)$ 的计算公式为

$$\text{weight}(u,w) = \begin{cases} 1, & u = w \\ \sum_{u \in N^{\text{in}}(w)} \text{Influ}(u,w), & \text{其他} \end{cases} \tag{3-27}$$

构造有向无环图算法的伪代码如算法 3-4 所示。

算法 3-4　对节点构造有向无环图

输入：$G(V, E, \text{weight}, \theta)$
输出：$G(V_1, E_1, \text{weight})$

```
1:初始化 V₁ = ∅;E₁ = ∅
2:while Max{Influ(u, v)≥θ|u∈V\V₁} do
3:  x = Max{Influ(u, v)|u∈V\V₁}
4:  V₁ = V₁ + x  /*增加节点*/
5:  E₁ = E₁ + {x->u|u∈V}  /*增加边*/
6:  for each node u∈Nⁱⁿ(x) do
7:    /*更新节点的影响力*/
8:    Influ(u,v) = Influ(u,v) + w(u,v)Influ(u,v)
9:  end for
10: end while
```

对于可以到达种子节点的节点，节点的影响力减少。算法 3-4 可以计算到达种子节点的所有节点的影响力。在生成有向无环图 DAG(v) 时，需要计算在社交网络中可以到达节点 v 的节点对它的影响力，其伪代码如算法 3-5 所示。

算法 3-5　对于有向无环图中所有节点 u，计算其在当前有向无环图的影响力

输入：DAG(v)，种子节点集合 seed
输出：$\alpha\_v(u)$

```
1: 任意的节点 u in DAG (V), α_v(u)=0; α_v(v)=1
2: 对有向无环图 DAG(v)中所有可以到达节点 v 的点进行拓扑排序，并保存到列表 list 中，列表 list 中
```

节点 v 排在最前面

```
3: for each node u∈list/{seedUv} do
4:   α_v(u)=  ∑      w(u,x)α_v(x)
          x∈N^out(u)∩list
5: end for
```

在算法 3-5 中，$\alpha\_v(u)$ 代表节点 u 在由节点 v 构造的有向无环图中的影响力。每个点的影响力是这个点在每个有向无环图中的影响力的叠加结果。由算法 3-5 中第四行可知影响力 $\alpha\_v(u)$ 的计算是线性的。

图 3-12 给出了对节点 v_6 构造有向无环图的例子。节点内数字代表对节点 v_6 的影响力，边上的数字代表边权重。在构造有向无环图时，总是寻找可以达到节点 v_6 并且对节点 v_6 的最大影响力大于 1/360 的节点，记录这点对于节点 v_6 的影响力[14-16]。

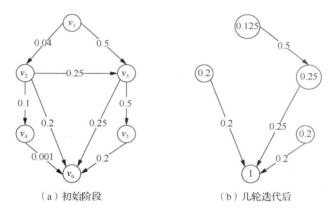

（a）初始阶段　　　　　　　　　　（b）几轮迭代后

图 3-12　构造有向无环图的例子

3.3.2　基于有向无环图和中心度的 LAD 算法

相关学者提出了一个基于有向无环图的 LDAG（local directed acyclic graph，局部有向无环图）算法。该算法的中心思想就是对给定的图 $G(V,E)$ 构造每个节点的有向无环图，计算每个节点的影响力，然后从中选择影响力最大的 k 个节点作为种子节点。但是在 LDAG 算法中，需要对每个节点都构造有向无环图，这不仅需要极大的存储空间，而且耗费时间。本节综合考虑有向无环图和中心度这两个因素，发现对于度小的节点并没有构造有向无环图的必要，因此提出了基于有向无环图和中心度的（LDAG and degree，LAD）算法。

LAD 算法分两步：第一步选择候选种子节点；第二步从候选种子节点中选择 k 个种子节点。选择候选种子节点时需要满足式（3-28）。

$$\sum_{v\in V}d_v \geq d_\alpha \tag{3-28}$$

式中，d_α 为达到候选种子节点阈值的度，本节只对大于这个度的节点构造有向无环图。

使用式（3-29）计算在图 $G(V, E)$ 中每个节点的影响力。

$$\text{Influ}(v) = \sum_{v \in \text{InDAG}(v)} \text{Influ}(v, u) \tag{3-29}$$

式中，$\text{Influ}(v)$ 为节点 v 的影响力；$\text{InDAG}(v)$ 为所有包含节点 v 的有向无环图；$\text{Influ}(v, u)$ 为在由节点 u 构成的有向无环图中，节点 v 对节点 u 的影响力。使用式（3-29）计算节点 u 构成的有向无环图中每个节点对节点 u 的影响力。

每次选择一个影响力最大的节点作为种子节点。若是节点 u 被选中为种子节点，则更新在包含节点 u 的所有的有向无环图中的每个节点的影响力，直到选取出 k 个种子节点为止。在有向无环图中影响力传播计算的伪代码如算法 3-6 所示。

算法 3-6　计算每个节点被激活的概率

输入：$\text{DAG}(v)$，种子节点集合 seed

输出：$\text{ap}(u)$

```
1: 任意节点 u in DAG(v),ap(u)=0
2: 任意节点 u in seed,ap(u)=1
3: 对有向无环图 DAG(v) 中种子节点集合 seed 可以到达的点进行拓扑排序，并保存到列表 list1 中，列表 list1 中入度为零的排在前面
4: for each node u∈list1\seed do
5:   ap(u)= ∑        ap(x)w(x,u)
          x∈Nⁱⁿ(u)∩list1
6: end for
```

在上述算法中，$\text{DAG}(v)$ 代表由节点 v 构成的有向无环图，$\text{ap}(u)$ 代表在有向无环图中节点 u 被激活的概率，$N^{\text{in}}(u)$ 代表节点 u 的所有入度节点，$w(x, u)$ 代表节点 x 到节点 u 的边的权重，即节点 x 激活节点 u 的概率。

在所有的有向无环图中，对于种子节点可以到达的节点，节点的影响力增加，算法 3-6 计算种子节点可以到达的节点被激活的概率。从算法 3-6 中可以看出，在有向无环图中，若种子节点可以到达节点 u，则节点 u 被激活的可能性的计算是线性的，同时也证明了影响力传播在有向无环图中是线性的。LAD 算法的伪代码如算法 3-7 所示。

算法 3-7　$\text{LAD}(G(V, E), k)$

输入：$G(V, E, \text{weight}, \theta)$，$k$

输出：种子节点集合 seed

```
1: /* 准备阶段*/
2: seed=∅
3: for each node v∈V do
4:   Influ(v) = 0
```

```
 5:   if degree(v)≥dₐ
 6:      V=V+v
 7:   end if
 8: end for
 9: for each node v∈V do
10:    使用算法 3-4 生成节点 v 的有向无环图
11:    for each node u in DAG(v,θ) do
12:      ap_v(u)=0
13:      使用算法 3-5 计算 α_v(u)
14:      Influ(u)=Influ(u)+α_v(u)
15:   end for
16: end for
17: /*寻找 k 个种子节点*/
18: while |seed|≤k do
19:    t=max{Influ(v)|v∈V/seed}
20:    seed=seed+t
21:    for each node v∈infSet(t)/seed do
22:      /*更新在所有有向无环图中可以到达节点 t 的 u 节点的 α_v(u) */
23:      Δα_v(t)=-Δα_v(t)
24:      for each node u in seed do
25:        Δα_v(u)=0
26:      end for
27:      将 DAG 图中的所有节点进行拓扑排序，存储到顺序表 list 中，列表中所有节点均可以到达节点 t。
节点 t 排在顺序表的第一位。
28:      对于在 list 列表中的所有节点 u，使用算法 3-5 中的第 3 行到第 5 行计算 Δα_v(u)，并使用
Δα_v(u)代替所有的 α_v(u)。
29:      for each node u in list  do
30:        α_v(u)+=Δα_v(u)
31:        Influ(u)+=Δα_v(u)*(1-ap_v(u))
32:      end for
33:      for each node u in list1 do
34:      end for
35:   end for
36: end while
```

上述算法中 infSet(t) 代表包含节点 t 的所有有向无环图中的节点，需要更新这些节点的影响力。若节点 u 可以到达种子节点，则节点 u 的影响力便会减少，因为节点 u 可以影响的节点的范围减小了。如果种子节点可以到达节点 u，则节点 u 的影响力会增加，因为节点 u 被激活的概率增加了。

3.4　实验与结果分析

3.4.1　实验数据集

本次实验使用的数据来自电子商务网站 Epinions 数据集、Stanford 大学的大型社交网络数据收集站，数据包含 75 879 个节点，508 837 条边，平均度为 6.7，最大的度为 3 079。

Epinions 数据集得出的是一个有向无权图，每个节点受影响的阈值与边的权重均为未知。*Maximizing the spread of influence through a social network* 一文证明了每个节点被影响的阈值可以设定为一个范围在 0 到 1 之间的随机数。计算节点 u 到节点 v 的边的权重，是节点 u 的出度数与节点 v 的所有入度节点的出度数之和的比值，通过式（3-30）计算每条边的权重。

$$\text{weight}(u,v) = \text{outdegree}(u)\bigg/ \sum_{t \in N^{\text{in}}(v)} \text{outdegree}(t) \qquad (3\text{-}30)$$

式中，$\text{weight}(u,v)$ 为节点 u 到节点 v 的边的权重；$\text{outdegree}(u)$ 为节点 u 的出度数；$N^{\text{in}}(v)$ 为节点 v 的所有入度节点。

3.4.2　改进型算法结果分析

通过 LAD 算法设置不同的度来选取最佳的 d_α，分别设置了度为 1、3、5、7、9 来进行模拟试验。通过对比在不同的度下，LAD 算法的影响力传播范围及花费时间，来确定最佳的 d_α。

在图 3-13 中显示的是 LAD 算法在不同的度下对应的影响力传播范围。从图 3-13 中可以看出，对于不同的度，LAD 算法对应的影响力传播范围不尽相同，但是大体上一致。在种子节点小于 35、度为 1 时，影响力传播范围是最大的。随着种子节点的增多，几条线之间的差距就变得越来越小。但是在种子节点大于 45、度为 7 时便显示了它的优势，影响力传播范围明显高出其他几条曲线。

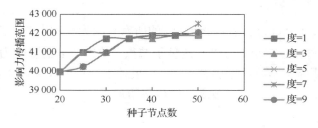

图 3-13　LAD 算法在不同的度下对应的影响力传播范围

图 3-14 显示的是 LAD 算法在不同的度下的时间花费。从图 3-14 中可以看出，对于不同的度，时间花费也有区别。随着度的增加，花费的时间逐渐减少，但是在度大于 7 之后，时间花费反而增加了。

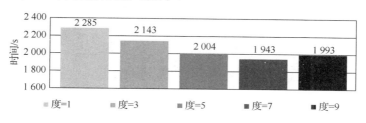

图 3-14　不同的度下的时间花费

通过综合分析图 3-13 和图 3-14 可以知道，LAD 算法在度为 7 时，在保证影响力传播范围的前提下，时间花费也是最少的，所以最终将 d_α 定值为 7。

3.4.3　对比算法结果分析

本章在计算种子节点的影响力传播范围时，采用的是线性阈值模型，即每个节点受到它的入度节点的影响力是累加的。将 LAD 算法与影响力最大化经典算法在影响力传播范围与花费时间上进行对比，得出图 3-15 和图 3-16。

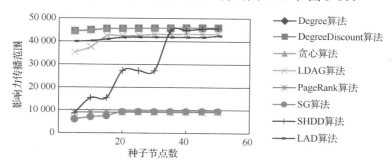

图 3-15　各算法影响力传播范围对比图

从图 3-15 中可以看出，贪心算法不管在什么时候，其影响力传播范围都是最高的。Degree 算法、LDAG 算法、DegreeDiscount 算法与本章提出的 LAD 算法的影响力传播范围相差无几。SG 算法、PageRank 算法的影响力传播范围相对较差。

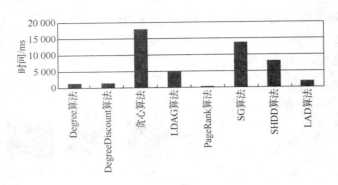

图 3-16　各个算法花费时间对比图

从图 3-16 中可以看出，贪心算法花费的时间最多，SG 算法次之。而 Degree 算法、DegreeDiscount 算法和 PageRank 算法花费的时间远小于贪心算法。

通过综合分析图 3-15 和图 3-16 可以知道，LDAG 算法和 LAD 算法虽然影响力传播范围不如贪心算法，花费的时间也大于 Degree 算法和 DegreeDiscount 算法，但是从综合影响力传播范围和花费时间这两个因素来看，LDAG 算法在保证了影响力传播范围接近贪心算法的同时，在很大程度上节省了时间。

LAD 算法是对 LDAG 算法的改进，在原来只考虑有向无环图的基础上综合了中心度的概念。单独比较这两个算法的影响力传播范围，可以得出图 3-17 所示的影响力传播范围。

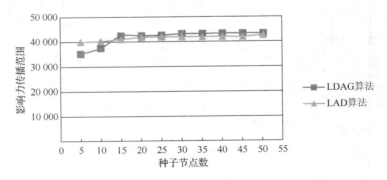

图 3-17　LDAG 算法和 LAD 的算法的影响力传播范围对比图

综合对比 LDAG 算法与 LAD 算法的影响力传播范围，发现两者在影响力传播范围相差无几，并且在种子节点数比较小时，LAD 算法的影响力传播范围更好。然后对比这两个算法在时间花费上的影响可以得出图 3-18。

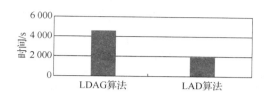

图 3-18　LDAG 算法和 LAD 算法的花费时间对比图

综合对比 LDAG 算法与 LAD 算法，发现后者比前者节省了近一半的时间。综上所述，LAD 算法在保留了其影响效果的基础上，还减少了时间的花费，其代码耗费的空间也低于 LDAG 算法。

本 章 小 结

本章首先对新浪微博中的微博意见领袖特征进行预测研究，发现微博通过意见领袖的传播可以达到更大的扩散效果，而转发数量是衡量一条微博扩散能力的关键因素，对与影响力有关的因素进行函数拟合，看到意见领袖粉丝数量、意见领袖微博平均评论数量、意见领袖微博转发数量及意见领袖微博活跃天数四个因素与意见领袖的影响力有线性关系；利用层次分析法对四个因素赋予相应的权重，得到意见领袖的相应影响力大小；在继续分析微博各因素间的相关关系的基础上构建了 OLB 数学模型。

其次分别研究了影响力最大化经典算法，在经典算法的基础上提出了 LAD 算法。LAD 算法相较于 LDAG 算法，有效地将有向无环图与中心度结合，主要在时间复杂度和空间复杂度上进行了改进。因为使用节点度筛选了候选种子节点，所以需要存储的有向无环图减少，花费的时间也减少。实验表明，在度为 7 时，LAD 算法在保证了其影响力传播范围稳定的情况下，大大减少了代码运行时间。未来可以考虑寻找更好的挖掘候选种子节点的方法来提高算法的效率，使最终得到的影响范围和时间花费都优于 LDAG 算法。本章只考虑了单一网络中影响力的传播，但是在现实生活中，一个用户可以同时使用多个社交网络，则信息是可以跨网络传播的。

参 考 文 献

[1] ZAREIE A, SHEIKHAHMADI A, KHAMFOROOSH K. Influence maximization in social networks based on TOPSIS[J]. Expert systems with applications, 2018, 108: 96-107.

[2] KO Y Y, CHO K J, KIM S W. Efficient and effective influence maximization in social networks: a hybrid-approach[J]. Information sciences, 2018, 465: 144-161.

[3] HU Y, WANG S S, REN Y Z, et al. User influence analysis for Github developer social networks[J]. Expert systems with applications, 2018, 108: 108-118.

[4] BRIN S, PAGE L. Reprint of: the anatomy of a large-scale hypertextual web search engine[J]. Computer networks, 2012, 56(18): 3825-3833.

[5] 曹玖新, 董丹, 徐顺, 等. 一种基于k-核的社会网络影响最大化算法[J]. 计算机学报, 2015, 38（2）: 238-248.

[6] 韩忠明, 陈炎, 刘雯, 等. 社交网络节点影响力分析研究[J]. 软件学报, 2017, 28（1）: 84-104.

[7] 汪小帆, 李翔, 陈关荣. 网络科学导论[M]. 北京: 高等教育出版社, 2012.

[8] 邓肯·J. 瓦茨. 六度分隔: 一个相互连接的时代的科学[M]. 陈禹, 译. 北京: 中国人民大学出版社, 2011.

[9] 冀进朝, 韩笑, 王喆. 基于完全级联传播模型的社区影响最大化[J]. 吉林大学学报: 理学版, 2009, 47（5）: 1032-1034.

[10] SHULTZ R, RIVEST F. Using knowledge to speed learning: a comparison of knowledge-based cascade-correlation and multi-task learning[C]. In Proceedings of the Seventeenth International Conference on Machine Learning(ICML), 2000: 871-878.

[11] JÜNGER M, REINELT G, RINALDI G. Combinatorial optimization-eureka, you Shrink[M]. Berlin: Springer, 2003: 185-207.

[12] LOU T, TANG J. Mining structural hole spanners through information diffusion in social networks[C]. ACM, 2013: 825-836.

[13] DOMINGOS P, RICHARDSON M. Mining the network value of customers [C]. Proceedings of the 7th ACM SIGKDD International Conference On Knowledge Discovery and Data Mining, San Francisco, CA, USA, 2001: 57-66.

[14] YANG Y J, XU Y B, WANG E, et al. Exploring influence maximization in online and offline double-layer propagation scheme[J]. Information sciences, 2018, 450(6): 182-199.

[15] KEMPE D, KLEINBERG J, TARDOS É. Maximizing the spread of influence through a social network[J]. Theory of computing, 2001(4): 137-146.

[16] CHEN W, WANG Y, YANG S Y. Efficient influence maximization in social network [C]. Proceedings of the 15th ACM SIGKDD Conference on Knowledge Discovery and Data Mining (KDD'2009), 2009: 199-208.

第4章　在线社交网络社区发现算法研究

在线社交网络带来了传统社会难以获得的大量数据，这种数据的挖掘对现代社会各行各业都具有重要意义，可以带来巨大的社会效益[1-2]。正因如此，在很长一段时间内，在计算机学、社会学、经济学等学科的研究中在线社交网络数据保持着相当高的热度。根据网络数据可以分析和处理社交平台上出现的短时间高热度的信息传播和舆情演化规律，并跟踪特定的关注内容，寻找实时的关注热点。从商业上来说，社区发现算法可以挖掘某一社区的客户群体之间的共同爱好，发现隐藏在人们关系背后的社区结构，从而带来经济上的某种效益，如产品推荐。从社会关系上来说，社区结构可以反映某个个体的行为特征，社区发现算法可以找到存在的公共安全隐患，如犯罪团伙和恐怖组织，实现社会维和维稳目标。迄今为止，社区发现算法的应用范围是非常大、非常广的。也正因为如此，社区发现算法的研究对信息传播与舆情演化有着重要意义。

4.1　在线社交网络社区发现算法

4.1.1　标签传播算法

标签传播算法简单实用，已成为社区发现领域应用广泛的算法。标签传播算法通过使用标签模拟网络中传播信息的过程，并使用每个节点拥有的标签进行社区结构的划分。经典的标签传播算法侧重于选择标签的方式，而并不考虑两两节点之间的具体关系。在社交网络中，一个节点代表现实中的一个用户，而连边代表现实中两个用户之间的关系。所以两个节点有连边表明两个用户之间有直接联系，但是并不足以表明节点之间有间接联系，因为网络里的边不足以表达出所有用户间的关系[3]。例如，在现实世界中，两个朋友通过共同的朋友或同一研究小组会面相识，但没有一起发表过论文，这种情况就是节点边没有连接关系的。

本节的研究从微博两个用户所在地区关系角度出发，对数据集进行非重叠社区发现和重叠社区发现研究，利用真实网络，论证算法的合理性。

（1）非重叠社区的标签传播算法

基于图的半监督学习算法的基本思路是利用已标记节点的标签信息来预测未标记节点的标签信息。标签传播算法易于实现且时间复杂度较低，因此文献[4]将标签传播算法推广应用于网络的社区发现领域中。其具体步骤如下。

步骤 1，对网络中所有节点进行初始化操作，为每个节点赋予独一无二的标签。

步骤 2，从选取的节点 i 开始，按照顺序依次扫描所有的节点。其中，节点 i 的标签是由它的邻居节点所拥有的标签决定的。假设节点 i 的度为 k 时，即节点有 k 个邻居节点，从 k 个节点中选择出现标签数量最多的标签，将 i 的标签替换为该标签。若存在多个标签同为最大值，则随机选取其中一个标签替换 i 的标签。

步骤 3，将步骤 2 的过程循环迭代，直到所有节点标签与该节点邻居节点的最大数量标签相同，再进行下一步骤。

步骤 4，在结束了所有节点的标签传播过程后，最后用标签进行网络划分，一个标签为一个独立的社区，将网络中每个具有相同标签的连通部分作为一个社区。

在进行标签传播的过程中，每次迭代后为了确保算法的收敛性，防止算法循环的发生，在每次标签进行迭代传播前都需要异步更新节点的标签，否则会出现标签振荡，带来不好的影响。图 4-1 为同步更新策略导致的对称网络的标签振荡现象，原因是节点 i 的第 t 次迭代标签更新是由 $t-1$ 次的迭代结果决定的。

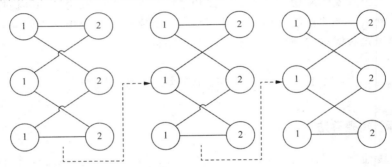

图 4-1　同步更新策略导致的对称网络的标签振荡现象

采用异步更新可以很好地避免振荡影响，在节点 i 的第 t 次迭代时，标签由邻居节点的最新迭代标签结果决定，邻居节点完成 t 次迭代时标签选用 t 次迭代后的标签，而不是 $t-1$ 次的标签。数学表达式如式（4-1）所示。

$$L_t(i) = \max\left(L_{t-1}(i_1), L_{t-1}(i_2), \mathbf{L}, L_{t-1}(i_m), L_t(i_{m+1}), \mathbf{L}, L_t(i_k)\right) \qquad (4\text{-}1)$$

式中，$L_t(i_{m+1})$ 为节点 i_{m+1} 完成了第 t 次的标签更新，在选取时要选择当前最新的标签结果。因此，异步更新是计算已更新但节点标签尚未更新的邻居节点中的最大标签数。根据微博用户处理得到的图，通过对该图使用标签传播算法进行社区划分，输入为网络边 Edge 和迭代次数 Iteration，输出为每个节点及它的标签的 csv 文件。在正式算法运行过程中，选取了 150 个节点进行社区划分，在运行完毕后，150 个节点根据标签被划分成 5 个不同的社区，彩图 4 对存储数据进行了可视化分析，并通过模块度划分进行了着色与美化[5-9]。

根据彩图 4 的着色情况，可以看出除个别孤立节点单独组成社区外，150 个节点大致被分为五个社区。

（2）重叠社区的标签传播算法

原始的标签传播算法在标签传播过程中仅允许节点有且仅有唯一的标签，导致最后每个节点只可能存在一个社区内，因此标签传播算法划分的社区结构一定不可能是重叠的。然而在正常情况下，现实生活中的社交网络社区一定是存在重叠结构的，显然标签传播算法并不能满足现实社交网络划分的需要，所以为了适应在线社交网络的重叠虚拟社区结构，Gregory 提出了基于标签传递的 COPRA（community overlap propagation algorithm，社区重叠传播算法）来推广标签传播算法。COPRA 主要是对标签传播的过程进行了适当的扩展，每个节点可以同时拥有多个标签，从而达到了一个节点可以同时包含多个社区信息的目的[10-14]。与标签传播算法相对比，为了确保每个节点的多标签尽可能准确，Gregory 提出了一种新的结构，在每个标签 c 后面加上当前节点对于这个标签的隶属系数 b，从而组成一组关系对 (c,b)。隶属系数 b 表示节点对标签 c 的隶属度，隶属度越接近 1 则当前节点趋于标签 c 的趋势越强，反之越弱。为了保证多标签的个数，对标签进行有条件的选择，移除对该节点不重要的标签，可以规定一个阈值 v 来规范每个节点最多拥有的标签数[15]。该算法的具体步骤如下。

步骤 1，对每个节点进行标签初始化，社区中的每个节点初始时仅有唯一的标签，该标签对该节点的隶属度系数初始值为 1。

步骤 2，根据隶属度计算公式，对每一个节点进行迭代，把节点的标签更新为它的邻居节点所有标签集合的并集，并进行节点标签隶属度系数归一化。进行归一化后，将标签隶属度与预设阈值进行比对，若有大有小，则将大于阈值的标签留下，小于阈值的标签删除。若所有标签隶属度均小于阈值，则随机选取一个标签留下。通过该标签取舍的规则可以使每个节点拥有多个标签，以此达到重叠社区的发现效果。在删除不需要的标签后，需要再次对节点标签进行归一化，以保证下一次计算正确。

步骤 3，在标签没有达到稳定前，即上一次的标签数与下一次的标签数不相同时或者未达到规定迭代次数前，一直循环执行步骤 2，否则终止算法。

步骤 4，算法终止后，利用标签进行网络划分，将相同标签节点划分到同一个社区，通过数据观察可以发现，一个节点可同时拥有多个标签，即存在于多个社区内。

归一化将数据转换为 0～1 的小数，使数据处理更加方便、快速。归一化的本质是线性变换，而线性变换具有许多优良特性，这些优良特性使确定数据在更改后不会导致"无效"的结果，还能很明显地提高数据性能，这些属性是归一化的前提。例如，有一个非常重要的属性：线性变换不会打乱原始数据的排序。根据处理好的数据集，进行 COPRA 运算，输入为图的节点及边链表 Edge、阈值 v，输出为节点及所属标签。

图 4-2 和图 4-3 分别为标签传播算法和 COPRA 社区数随迭代次数的变化情

况，初始都是 150 个节点，每个节点都是一个独立社区，即有 150 个社区。由图 4-2 和图 4-3 分析可知，标签传播算法在经过一次迭代后就会删去约 1/3 的标签，在经过六次迭代后社区数已经稳定；COPRA 的每次迭代删去标签数都很少，因为规定每个节点可以属于四个社区，所以迭代次数也变得很大。对比得知，虽然两个算法都有随机性，但 COPRA 的正确率更高。

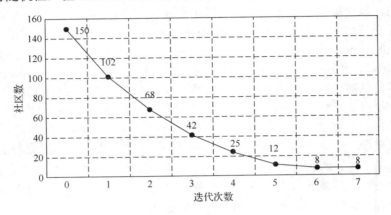

图 4-2　标签传播算法社区数随迭代次数的变化情况

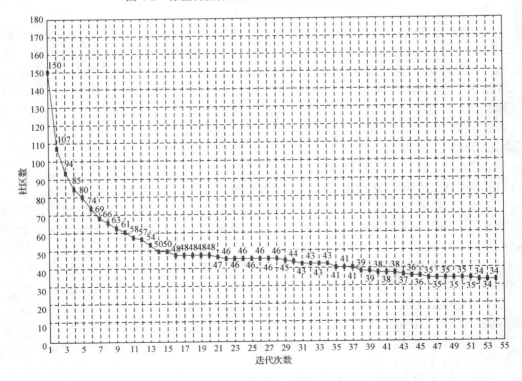

图 4-3　COPRA 社区数随迭代次数的变化情况

4.1.2   模块度优化算法

到目前为止，学术界提出了许多种社区发现算法。不同的算法可能在同一网络上划分出不同的社区结构[9]。如何评估由不同算法划分的社区结构是一个需要面对的问题。不管是单目标优化方法还是多目标优化方法，都能够被应用到社区发现中，模块度优化算法就是众多方法中著名的一种。但是，在实际网络中，可能网络划分情况的数量非常大，假设一个网络的节点数为 n，边数为 m，那么所有可能的社区划分数量会是一个指数为 n 的数值。所以如何在所有划分情况下找出最优划分是十分困难的。针对这一问题，研究人员提出了一系列算法。

（1）采用分裂思想的算法

2002 年，Girvan 和 Newman 提出分裂算法（又称为 GN 算法），如今该算法已经成为社区发现算法的经典算法之一[16]。众所周知，社区与社区之间的联系较为稀疏，这也就代表着社区与社区之间的沟通渠道相对较少，因此一个社区与另一个社区需要通过这些沟通渠道中的至少一个进行联系。如果能够从中找到这些较为重要的沟通渠道并且进行移除，那么网络就自然而然地会进行社区划分。Girvan 和 Newman 提出了使用边介数来对每条边的网络连通重要性进行记录，在对网络结构进行社区发现的过程中，需要关注网络图是有向边还是无向边，是正权边还是负权边，顶点是否存在自环的可能。边介数指的是网络中的顶点间的最短路径经过该边的次数，对于无权图，最短路径是顶点之间数量最少的边，而对于有权图，最短路径为两点之间权值和最少的连边。边介数的公式为

$$C_B(v) = \sum_{s \neq v \neq t \in V} \frac{\sigma_{st}(v)}{\sigma_{st}} \tag{4-2}$$

式中，$\sigma_{st}(v)$ 为从 $s \to t$ 最短路径上经过了节点 v 的最短路径数；σ_{st} 为 $s \to t$ 上的最短路径数。每次需要找到节点 s 到节点 v 的最短路径上 v 的前驱节点集合，因为 s 到 v 的最短路径上一定会经过 v 的某前驱节点。在计算最短路径上，可以对无权图调用 BFS（breadth first search，广度优先搜索）算法，对有权图调用 Dijkstra 算法[11]。图 4-4 为广度优先搜索算法的实现过程。

BFS 算法使用一个队列来存放每次遍历的节点，使用 visited 数组记录该节点是否被访问过。初始时所有节点都未被访问，灰色节点为即将被访问的节点，从第一个节点 v_1 开始进行入队操作并将该节点的 visited 值置为 1（表示该节点已经被访问过）。v_1 为队头元素，所以 v_1 出队并且邻居节点全部为即将访问的节点，直到最后队列为空退出循环，此时所有节点均已访问过。

而 Dijkstra 算法只能计算单元最短路径而且权值必须为正，该算法基于贪心算法，其实现过程如图 4-5 所示。对每个节点进行一次遍历就可以计算出该节点到其他节点的最短路径，通过集合 S 存放已找出的最短路径，U 集合存放还未找

出的最短路径的节点。每次通过在 U 集合中找出最短路径的节点然后加入 S 集合中，同时 U 集合进行更新。循环到遍历结束后，U 集合为空就得到该节点到每个连通节点的最短路径。

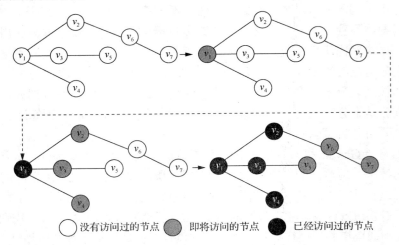

图 4-4　广度优先搜索算法实现过程

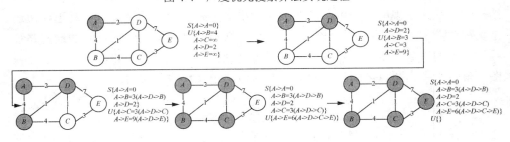

图 4-5　Dijkstra 算法实现过程

GN 算法的步骤如下。

步骤 1，根据网络图结构采用有效的最短路径算法，计算出所有节点间的最短路径，得出网络中每条边的边介数。

步骤 2，找出所有边介数中的最大值，当边介数最大值唯一时将该边介数进行移除，当边介数最大值不唯一时，可以随机选择一条边断开，也可以同时将所有边介数最大值的边断开。

步骤 3，移除边后，对网络中剩余的边依据步骤 1 重新进行边介数的计算。

步骤 4，对步骤 2、步骤 3 进行循环，当网络中所有的边被移除时算法终止。

由以上算法思路可以看出，在 GN 算法及其一系列扩展算法中，边介数的正确计算是关键。每次对网络中的最大边介数进行移除之后，网络中两个社区之间的连边被断开使网络原有的结构发生了重大变化，边介数都需要重新进行计算，因为原来的数值已经无法表示出当前的网络结构。举例说明，若网络中原本存在的两个社区之间只有两条连边，第一次删除了较大值边介数后边被断开。如果不对边介数进行新一轮的计算，第二条边依然不会被断开，而如果对边介数进行了新一轮的计算，第二条边就有机会成为最大边介数而被断开。所以说边介数的重新计算对社区的划分有着重大影响。在 GN 算法的分析过程中，每次进行边介数最大值边移除时，都需要进行模块度 Q 的计算。从 GN 算法分析过程中的 Q 值分布可以看出，在计算过程中会存在局部峰值，峰值的位置代表较好的社区划分位置。一般来说，一个网络结构的分析中这样的局部峰值会存在一两个，Newman 发现这些峰值所在的位置跟所期望的社区划分的位置有紧密联系，峰值的高度可以作为一个社区发现算法的判断标准。

　　对 GN 算法使用 karate 数据集进行社区划分后，对每次迭代后的模块度 Q 进行统计，得到 GN 算法过程中边数量（个）与模块度 Q 的关系（图 4-6）。

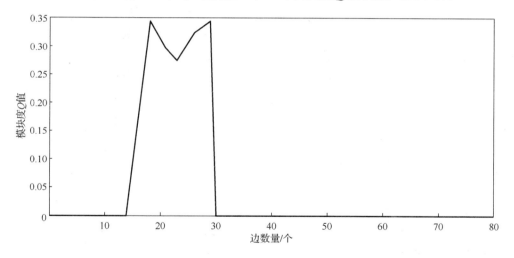

图 4-6　GN 算法中边数量与模块度 Q 值的关系

　　可以看出，当迭代到 23 次时才开始出现了划分，因为前面每一次迭代边划分可能出现正好划分成独立社区，社区之间的相连边均被删除的情况。当迭代至 29 次时出现了社区模块度峰值，取该模块度下的社区划分情况即 GN 算法对 karate 数据集的最佳划分。

　　彩图 5 为在 Q 值分布中选择了最大模块度时的社区划分情况，即 GN 算法发现的社区划分。可以看出，GN 算法是删除最大边介数，在移除边的过程中，会优先移除孤立点的，这也导致划分过程中产生了较多的孤立点，如彩图 5 中一共有 21 个社区存在，其中 19 个社区都是孤立社区。

（2）采用聚合思想的算法

GN 算法是对整体网络结构进行划分，而在现实的网络结构中，划分全局性网络数据是很难实现的，对局部网络的分析才是更有效的社区发现算法。所以 Newman 基于贪心算法的思想提出了基于模块度最大化的贪心算法——FN（fast Newman）算法，该算法将全局的最优化问题分解成局部最优化问题，通过找出每个小块的局部最优值，最后将所有的局部最优值整理到一起，变成全局的近似最优值。

贪心算法意味着在解决问题时始终做出当前时刻的最佳选择。也就是说，并不会考虑整体的最优性，从某些方面来说，它是对局部最优解的选择。并不是所有的问题都可以通过贪心算法得到整体的最优解，关键还是贪心算法的策略选择。要确保选择的贪心策略没有"后遗症"，也就是说某一状态一定只和当前的状态有联系[12]。贪心算法的基本思想是从问题的初始解决方案一步一步地进行，根据优化措施，每个步骤必须确保可以获得局部最优解。每个步骤只考虑一个数据，但是该选择要能够满足获得局部最优解的条件。如果下一个数据和部分最优解决方案不再是可行的解决方案，那么在列举完所有数据之前将数据添加到部分解决方案中，或者无法再添加的时候进行算法终止。FN 算法在最开始初始化的时候，将网络中的所有的节点都看成一个单独的社区，然后对所有的两两有联系的社区合并进行考虑，计算出每次社区合并会导致的模块度增量 ΔQ。由贪心算法的原则可知，每次划分只对模块度增量的最大值和减量的最小值的两两社区进行社区合并，一直迭代到当所有的节点都合并成为一个社区。FN 算法的具体步骤如下[17]。

步骤 1，网络结构初始化，删除网络结构中的所有连边，然后将每一个节点都看作一个独立的社区。

步骤 2，将网络中有连边的节点划分为一个社区。对于还没有加入的网络连边都重新添加回网络结构中，若在网络连边加入后，对两个社区之间进行了连接，那么对两个社区进行合并，然后计算新的网络结构进行社区划分后的模块度增量。每次只选取合并模块度增量中的最大值或者减量中的最小值的两个社区。

步骤 3，一直对步骤 2 进行循环迭代，直到社区划分的社区数量为 1。

步骤 4，对所有社区划分模块度进行遍历，寻找具有最大模块度的社区作为网络的最佳划分。

在 FN 算法的计算过程中，要注意每次计算模块度的时候，都必须要在完整的网络拓扑结构上进行，也就意味着拓扑结构包含网络中所有的边。对 FN 算法使用 karate 数据集进行运算后，记录每次添加边后的 Q 值。FN 算法社区发现 Q 值分布如图 4-7 所示。

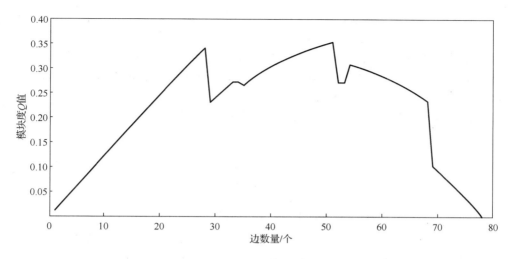

图 4-7　FN 算法社区发现 Q 值分布

从图 4-7 可以看出，最开始将所有点看作单独的社区（此时模块度为 0），最后所有节点在一个社区（模块度为 0）。该算法在每次迭代时对所有可能边进行添加，根据模块度的增量增加最大、减量减少最小原则，从而达到了社区分布的收敛。图 4-7 中的 Q 值峰值就是社区划分的最好结果，此时边数添加为 53 条，根据结果记录得到添加边 1 和 0 时，得到 53 条边的最优结果。取出最优解进行数据可视化，得到彩图 6。

从彩图 6 中可以看出，每种颜色为一个社区的划分。karate 数据集经过 FN 算法分为四个社区，此时是 FN 算法的最优解。对比 GN 算法的运行结果（存在许多的孤立点），FN 算法的运行结果明显更可靠，且运行时间更低，FN 算法的步骤理解及算法的实现都比 GN 算法更容易。

4.2　改进的在线社交网络社区发现算法

4.2.1　MICDA

GN 算法和 FN 算法都只适用于小型网络结构，而且时间复杂度仍然较大。对于社区发现算法来说，还需要从新的方向着手研究。通过以上的经典算法分析，本节对 GN 算法和 FN 算法的处理效率进行了提升，提出了一种基于模块度增量的社区发现算法（model increment community detection algorithm，MICDA）。与前两种经典算法相对比，MICDA 主要降低了时间复杂度。MICDA 也是基于贪心算法进行社区划分的，但与 FN 算法的划分标准并不相同，该算法采用的是凝聚思想。凝聚思想与分裂思想相反，它不是从整个社区开始寻找，而是从某个节点开始，按照社区划分的标准自底向上凝聚成一个大社区[18]。

MICDA 的优势在于，时间复杂度大大降低，是呈线性关系的，所以可用于大型网络社区的发现，如使用大型网络 Facebook 数据集进行社区划分。除此之外，MICDA 比 GN 算法和 FN 算法更加简单易懂，更容易实现，也不需要提前设置社区数量。

在 MICDA 中，新加入了一个模块度增量 ΔQ 的概念，在对模块度进行初始化的时候应该满足式（4-3）。

$$e_{ij} = \begin{cases} \dfrac{1}{2m}, & \text{节点} i \text{和节点} j \text{相连} \\ 0, & \text{其他} \end{cases} \tag{4-3}$$

式中，e_{ij} 为 i、j 社区边连接的比例，初始时所有节点均单独为一个社区，所有社区不相连，得出初始模块度为 0；m 为网络中当前结构所有边的数量。在对模块度增量进行初始化时，元素数据应该满足式（4-4）。

$$\Delta Q = \left[\frac{\Sigma_{\text{in}} + k_{i,\text{in}}}{2m} - \left(\frac{\Sigma_{\text{tot}} + k_i}{2m} \right)^2 \right] - \left[\frac{\Sigma_{\text{in}}}{2m} - \left(\frac{\Sigma_{\text{tot}}}{2m} \right)^2 - \left(\frac{k_i}{2m} \right)^2 \right] \tag{4-4}$$

式中，$k_{i,\text{in}}$ 为最新构建图节点 i 在社区 C 的权重之和；Σ_{tot} 为与社区 C 相连节点的边的总权重；k_i 为节点 i 的总权重值。式（4-4）比较复杂，进行简化后得到式（4-5）。

$$\Delta Q_{ij} = \begin{cases} \dfrac{1}{2m} - \dfrac{k_i k_j}{2m^2}, & \text{节点} i \text{和节点} j \text{相连} \\ 0, & \text{其他} \end{cases} \tag{4-5}$$

式中，k_i 为节点 i 的度；k_j 为节点 j 的度。MICDA 的步骤如下。

步骤 1，对所有节点进行数据初始化，将每个节点 i 置于单独的社区 i 中。

步骤 2，从第一个节点开始进行选择，找到该节点的所有邻居节点，根据式（4-3）计算出当该节点加入每一个邻居社区时的 ΔQ，如果 ΔQ 大于 0 就将邻居节点划分到当前节点社区中，否则保持原社区不改变。

步骤 3，对步骤 2 进行循环、迭代，直到当前节点所在社区为稳定值为止。

步骤 4，每个社区划分后，构建一个新的图结构，将在同一个社区的节点全部看作一个新节点。新节点内部节点与节点之间的权重看作新节点自环产生的权值。新节点与邻居节点的权值为内部所有节点对该邻居节点权值。完成新图的构建后，重复步骤 2 直到模块度 Q 值最大时终止。

上述步骤 2、步骤 3 的一个节点迭代过程，以及步骤 4 中新图结构的构建如图 4-8 所示。

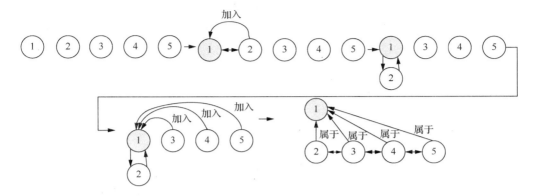

图 4-8　MICDA 迭代过程图

　　图 4-8 为 MICDA 的迭代示意图，最初五个节点是独立的五个社区，在经过步骤 2 的完全迭代后，发现节点 2 属于节点 1 所在社区。此时进行新图的构建，将节点 1 和节点 2 压缩为一个新节点 1，这时图中只有四个节点存在。继续对步骤 2 进行迭代，以此发现了节点 3、节点 4、节点 5 都可以归到新节点 1 中，进行三次新图的构建后，得到全图只有一个社区 1 存在，节点 1、节点 2、节点 3、节点 4、节点 5 都属于社区 1 中，此时不再有节点社区发生改变，结束迭代。

　　彩图 7 详细地解释了 MICDA 的新图的构建和权值的重新计算，MICDA 的一次迭代分为模块度优化和社区聚合两大步骤。模块度优化为找到当前节点的所有邻居节点，将模块度增量大于 0 的节点加入当前节点社区，图 4-8 节点优化后分为了四个颜色社区。社区聚合就是将所有相同颜色的节点归为一个新节点，如红色节点全部看作 16 号新节点，新节点自环权值为所有红色节点权值。从彩图 7 可以看出，整个算法中最重要的一步就是社区聚合，将节点融合成新节点，并通过初始边关系计算新的节点与边权值。MICDA 的伪代码如算法 4-1 所示。

算法 4-1　MICDA 构建新图

输入：cluser 节点社区数组

输出：聚合后新节点组成的图结构 new_edge

```
function rebuildGraph()
        int[n] change
        change_size ← 0
        boolean[n] vis
        for i=0→n do
            if vis[cluster[i]] then
                continue
            vis[cluster[i]] ← true
            change[change_size++] ← cluster[i]
        end for
        int[] index ← new int[n];
```

```
        for i = 0→change_size do
            index[change[i]] ← i
    end for
    int new_n ← change_size;
    new_edge ← new MICDAEdge[m]
    new_head ← new int[new_n]
    new_top ← 0
    double new_node_weight[] ← new double[new_n]
    for i = 0→new_n do
        new_head[i] ← -1
    end for
    ArrayList<Integer>[] nodeInCluster ← new ArrayList[new_n];
    for i = 0→new_n do
        nodeInCluster[i] ← new ArrayList<Integer>()
    end for
    for i = 0→ n; i++ do
        nodeInCluster[index[cluster[i]]].add(i);
    end for
    for int u = 0→new_n do
        boolean visindex[] ← new boolean[new_n]
        double delta_w[] ← new double[new_n]
        for i = 0 → nodeInCluster[u].size() do
            t ← nodeInCluster[u].get(i)
            for k = head[t] ; k != -1; k ← edge[k].next do
                j ← edge[k].v
                v ← index[cluster[j]];
                if u != v then
                    if !visindex[v] then
                        addNewEdge(u, v, 0);
                        visindex[v] ← true
                    end if
                    delta_w[v] ← delta_w[v] +edge[k].weight
                end if
            end for
            new_node_weight[u]←new_node_weight[u]+ node_weight[t];\
        end for
        for k ← new_head[u]; k != -1; k ← new_edge[k].next do
            v ← new_edge[k].v
            new_edge[k].weight ← delta_w[v]
        end for
    end for
    [global_n] ← new_global_cluster
    for i = 0 → global_n do
        new_global_cluster[i] ← index[cluster[global_cluster[i]]]
    end for
    for i = 0 → global_n do
```

```
                    global_cluster[i] ← new_global_cluster[i]
            end for
            top ← new_top
            for i = 0 → m do
                    edge[i] = new_edge[i]
            end for
            for i = 0 → new_n do
                    node_weight[i] ← new_node_weight[i]
                    head[i] ← new_head[i]
            end for
            n ← new_n
            init_cluster()
    end function
```

通过算法 4-1 和式（4-3）可以实现 MICDA。对 karate 数据集使用 MICDA 后，得到 MICDA 社区发现 Q 值分布情况（图 4-9）。

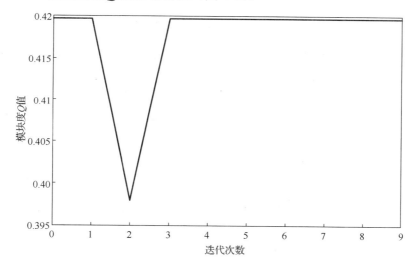

图 4-9　MICDA 社区发现 Q 值分布

图 4-9 为每次迭代后当前模块度 Q 值，由于 MICDA 每次添加的边不止一条，所以不像 GN 算法和 FN 算法那样呈现曲线波动，MICDA 发现的社区划分更加简洁、易于理解，根据模块度峰值取社区划分最佳情况，进行数据可视化得到彩图 8。

4.2.2　性能对比

（1）时间复杂度

不同的算法会影响整个程序的效率，而进行算法分析的意义在于选取合适的算法，以及对劣质算法进行一定的改进。对于各算法，时间复杂度是定性地描述运行时间的函数，一般用符号 O 进行表述。

　　图 4-10 给出了标签传播算法和 COPRA 时间复杂度对比，两种算法均对微博用户数据集进行社区发现。由图 4-10 可以看出，标签传播算法是非重叠社区发现算法，因此 COPRA 的时间复杂度比标签传播算法更高。根据之前得到的标签传播算法和 COPRA 迭代次数图可知，标签传播算法的收敛性明显更快。因此标签传播算法的时间复杂度性能更好，但作为社区发现算法，COPRA 对重叠社区发现更具有实际意义。

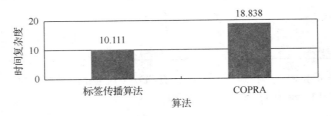

图 4-10　微博用户数据集社区发现时间复杂度比较

　　图 4-11 给出了 COPRA、GN 算法、FN 算法及 MICDA 的时间复杂度对比，以上算法采用的源数据均是 karate 数据集。由图 4-11 可以看出，GN 算法的时间复杂度最高，MICDA 时间复杂度最低，性能得到了大大的提升。

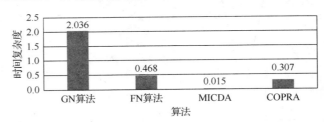

图 4-11　karate 数据集社区发现时间复杂度对比

（2）模块度 Q

　　一个适用性高的算法应该能够识别良好的社区结构[13]。人们常用的对良好社区结构划分的度量标准是模块度，最早是由 Newman 提出的。模块化是目前常用的对网络划分稳定性进行度量的方法。模块化计算的意义在于，连接网络中两个不同类型节点的边缘比例的预期比率减去在相同社区结构下任意连接两个节点的边缘比例[14]。在划分社区后进行当前社区结构的模块度计算，如果当前社区结构的模块度值高，表示该算法在当前划分情况下是可取的。在经过一系列的研究后，为了使计算模块度 Q 的取值更易于实现，在最初的模块度计算公式上进行改进，得到式（4-6）。

$$Q = \sum_i (e_{ij} - a_i^2) = \operatorname{tr} \boldsymbol{e} - \left\| \boldsymbol{e}^2 \right\| \tag{4-6}$$

可以规定存在一个社区，该社区划分后共发现了 k 个社区结构，那么就可以得出一个 $k \times k$ 维的对称矩阵 $\boldsymbol{e} = (e_{ij})$ 的定义，e_{ij} 是网络中两个不同社区 i 和社区 j 的节点的连接边缘的比例。$a_i = \sum_j e_{ij}$ 是每一行的所有元素总和，代表的是和第 i 个社区中所有节点相连的边占所有边的比例。$\operatorname{tr} \boldsymbol{e} = \sum_i e_{ii}$ 是该矩阵中对角线上的各元素之和，表示网络边缘在网络两端属于同一社区的比例。$\left\| \boldsymbol{e}^2 \right\|$ 表示了矩阵 $\boldsymbol{e}$ 里面的所有元素总和。模块度 Q 的取值一般为 0.3~0.5。如果存在 $Q = 0$ 的情况，它表明复杂网络中社区内部的比例必须小于任何连接端的预期值，而随着 Q 值的增大，社区结构逐渐清晰，社区划分更加有效。在进行模块度计算的过程中，大多数的网络结构是未知的，不会需要使用网络已知的社区结构与之进行对比，因此模块度作为社区划分的评价指标是最适用的。

图 4-12 表示的是在 karate 数据集上三种不同算法（GN 算法、FN 算法和 MICDA）下模块度的对比。从图 4-12 可以看出，三种算法的划分，模块度都在 0.3~0.5 取值正常，GN 算法发现的社区结构是比较差的，而 MICDA 发现的社区结构是最好的。

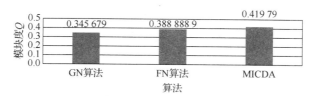

图 4-12　算法模块度对比

本 章 小 结

本章主要分析了社区发现算法的经典算法与改进算法的设计和实现，包括基于标签传播算法（非重叠社区发现的标签传播算法和重叠社区发现的 COPRA）和基于模块度优化（采用聚合思想的 GN 算法和采用贪心思想的 FN 算法）的内容。改进算法是通过对 FN 算法的社区划分标准进行分析而提出的 MICDA，该算法使代码更易于实现、时间性能更高。

参 考 文 献

[1]SHENG J F, WANG K, SUN Z J, et al. Overlapping community detection via preferential learning model[J]. Physica a: statistical mechanics and its applications, 2019, 527: 12-23.

[2] 蒋群利. 社交网络中社区发现算法研究[D]. 西安：西安电子科技大学，2017.

[3] GAO Y, ZHANG H L, ZHANG Y. Overlapping community detection based on conductance optimization in large-scale networks[J]. Physica a: statistical mechanics and its applications, 2019, 522: 69-79.

[4] HAQ N F, MORADI M, WANG Z J. Community structure detection from networks with weighted modularity[J]. Pattern recognition letters, 2019, 122: 14-22.

[5] 陈乃月. 基于节点间接关系的网络社区发现算法研究[D]. 北京：北京交通大学，2018.

[6] 王贵参. 重叠社区发现中的边聚类算法研究[D]. 长春：吉林大学，2016.

[7] ZHANG W T, ZHANG R, SHANG R H, et al. Application of natural computation inspired method in community detection[J]. Physica a: statistical mechanics and its applications, 2018, 515: 130-150.

[8] 熊瑶. 在线社会网络拓扑特性分析及社区发现技术研究与应用[D]. 成都：西南交通大学，2017.

[9] HUANG M Q, ZOU G B, ZHANG B F, et al. Overlapping community detection in heterogeneous social networks via the user model[J]. Information sciences, 2018, 432: 164-184.

[10] 睢世凯. 基于局部标签信息的半监督社区发现算法研究[D]. 成都：电子科技大学，2018.

[11] BELFIN R V, GRACE MARY K E, PIOTR B. Overlapping community detection using superior seed set selection in social networks[J]. Computers & electrical engineering, 2018, 70: 1074-1083.

[12] 郑豪，何彦雨. 基于 Java 平台的分布式网络爬虫系统研究[J]. 科技创新与应用，2017（1）：112.

[13] 马志强，张然，李雷孝. Java 核心技术[J]. 计算机教育，2015（21）：14.

[14] 行新香. 复杂网络社区发现算法及可视化研究[D]. 北京：北京交通大学，2018.

[15] 王楠，李瑶. 网络大数据在在线用户创新研究中的应用:现状与展望[J]. 科技管理研究，2019，39（4）：206-210.

[16] 张道福. 局部社区发现算法研究[D]. 合肥：中国科学技术大学，2018.

[17] ZHANG J P, DING X Y, YANG J. Revealing the role of node similarity and community merging in community detection[J]. Knowledge-based systems, 2018, 165: 407-419.

[18] PATTANAYAK H S, SANGAL A L, VERMA H K. Community detection in social networks based on fire propagation[J]. Swarm and evolutionary computation, 2018, 44: 31-48.

第5章 在线社交网络信息传播建模分析

5.1 在线社交网络负反馈能力的信息传播

在线社交网络是一种由社会个体集合及个体之间在信息网络上的连接关系构成的社会性结构，在线社交网络的研究就是探索和揭示基于计算机网络的信息传播本质和规律。随着移动互联网的发展、5G 时代的来临，在线社交网络得到迅速发展，各种应用层出不穷，为人们开拓了新的信息分享和交流平台，它不仅在传递信息、促进交流等方面起着重要的作用，而且渗透到人们的日常生产生活中，如便捷购物、移动支付、共享经济等。在线社交网络作为对传统人际关系网络在移动互联网上的一种映射和扩充，渗透到人们网络生活的方方面面，而且网络传播与大众单向传播、人际双向传播相互交织和协同作用，对人们的社会生活产生深远的影响。

目前，在线社交网络成为国内外的研究热点，主要包括网络结构特征、信息传播机理、群体行为演化等方面，是涉及计算机科学、社会学、传播学、心理学、管理学等多个学科的交叉研究课题，而且社交网络用户规模庞大、网络结构复杂、用户行为多样，发布的信息具有海量性和异构性，具有"大数据"特征，这导致传统的网络演化分析方法已无法满足要求，迫切需要开发面向大规模社交网络的新型模型与分析方法。

大规模在线社交网络的一个重要研究方向是从微观上对社交网络的用户进行建模，通过仿真用户间的相对关系变化和信息交互行为来研究社交网络宏观上的网络结构，以及从中观上的网络群体和聚类特征的演化规律和内在机理，揭示社交网络中的用户关系结构、网络社区群体、网络空间信息之间的复杂交互关系和互动规律，为社交网络演化分析提供新的认识和理论支撑，为网络信息的合理利用、用户行为的正确引导及信息网络的有效管理提供重要的指导。从大量研究结论可知，建立在线社交网络信息传播模型是研究信息传播问题的必要方法和可行手段，通过建立合理的信息传播模型可以更真实、准确地描述在线社交网络中信息传播的复杂动态过程和传播规律，并且能较好地预测信息传播结果及其造成的影响，具有十分重要的实际工作意义。

通过研究分析可以发现，信息在在线社交网络上传播并不仅仅是单向传播，还存在反方向上反馈信息的传递，反馈信息的传递过程受到信息传播者和接收者的网络地位及自身掌握的信息量的影响；同时，信息传播过程中存在信息衰变和混入噪声，造成原始信息的失真。但目前的研究成果很少考虑以上因素，针对此问题，本章在复杂网络信息传播领域获得巨大成功且比较成熟的流行病传染数字模型——SIR 模型的基础上，考虑具体应用场景对在线社交网络中的网络结构特征、信息传播机理、群体行为演化问题进行建模和分析，最后以 Twitter、新浪微博网络结构为实验平台，开展仿真实验，证明模型的有效性和准确性。

5.2　信息传播特性研究

在在线社交网络信息传播领域，中外学者开展了大量的研究工作，主要体现在网络结构特征、信息传播机理、群体行为演化三个研究方向上。

1. 网络结构特征

在网络结构特征方面，重点研究了不同网络拓扑结构对信息传播模式的影响，如小世界网络、无标度网络、随机聚团网络、层次结构网络、社区结构网络等。文献[1]研究了新浪微博网络，发现新浪微博网络具有明显的小世界效应和无标度特征，而且出度分布似乎有多个独立的具有不同指数的幂律状态。文献[2]在无标度网络上提出了一种改进的具有传染性媒介和反馈机制的敏感易感模型，该模型从生物关联性和人的主观意识出发，引入传播媒介和反馈参数来描述流行病传播规律，研究发现反馈参数不能改变基本繁殖数量，但能降低传染病流行水平，减弱疫情传播。文献[3]在随机网络模型基础上进行推广引入聚类系数，将随机聚类网络映射到一个局部树形结构的因子图中，研究任意接触率的随机非簇网络中的信息扩散过程。文献[4]提出一个分层社区信息扩散模型来捕捉社交网络中的信息传播过程，提出社区分层的概念，其中跨层社区的信息扩散是单向的，从更高的层次向较低的层次扩散。文献[5]提出复杂网络中的社区概念，考虑网络社区结构作为反映网络模块性的适应度函数的最优值。

2. 信息传播机理

在信息传播机理方面，重点研究了信息传播背后的激励机制，社交网络中典型的信息行为就是信息分享行为和信息交互行为。信息分享行为是指个体面向其他多个个体的消息发布、转发的行为。分享行为具有方向性，通常抽象为有向网络。信息交互行为是指一个个体与另一个个体之间的基于消息的回复、评论等行为，交互行为具有双向性。文献[6]通过分析不同社交网络上的公共信息传播数据，识别传播特征，并对传播模式进行建模，发现社交网络用户共享行为背后的不同模式。文献[7]重点研究用户分享信息转发策略模型，该模型考虑影响用户转发行为的兴趣度、可信任度、新鲜度和语言模式因素，构建统一的框架来推断用户的策略，以捕获细粒度的主题用户转发行为。文献[8]通过收集在线社交网站上客户行为数据开展实证研究，发现客户信息分享受到个人和社会资本因素的影响，肯定了社交网络上客户信息分享行为的作用。文献[9]和文献[10]采用问卷调查与客观数据结合的实证方法，分析微信网络信息样本，发现社会网络规模增大可以促进用户信息分享。信息分享价值、信息质量和用户习惯对信息分享持续意愿具有显著的正向影响，用户习惯在感知价值与信息分享持续意愿之间具有负向调节作用。文献[11]研究信息交互强度对信息传播效果的影响，提出一种基于霍克斯过程的社交网络用户关系强度模型，使用霍克斯过程来描述历史交互行为与用户关系强度之间的关系。文献[12]引入社交网络用户概念模型，发现用户的活动水平对影响力的影响强于那些具有高强度事务连接性的人，而不是那些低强度事务连接性的人，用户评论对影响力的影响较大。文献[13]研究社交网络交互作用强度对网络边缘可控性和稳健性的影响，发现交互强度是社交网络中稳健性的主导因素，可以通过调整相互作用强度提供优化方法来优化边缘可控性的稳健性。

3.　群体行为演化

在群体行为演化方面，网络用户通过各种信息行为间的作用关系有机地联系在一起，形成具有一定拓扑结构关系的网络群体，网络群体的行为受到社会性和随机性的影响，使群体的行为往往表现出极大的不确定性。对网络群体行为的模型研究集中在对网络群体行为定性描述的模型上，主要作为表示和呈现个体信息行为复杂过程的一种方法。目前相关研究工作主要包括信息传播及观点交互模型、群体行为演化模型、群体结构模型和突发群体事件模型等。文献[14]描述社交网络的重要特征是意见领袖的存在，即具有高度中心性的节点吸引其他成员并由此形成当地社区。文献[15]考虑在线社交网络是动态系统的现实，提出采用社区群体发现模型，跟踪动态社交网络中的重叠社区的演变。文献[16]提出一个快速增量社区演化跟踪模型，以发现动态网络中的社区和跟踪社区演变。该模型不仅通过当前的网络数据标识社区，还通过现有的社区结构标识社区，同时引入核心子图，以快速捕捉社区演化事件。文献[17]提出一种基于非负矩阵分解社区发现模型，将多视图关系数据和特征数据融合为社区发现。文献[18]提出基于社交演化博弈模型，研究社交网络中用户信息分享行为的合作演化，对用户间信息分享所构成的群体交互博弈进行建模，揭示了用户间关注关系更新的频率、用户对声誉的追逐程度和群体放大效应在社交网络演化中的影响。

信息传播过程的实质就是信息与信息传播者状态进行演化的过程，通过对相关状态进行统计分析，可以认识到不同事物在真实系统中的传播现象。近年来，得到广泛且深入研究的信息传播模型是流行病传染数学模型——SIR 模型，它能够很好地描述复杂网络的传播特性。在此模型中，网络节点被划分为三类：未知

者节点 S、已经收到信息并积极传播的节点 I、收到信息且已失去传播兴趣的节点 R，系统网络节点总数量为 N，相应 S、I、R 三类节点分别归属于 A_S、A_I、A_R 集合，数量分别为 N_S、N_I、N_R。S 状态节点以概率 p_1 转化为 I 状态节点，I 状态节点以概率 p_2 转化为 R 状态节点，p_1、p_2 均为常数，即一种状态的节点以固定概率向另一种状态的节点转化。R_S、R_I、R_R 分别表示系统中节点 S、I、R 占总节点数 N 的比例。SIR 模型传播过程如图 5-1 所示。

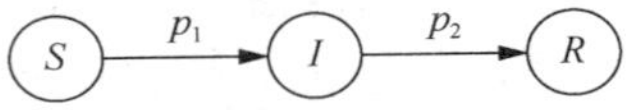

$$S \xrightarrow{\;p_1\;} I \xrightarrow{\;p_2\;} R$$

图 5-1　SIR 模型传播过程

SIR 传播模型的动力学方程组为

$$\begin{cases} \dfrac{\mathrm{d}R_S}{\mathrm{d}t} = -p_1 R_S R_I \\[2mm] \dfrac{\mathrm{d}R_I}{\mathrm{d}t} = p_1 R_S R_I - p_2 R_I \\[2mm] \dfrac{\mathrm{d}R_R}{\mathrm{d}t} = p_2 R_I \end{cases} \tag{5-1}$$

式中，$R_S + R_I + R_R = 1$。

　　由于所研究的细节不同，SIS 模型和 SIR 模型产生了很多变体，如 SIRS（susceptible-infected-recovered-susceptible，易感–感染–恢复–易感）模型、SIDR（susceptible-infected-detected-recovered，易感–感染–检测–恢复）模型和 SAIR（susceptible-asymptomatic-infected-recovered，易感–无症状–感染–恢复）模型，这些模型无法反映 S 状态节点转化为 I 状态节点之前有一个潜伏期的事实，为此将潜伏状态引入 SIR 模型，产生了 SEIR（susceptible-exposed-infected-recovered，易感–暴发–感染–恢复）模型。在此基础上，为了刻画信息传播中广泛存在的点到群的传播模式，提出了 e-SEIR（extend-susceptible-exposed- infected-recovered，扩展的易感-暴发-感染-恢复）模型。在 SIS 模型的基础上，引入个体自动或自发接受某种行为的可能性，将这些行为作为一种特殊的信息通过社交网络在人与人之间扩散，提出了 SISa（susceptible-infected-susceptible-automatic，易感-感染-易感-自动）模型。

　　以上模型中，信息被看作一个不可分割的整体，接收者要么全接收，要么全都不接收，而且状态转化概率 p_1、p_2 为常数。然而，病毒传播与信息传播有着很显著的差异，现有的传播模型往往忽略了传播信息个体之间的差异。例如，在现实社会中，事件产生的信息内容是可以量化的，信息传播一方面受传播者语言组织能力、表达能力的影响，会造成有效信息的损失；另一方面接收者存在文化水平、理解能力的差异，会造成信息解码的偏差，引入信息噪声，从而使信息中有效信息的比重降低。这两个方面都将导致原有信息的失真和畸变、有效信息量的减少、信息量误差的增多。同时,信息接收者并不是简单、消极、被动地接收信息并产生影响,而是积极地对信息加以鉴别、选择,甚至抵制。在社交网络上通过评论、点赞或发文反驳等方式进行信息反馈,充分地交流和讨论,使在线社交网络上信息的传播更加趋于理性。

　　鉴于此,本章提出了一种具有负反馈能力的社交网络信息传播模型,以复杂网络理论、SIR 模型为基础,对网络信息进行量化,定义节点之间信息传播机制和信息反馈规则,建立微分方程来描述信息扩散宏观演化规律,并在 Twitter、新浪微博两种真实的在线社交网络环境中进行仿真实验,定量分析传播衰减损失、信息噪声干扰、反馈机制对信息传播的影响。

5.3　负反馈能力的在线社交网络信息传播模型

　　根据传播学理论,信息传播由传播者、接收者、信息传播、网络媒体、信息反馈几个要素构成。传统信息传播模型将信息传播视为劝服性过程,认为信息的传播者试图影响接收者,并且总能取得一定效果,完全忽略了反馈这一环节,要知道,没有反馈的传播不是最为完整的传播。信息反馈连接传播者与接收者,表明的是接收者对传播信息的反应。在在线社交网络上,接收者的意见反馈往往是比较及时的。在在线社交网络上的信息传播框图如图 5-2 所示[19]。

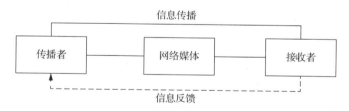

图 5-2　在线社交网络上的信息传播框图

　　本章研究的信息传播并不是指狭义的、简单批量生产的复制传播(在网上找一篇文章,通过复制、粘贴直接发出去进行传播),而是指被接收者吸收、理解,再经加工、整理、过滤之后发送出去的真实、客观、有效的信息。

5.3.1　节点信息传播及反馈机制

　　在在线社交网络上,描述用户间关系最为直接的方式就是提取关注关系,用节点表示用户个体,用有向边表示用户之间的相对关系。如图 5-3 所示,用户 B 和用户 C 关注了用户 A,则生成由用户 A 到用户 B、用户 C 的有向边,表示事件信息传播路径,同时生成由用户 B、用户 C 到用户 A 的隐性关联反馈路径,传播反馈信息。传播路径上依传播概率 λ 传播事件信息，相应的反馈路径上依反馈系数 δ 传送反馈信息[20]。

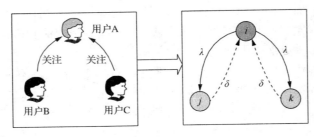

图 5-3　节点信息交互示意图

定义 5-1　节点信息量 I_{qi}。I_{qi} 表示在在线社交网络上 I 状态节点集合 A_I 中，节点 i 蕴含有效信息的数量。对信息量进行归一化处理后，$I_{qi} \in [0,1]$，则 t 时刻网络系统信息总量 $I_q(t)$ 可表示为

$$I_q(t) = \sum_{i=1}^{N_I} I_{qi}(t) \tag{5-2}$$

式中，N_I 为在线社交网络上 I 状态节点的数量。根据在线社交网络上信息扩散的物理意义，事件信息仅从信息量高的节点向信息量低的邻居节点传播扩散。

定义 5-2　信息密度 ρ。ρ 表示在线社交网络中所有 I 状态节点信息量的算术平均值。

$$\rho(t) = \frac{I_q(t)}{N_I} \tag{5-3}$$

定义 5-3　发送信息衰减系数 φ。信息传播过程中，受自身特性的影响，发送者在表达观点时会有意或无意地造成有效信息的部分缺失，这种信息缺失的程度可用发送信息衰减系数来描述，$\varphi \in [0,1]$。节点 i 向节点 j 传送事件信息时，考虑信息衰减损失，节点 i 发送出去的信息中包含的有效信息量记为 $I_{qi}^S(t+1)$，它与两节点之间的信息量差值成正比，可表示为[21]

$$I_{qi}^S(t+1) = (1-\varphi_i)[I_{qi}(t) - I_{qj}(t)] \tag{5-4}$$

式中，φ_i 为节点 i 的发送信息衰减系数。

定义 5-4　发送信息保真度系数 α。α 表示从传播者发送信息中，减去衰减损失部分后所包含真实、有效信息成分的比率，$\alpha = 1 - \varphi, \alpha \in [0,1]$，则式（5-4）可改写为

$$I_{qi}^S(t+1) = \alpha_i[I_{qi}(t) - I_{qj}(t)] \tag{5-5}$$

式中，α_i 为节点 i 的发送信息保真度系数。

定义 5-5　接收信息噪声系数 τ。受信息受众自在性、自主性、群体性的影响，

同时受个体时间和精力的限制，接收者对信息的理解和吸收往往出现偏差，会混入无效信息甚至错误信息，可用接收信息噪声系数来刻画这种失真信息增加的程度，$\tau \in [0,1]$。节点 i 向节点 j 传送信息，节点 j 接收到的信息中实际包含有效信息量 $I^R_{qj}(t+1)$ 为[22]

$$I^R_{qj}(t+1) = (1-\tau_j)I^S_{qi}(t+1) = \alpha_i(1-\tau_j)[I_{qi}(t)-I_{qj}(t)] \tag{5-6}$$

式中，τ_j 为节点 j 的接收信息噪声系数。

定义 5-6 接收信息保真度系数 β。β 表示接收者对接收到的信息进行解码，去除噪声信息后，所能理解、吸收的真实、有效信息成分的比率，$\beta = 1-\tau, \beta \in [0,1]$，则式（5-6）可改写为

$$I^R_{qj}(t+1) = \beta_j I^S_{qi}(t+1) = \alpha_i \beta_j [I_{qi}(t)-I_{qj}(t)] \tag{5-7}$$

式中，β_j 为节点 j 的接收信息保真度系数。

α、β 由网络中个体的固有属性决定，如受教育水平、自身阅历、专业领域等。整体上服从正态分布，即绝大多数个体的 α、β 靠近平均水平，越偏离平均水平的个体越少。另外，α、β 具有一定的正相关性，一般来说，发送信息保真度系数高的节点，其相应的接收信息保真度系数也不会太低，为简化问题的处理步骤，本章假定 α、β 相互独立，且服从正态分布 $\alpha \sim N(\mu_1,\sigma_1^2)$，$\beta \sim N(\mu_2,\sigma_2^2)$。

定义 5-7 信息反馈系数 δ。在线社交网络存在正向显性传播和逆向隐性反馈传播特性，信息发送者通过显性正向传播路径向关注他的个体传播事件信息，同时信息接收者接收到事件信息后，可以通过隐性反馈路径及时地向发送者反馈赞同、反对或中立的意见信息，如点赞、评论等，以利于发送者矫正自己对原有事件信息的理解和看法。节点 i 向节点 j 传送事件信息，节点 j 收到信息之后，就会向节点 i 传送反馈信息。反馈信息量与两节点在网络中的相对重要性、节点 j 信息量有关，用信息反馈系数 δ 来描述这种反馈的强烈程度，$\delta \in (0,1)$，信息反馈系数可以通过信息反馈函数计算得出，节点 j 对节点 i 的信息反馈函数为[23]

$$\delta_j(t) = \frac{k_j}{k_i+k_j} I_{qj}(t) \tag{5-8}$$

式中，$\delta_j(t)$ 为 t 时刻节点 j 对节点 i 的信息反馈系数；k_i 和 k_j 分别为节点 i 和节点 j 的度。两节点间反馈系数的实质是接收信息节点的度数占发送、接收信息两节点的度数之和的比值与当前接收信息节点的信息量的乘积。当接收信息节点的度相对较大、节点信息量较高时，信息反馈系数也较大；反之，当接收信息节点的度较小、节点信息量较低时，信息反馈系数也较小。反馈可能会引起传播者的理性思考，对原有信息去伪存真，反馈的结果存在使传播者的有效信息量成分减少的可能，所以一般信息反馈均为负反馈。

定义 5-8 信息传播对。网络中信息量不相等的两个邻居节点之间会产生直

接的信息交互，这两个节点及其交互演化规则构成一个局部子系统，称为信息传播对。信息传播对有两种类型：①一个 I 状态节点和一个 S 状态节点组成的跨群体信息传播对；②两个 I 状态节点组成的同群体信息传播对。

在信息传播对中，事件信息总是从节点信息量高的节点向节点信息量低的节点传播，传播的事件信息量与发送节点的发送信息保真度系数、接收节点的接收信息保真度系数和两节点之间的信息量差值成正比；反馈信息传播方向正好相反，反馈信息量与接收节点的发送信息保真度系数、发送节点的接收信息保真度系数、信息反馈系数和接收信息节点当前接收到的事件信息量成正比。

假设某个信息传播对内部的两个节点分别为节点 i 和节点 j，其信息交互演化过程如下。

1）在 $t=0$ 时刻，即信息传播对内部信息传播交互的初始时刻，必然属于上述第一种类型，信息传播对由一个 I 状态节点和一个 S 状态节点组成。假设节点 i 属于已获知信息并积极传播的 I 状态节点，节点信息量为 $I_{qi}(0)$，节点 j 属于未获知信息的 S 状态节点，节点信息量 $I_{qj}(0)=0$，则节点 i 与节点 j 之间信息量的差值为

$$I_{qi}(0) - I_{qj}(0) = I_{qi}(0) - 0 = I_{qi}(0) \tag{5-9}$$

2）在 $t=1$ 时刻，根据节点信息交互规则，节点 i 将以传播概率 λ 向节点 j 传播事件信息，如果事件信息传送成功，则节点 j 转化为 I 状态节点，且节点 j 获得信息量增量，结合式（5-7）可将该增量 $\Delta I_{qj}(1)$ 表示为

$$\Delta I_{qj}(1) = I_{qj}^{R}(1) = \alpha_i \beta_j [I_{qi}(0) - I_{qj}(0)] = \alpha_i \beta_j I_{qi}(0) \tag{5-10}$$

式中，α_i 为节点 i 的发送信息保真度系数；β_j 为节点 j 的接收信息保真度系数。接下来，节点 j 依信息扩散率 λ 和信息反馈系数 δ_j 向节点 i 传送反馈信息，如果传送成功，则节点 i 的信息量增量为

$$\begin{aligned} \Delta I_{qi}(1) &= (-\alpha_j \beta_i \delta_j)\Delta I_{qj}(1) \\ &= -\alpha_i \alpha_j \beta_i \beta_j \delta_j I_{qi}(0) \end{aligned} \tag{5-11}$$

式中，α_j 为节点 j 的发送信息保真度系数；β_i 为节点 i 的接收信息保真度系数；δ_j 为节点 j 对节点 i 的信息反馈系数。

经过一轮信息传播交互后，信息传播对内部信息量总增量为

$$\begin{aligned} \Delta I_{qi}(1) + \Delta I_{qj}(1) &= -\alpha_i \alpha_j \beta_i \beta_j \delta_j I_{qi}(0) + \alpha_i \beta_j I_{qi}(0) \\ &= (\alpha_i \beta_j - \alpha_i \alpha_j \beta_i \beta_j \delta_j) I_{qi}(0) \end{aligned} \tag{5-12}$$

信息交互使信息传播对内部信息量总增量产生差值，进而使节点 i 与节点 j 之间信息量的差值减小，两节点之间信息量的差值为

$$\begin{aligned} I_{qi}(1) - I_{qj}(1) &= [I_{qi}(0) - I_{qj}(0)] - [\Delta I_{qj}(1) + \Delta I_{qi}(1)] \\ &= I_{qi}(0) - (\alpha_i \beta_j - \alpha_i \alpha_j \beta_i \beta_j \delta_j) I_{qi}(0) \\ &= (1 - \alpha_i \beta_j + \alpha_i \alpha_j \beta_i \beta_j \delta_j) I_{qi}(0) \end{aligned} \tag{5-13}$$

3）在 $t=2$ 时刻，由于节点 i 和节点 j 信息量差值仍然比较大，事件信息再次从信息量高的节点 i 向信息量低的节点 j 传播，传播的结果导致信息传播对内部节点信息量增量及其差值改变，具体表示为

$$\Delta I_{qi}(2) = \alpha_i \beta_j [I_{qi}(1) - I_{qj}(1)]$$
$$= \alpha_i \beta_j (1 - \alpha_i \beta_j + \alpha_i \alpha_j \beta_i \beta_j \delta_j) I_{qi}(0) \tag{5-14}$$

$$\Delta I_{qi}(2) = (-\alpha_j \beta_i \delta_j) \Delta I_{qj}(2)$$
$$= (-\alpha_j \beta_i \delta_j) \alpha_i \beta_j (1 - \alpha_i \beta_j + \alpha_i \alpha_j \beta_i \beta_j \delta_j) I_{qi}(0)$$
$$= -\alpha_i \alpha_j \beta_i \beta_j \delta_j (1 - \alpha_i \beta_j + \alpha_i \alpha_j \beta_i \beta_j \delta_j) I_{qi}(0) \tag{5-15}$$

$$\Delta I_{qi}(2) + \Delta I_{qj}(2) = \alpha_i \beta_j (1 - \alpha_i \beta_j + \alpha_i \alpha_j \beta_i \beta_j \delta_j) I_{qi}(0)$$
$$- \alpha_i \alpha_j \beta_i \beta_j \delta_j (1 - \alpha_i \beta_j + \alpha_i \alpha_j \beta_i \beta_j \delta_j) I_{qi}(0)$$
$$= (\alpha_i \beta_j - \alpha_i \alpha_j \beta_i \beta_j \delta_j)(1 - \alpha_i \beta_j + \alpha_i \alpha_j \beta_i \beta_j \delta_j) I_{qi}(0) \tag{5-16}$$

$$I_{qi}(2) - I_{qj}(2) = [I_{qi}(1) - I_{qj}(1)] - [\Delta I_{qj}(2) + \Delta I_{qi}(2)]$$
$$= (1 - \alpha_i \beta_j + \alpha_i \alpha_j \beta_i \beta_j \delta_j) I_{qi}(0)$$
$$- (\alpha_i \beta_j - \alpha_i \alpha_j \beta_i \beta_j \delta_j)(1 - \alpha_i \beta_j + \alpha_i \alpha_j \beta_i \beta_j \delta_j) I_{qi}(0)$$
$$= (1 - \alpha_i \beta_j + \alpha_i \alpha_j \beta_i \beta_j \delta_j)^2 I_{qi}(0) \tag{5-17}$$

4）类似情况一直重复，由数学归纳法易得出，在任意时刻 t，信息传播对内部信息量总增量可表示为

$$\Delta I_{qi}(t) + \Delta I_{qj}(t) = (\alpha_i \beta_j - \alpha_i \alpha_j \beta_i \beta_j \delta_j)(1 - \alpha_i \beta_j + \alpha_i \alpha_j \beta_i \beta_j \delta_j)^{(t-1)} I_{qi}(0) \tag{5-18}$$

$$I_{qi}(t) - I_{qj}(t) = (1 - \alpha_i \beta_j + \alpha_i \alpha_j \beta_i \beta_j \delta_j)^t I_{qi}(0) \tag{5-19}$$

5）当信息传播对内部两节点之间信息量的差值 $I_{qi}(t) - I_{qj}(t)$ 小于给定的信息交互截止阈值 I_{qmin} 时，该信息传播对内信息传播交互过程结束。

由此得出信息传播对内部的信息交互规则及定量分析，进而可推广到整个系统进行研究。

5.3.2　系统信息交互机制

从全局系统网络层面考虑问题，节点间信息传播行为有两类：①I 状态节点向属于 S 状态的邻居节点的跨群体信息传播行为；②在 I 状态节点集合内部，因邻居节点之间节点信息量的差值大于等于信息交互截止阈值 I_{qmin} 而引发的群体内部信息传播行为。

定义 5-9　信息传播树。从宏观层面上看，节点间的信息传播路径构成一棵系统级的信息传播树，事件信息由根节点逐层向下传递，直到叶子节点；反馈信息传播方向相反，从叶子节点逐层向上传递，直到根节点。需特别注意，在每一轮信息交互中，各节点上的信息传播动作是同步发生的，即同时传递事件信息，接着同时传递反馈信息。从微观层面上看，树中每一个节点与其父节点形成一个

信息传播对，整棵信息传播树由若干信息传播对组成。信息传播树的信息传播过程如图5-4所示。

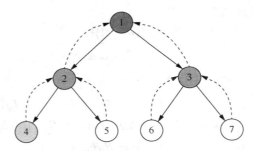

——事件信息传播路径；---▶—反馈信息传播路径；1号、2号、3号、4号节点—I状态节点；
5号、6号、7号节点—S状态节点；节点颜色越深表示有效信息量越多，反之表示有效信息量越少，
白色不含信息量。

图5-4　信息传播树的信息传播过程

假定系统网络中平均度为k，全体I状态节点构成集合A_I。A_I中共有N_I个节点元素，全体S状态节点组成集合A_S，A_S中共有N_S个节点元素。为了简化问题的处理，将网络中每一轮信息交互中的信息传播路径抽象为一棵规则的k叉信息传播树。由定义5-9可知，信息传播树中节点将由A_I集合中的全体元素和A_S集合中与A_I集合中节点为邻居的元素组成，而且A_S集合中的元素只能出现在叶子节点的位置上。由树的理论易知，信息传播树的节点数量N_T可表示为

$$N_T = \begin{cases} N_I + (k-1)N_I + 1, & N_S > (k-1)N_I \\ N_I + N_S, & 0 < N_S \leq (k-1)N_I \\ N_I, & N_S = 0 \end{cases} \qquad (5\text{-}20)$$

由式（5-20）可知，当S状态节点足够多时，即$N_S > (k-1)N_I$时，信息传播树的节点由I状态节点和S状态节点组成，其中N_I个I状态节点处于树的分支节点位置上，$(k-1)N_I + 1$个S状态节点处于叶子节点位置上；当S状态节点比较少时，即$N_S \leq (k-1)N_I$时，N_I个I状态节点处于树的分支节点位置上和部分叶子节点位置上，N_S个S状态节点处于叶子节点位置上；当系统中不存在S状态节点时，即$N_S = 0$时，信息传播树仅由I状态节点构成。

在网络系统上每一轮信息交互中，动态生成一棵由N_T个节点元素组成的以k为度、$h = \lceil \log_k N_T \rceil$为深度的信息传播树，事件信息由根节点向分支节点、叶子节点逐层向下传播。一般而言，每层分支节点上均存在发送信息衰减损耗和混入接收信息噪声，所以节点有效信息量随着树的深度增加而逐层递减。只有在各节点衰减损耗和信息噪声均为零的特殊情况下，各节点的有效信息量才不会逐层递减，在数值上等于根节点的信息量。信息传播树中节点信息交互的总次数等于信

息传播对的个数，如图 5-4 所示的信息传播树中，共有 6 个信息传播对，分别为 {1,2}、{1,3}、{2,4}、{2,5}、{3,6}、{3,7}，信息传播对的个数又等于传播树的分支数。因此，在一个时间步内信息传播树中信息交互的次数 c 可表示为

$$c = N_T - 1 \tag{5-21}$$

假定网络系统以给定信息扩散率 λ 传播信息，考虑到发送信息保真度系数 α 和接收信息保真度系数 β 服从正态分布，即 $\alpha \sim N(\mu_1, \sigma_1^2), \beta \sim N(\mu_2, \sigma_2^2)$，结合式（5-18），每一轮信息传播交互中，在线网络系统中节点信息量的总增量等于信息传播树中所有信息传播对的节点信息量之和，总增量可表示为

$$\Delta I_q(t) = \lambda \sum_i \sum_j (\Delta I_{qi} + \Delta I_{qj})$$

$$\approx c\lambda[\mu_1\mu_2 - \mu_1^2\mu_2^2\delta(t)][1 - \mu_1\mu_2 + \mu_1^2\mu_2^2\delta(t)]^{(t-1)} I_q(0)$$

$$= \lambda(N_T - 1)[\mu_1\mu_2 - \mu_1^2\mu_2^2\delta(t)][1 - \mu_1\mu_2 + \mu_1^2\mu_2^2\delta(t)]^{(t-1)} I_q(0) \tag{5-22}$$

式中，$I_q(0)$ 为系统初始时刻种子节点信息量；$\delta(t)$ 为系统信息反馈系数，在数值上等于 t 时刻各节点反馈系数的平均值。

至此，结合式（5-2）、式（5-22），t 时刻的网络系统节点信息总量 $I_q(t)$ 可表示为

$$I_q(t) = I_q(0) + \sum_t \Delta I_q(t)$$

$$= I_q(0)\left[1 + \lambda\sum_t (N_T - 1)[\mu_1\mu_2 - \mu_1^2\mu_2^2\delta(t)][1 - \mu_1\mu_2 + \mu_1^2\mu_2^2\delta(t)]^{(t-1)}\right] \tag{5-23}$$

结合式（5-3）、式（5-23），可知 t 时刻的系统信息密度 $\rho(t)$ 为

$$\rho(t) = \frac{I_q(t)}{N_I} = \frac{I_q(0) + \sum_t \Delta I_q(t)}{R_I N} \tag{5-24}$$

式中，N 为系统网络总节点数量；R_I 为 R 状态节点占总节点数量 N 的比例。

t 时刻的系统信息量增长率 $v(t)$ 为

$$v(t) = \frac{\Delta I_q(t)}{I_q(t-1)} = \frac{\Delta I_q(t)}{I_q(0) + \sum_t \Delta I_q(t-1)} \tag{5-25}$$

5.3.3　具有负反馈能力的社交网络信息传播模型

在在线社交网络上，个体之间的相对关系是关注关系，虽然这种关注关系会被动态地增加或删除，但针对某一次事件信息传播过程来说，几乎是不变的，从这个角度可以把在线社交网络理解为一个短期静态网络拓扑结构的信息传播网络，节点之间的邻居关系就是在线社交网络上个体之间的关注关系。

本节基于传统 SIR 模型，考虑到网络中的反馈机制，结合微观尺度上各节点信息量的变化规则，构建出具有负反馈能力的社交网络信息传播模型——NFSIR （negative feedback susceptible infected recovered，负反馈易感-感染-恢复）模型。该模型的具体传播规则定义如下。

1）初始时刻，由外部事件引发，在系统中某个节点发布事件信息，该节点称为种子节点，设置为 I 状态，表明此节点已获知事件信息并具有强烈的传播意愿，节点所携带的信息量称为初始信息量 $I_q(0)$，其余节点全部被置为未获知信息的 S 状态。

2）I 状态节点根据自身节点信息量的大小，向节点信息量比它小的邻居节点传播事件信息，这些邻居节点分为两类，分别是 S 状态邻居节点和 I 状态邻居节点。

对于 S 状态邻居节点，传播的结果使此类节点以转化概率 p_1 转化为 I 状态节点，并按式（5-10）获得节点信息量增量。p_1 与信息传播概率 λ 和信息密度 ρ 有关，λ 是在线社交网络系统的固有属性，表明某个社交网络群体分享意愿、交流活跃的程度，信息密度 ρ 表征社交网络上已获知信息的个体掌握的真实、可靠的信息量，掌握的信息量越多，越具有权威性，越容易感染他人，使他人接收其所传播的信息。因此，转化概率 p_1 可表示为

$$p_1(t) = \lambda \rho(t) \tag{5-26}$$

式中，$\rho(t)$ 为 t 时刻的系统信息密度。

对于 I 状态邻居节点，传播行为不会引起节点状态的改变，但会引起节点信息量的增加，同时依信息反馈系数 δ 向信息发送节点传播反馈信息。此过程表明，在线社交网络上已获知信息的群体内部在进行思想交流和激烈讨论，使个体对事件信息的理解更加理性、更加真实。

3）随着信息交互演化活动的进行，I 状态节点与它的所有邻居节点的信息量的差值会逐渐减小。当一个 I 状态节点与它的所有邻居节点的信息量的差值小于一个给定阈值 I_{qmin} 时，认为该节点失去信息传播兴趣，从信息传播过程中，以退出概率 p_2 转化为 R 状态节点。此过程表明，社交网络上对应的个体对事件的认知达到了社会整体意识形态水平，有了基本一致的看法。易知退出概率 p_2 数值上等于系统信息量增长率，即

$$p_2(t) = v(t) \tag{5-27}$$

4）当在线社交网络中所有的 I 状态节点全部退出传播过程，转化为 R 状态时，信息传播过程结束，传播活动自然终结。

根据上述传播规则，结合式（5-1）、式（5-26）和式（5-27），可建立传播动力学方程组如下：

$$\begin{cases} \dfrac{\mathrm{d}R_S}{\mathrm{d}t} = -\lambda \rho(t) R_S R_I \\[2mm] \dfrac{\mathrm{d}R_I}{\mathrm{d}t} = \lambda \rho(t) R_S R_I - v(t) R_I \\[2mm] \dfrac{\mathrm{d}R_R}{\mathrm{d}t} = v(t) R_I \end{cases} \tag{5-28}$$

式中，$R_S + R_I + R_R = 1$。将式（5-24）和式（5-25）代入式（5-28），NFSIR 信息传播模型传播动力学方程组可表示为

$$
\begin{cases}
\dfrac{\mathrm{d}R_S}{\mathrm{d}t} = -\dfrac{\lambda}{N}\left[I_q(0) + \sum_t \Delta I_q(t)\right]R_S \\[3mm]
\dfrac{\mathrm{d}R_I}{\mathrm{d}t} = \dfrac{\lambda}{N}\left[I_q(0) + \sum_t \Delta I_q(t)\right]R_S - \dfrac{\Delta I_q(t)}{I_q(0) + \sum_t \Delta I_q(t-1)}R_I \\[3mm]
\dfrac{\mathrm{d}R_R}{\mathrm{d}t} = \dfrac{\Delta I_q(t)}{I_q(0) + \sum_t \Delta I_q(t-1)}R_I
\end{cases}
\tag{5-29}
$$

式中，$R_S + R_I + R_R = 1$；$I_q(0)$ 为种子节点的初始信息量。

处于静止状态的网络系统，所有节点都处于 S 状态，在某时刻突然有一个节点获得一条具有初始信息量的事件信息，之后信息按照 NFSIR 模型传播规则和式（5-29）的传播动力学机制，在社交网络中传播扩散。随着时间的推移，信息在 I 状态节点群体内部和 I 状态节点与 S 状态节点之间进行广泛的交流和交互演化，节点意见趋于统一。然后，失去传播意愿的 I 状态节点逐渐转化为 R 状态节点，当网络中 I 状态节点全部消亡时，表明信息传播活动结束，扩散过程自然终止。

5.4　实验结果分析

Twitter、新浪微博属于在线社交网络，是全球互联网上访问量巨大的网站，它们为大众提供了一个自由发表意见并与他人分享的平台，推动了公众话语权的回归，开创了一个平民化的信息传播模式，这种传播模式在当今社会信息传播中发挥着越来越重要的作用。截至 2017 年 12 月，Twitter、新浪微博网络月活跃用户数分别达 3.3 亿、3.92 亿。由此可见，Twitter、新浪微博网络具有社交网络的典型性和代表性。因此，本章选取这两个在线社交网络平台开展仿真实验。

实验数据集通过网络实时爬取，于 2018 年 3 月 12 日在 Twitter、新浪微博网络上分别选取 50 个随机用户作为种子用户，然后选择他们的关注者和被关注者，逐次迭代爬取信息形成数据集。

5.4.1　网络拓扑特征结果分析

Twitter、新浪微博网络的关注关系具有方向性，传播路径方向与关注关系方向相反，反馈路径方向与关注关系方向相同，反馈路径为隐性路径，并未在网络

中形成真正的边，如图 5-5 所示。网络的结构参数如表 5-1 所示，所选取的两个在线网络平台中，节点数相同，边数、度数近似，但聚类系数、度相关系数差异较大，说明两个在线网络平台异构性强。

表 5-1　网络的结构参数

网络名称	Twitter	新浪微博
节点数	100 000	100 000
边数	2 831 378	2 405 813
最大度数	25 692	24 997
平均度	56.63	48.116 26
聚类系数	0.234 26	0.028 65
度相关系数	-2.10×10^{-7}	-1.89×10^{-6}

由表 5-1 可知，度相关系数均小于零，表明为负相关网络，度小的节点倾向于与度大的节点相连，节点度分布严重不均匀，使网络具有异质性。网络节点度分布的具体情况如图 5-5 所示。

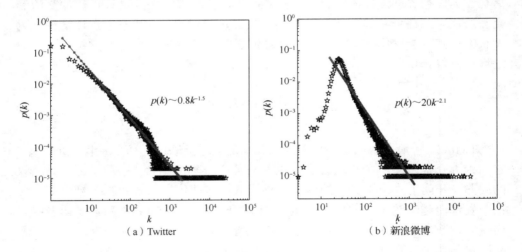

（a）Twitter　　　　　　　　　　（b）新浪微博

图 5-5　网络节点度分布 1

由图 5-5 可见，Twitter、新浪微博网络节点度分别近似服从 $p(k)\sim0.8k^{-1.5}$、$p(k)\sim20k^{-2.1}$ 的幂律分布，说明在线社交网络是异构性非均匀网络。两个在线社交网络在整体上有类似的度分布，但在小度数（$1\leqslant k\leqslant 50$）范围内二者差异很大，Twitter 的节点度服从指数分布，新浪微博的节点度服从正态分布，如图 5-6 所示。

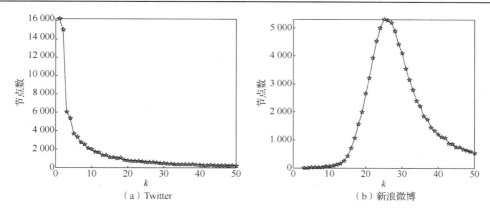

（a）Twitter　　　　　　　　（b）新浪微博

图 5-6　网络节点度分布 2

　　为了进一步揭示两种网络的差异性,将网络节点度分为五个段进行分类统计,统计结果如表 5-2 和图 5-7 所示。

表 5-2　节点度统计表

k	Twitter		新浪微博	
	节点数	节点占比/%	节点数	节点占比/%
$k<10$	57 111	57.11	185	0.19
$10 \leqslant k<100$	32 721	32.72	94 695	94.70
$100 \leqslant k<1\,000$	9 736	9.74	4 891	4.89
$1\,000 \leqslant k<10\,000$	363	0.36	222	0.21
$10\,000 \leqslant k<99\,999$	69	0.07	7	0.01

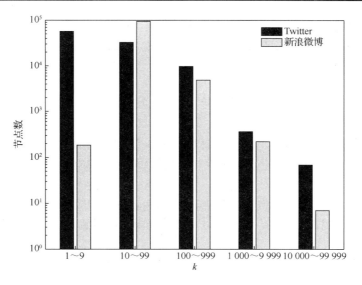

图 5-7　节点度分类对比

从表 5-2 和图 5-7 易知，在 Twitter 网络中，节点度 $k<10$ 的节点数超过总节点数的一半，$k>10\,000$ 的节点达到 69 个；在新浪微博网络中，$k<10$ 的节点仅为 185 个，$k>10\,000$ 的节点仅为 7 个。这表明 Twitter 网络的异构性更强一些，网络中存在的意见领袖更多，意见领袖的影响力更大，信息传播速度更快；新浪微博网络的度分布比较集中，$10 \leqslant k<100$ 的节点占比达 94.70%，$100 \leqslant k<1\,000$ 的节点占比为 4.89%，这两者之和超过了 95%，说明新浪微博网络节点度分布稍微均匀一些，网络上存在更多的社交群体，圈子文化更浓厚。

上述 Twitter、新浪微博网络的差异性将对信息传播过程产生重大影响，表现出不一样的群体演化行为和动态传播特性。

5.4.2　网络传播特性结果分析

为了验证本章提出的 NFSIR 模型，分别在 Twitter、新浪微博网络上开展仿真实验，分析节点演化结果的统计特性。初始仿真实验参数如表 5-3 所示。

表 5-3　初始仿真实验参数

参数名称	符号表示	数值
传播扩散系数		0.30
种子节点信息量	$I_q\,(0)$	0.70
种子节点度数	k_0	30
发送信息保真度系数期望		0.20
发送信息保真度系数方差		0.07
接收信息保真度系数期望		0.05
接收信息保真度系数方差		0.02
信息量差值阈值	I_{qmin}	0.005

1. 信息传播过程

信息传播过程大致可分为初期增长、充分发展和后期衰减三个阶段，如图 5-8 中的 A、B、C 区域所示。

初期增长阶段从网络上出现信息种子节点算起，到涌现出大规模 I 状态节点为止，该阶段信息只局限于在与事件相关度较高的小范围群体内传播，发展缓慢，传播行为有可能引起链式传播效应，也有可能中途自行中止。传播行为持续一段时间后，如果信息到达度较大的节点，那么将会急速扩散传播，信息覆盖面迅速增加，当 I 状态节点比例 R_I 增长至 0.3 时，说明传播过程进入了充分发展阶段。

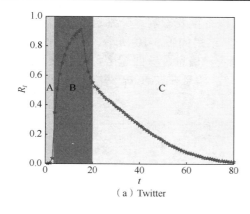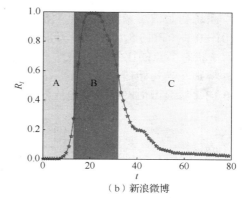

（a）Twitter　　　　　　　　　　　　　（b）新浪微博

图 5-8　信息传播过程

在充分发展阶段，在传播和反馈双重作用下，信息覆盖范围不断扩大，交互强度不断升高，产生轰传现象，即高速度、大面积的信息传播现象，大量的 S 状态节点源源不断地转化为 I 状态节点。

在后期衰减阶段，随着 S 状态节点数量的减少，传播速度减慢，传播强度减弱，同时因为 I 状态节点逐步转化为 R 状态节点，使信息传播者比例逐渐下降，直至所有传播者节点转化为 R 状态节点，传播过程自然中止。

传播初始时刻，事件信息通过种子节点流入网络中，种子节点的选择在初期增长阶段发挥关键作用。分别选取节点度 $k = 10^1$、10^2、10^3、10^4 四个数量级的节点作为种子节点，实验观察演化到 $t = 60$ 时的结果（图 5-9）。当 $k = 10^1$ 时，传播行为很快消亡，传播过程迅速结束；当 $k = 10^2$、10^3、10^4 时，信息得到较好的传播扩散。同时可以看出，种子节点度越大，信息传播速度越快，越早进入充分发展阶段。

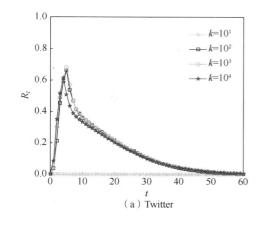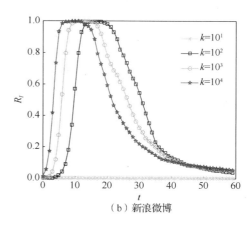

（a）Twitter　　　　　　　　　　　　　（b）新浪微博

图 5-9　种子节点度影响

系统初始信息量同样对早期信息传播过程有重要影响。分别选取初始信息量 $I_q(0) = 0.1$、0.3、0.5、0.7、0.9 开展对比实验，结果如图 5-10 所示。初始信息量越高，I 状态节点的比例 R_I 越大，传播速度越快，信息覆盖面越广，信息交流越充分。特别是当初始信息量很小，$I_q(0) = 0.1$ 时，信息在 Twitter 网络上传播峰值仅为 0.18，新浪微博网络上甚至无法传播。

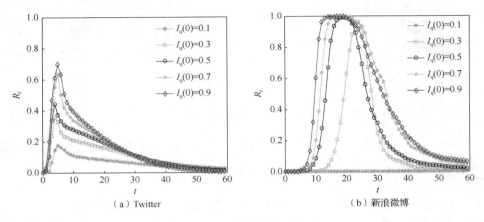

（a）Twitter　　　　　　　　　　（b）新浪微博

图 5-10　种子节点信息量影响

2. 反馈系数变化

由式（5-8）可知，网络节点的反馈系数与该节点的度和信息量有关。按度大小分类统计节点的平均反馈系数，结果如图 5-11 所示，一般来说，度大的节点的平均反馈系数大，度小的节点的平均反馈系数小。这表明在线社交网络上意见领袖现象非常明显，意见领袖被很多用户关注，他们接收到信息后，进行加工、处理和解释，然后将意见传播至其他用户，对其他用户进行导向和指引，在网络中发挥着协调和权威的作用。

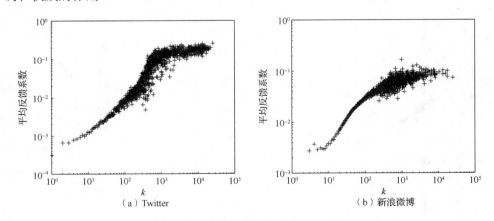

（a）Twitter　　　　　　　　　　（b）新浪微博

图 5-11　不同度节点的平均反馈系数

信息反馈代表信息的交流和讨论,反馈量与系统初始信息量关系密切,图 5-12 显示了在线社交网络平均反馈系数随初始信息量的变化趋势,整体上呈现出线性增长关系,初始信息量越高,则反馈信息量也越高。这表明只有当事件信息比较丰富时才能令人们感兴趣,引起人们的思考、讨论;相反,道听途说的消息较难引起人们关注。

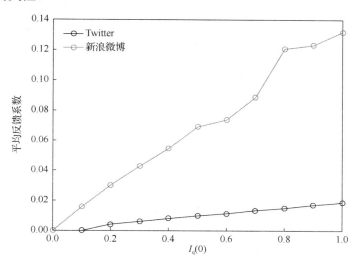

图 5-12　平均反馈系数随初始信息量的变化

由图 5-12 还可发现另一个有趣的现象,新浪微博网络上的信息反馈量远远高于 Twitter 网络,表明新浪微博网络用户间存在着更多的交流互动,群体效应更加明显,但同时也会导致网络谣言更容易传播。

3. 轰传时间点

信息传播由初期增长阶段进入充分发展阶段的转折点,称为轰传时间点(bombardment time point,BTP),一般指 I 状态节点的比例 R_I 增大到 0.3 时所对应的时间点,用于刻画系统信息传播演化的速度。轰传时间点越小,信息传播速度越大,越有利于信息的传播,反之,速度越小,越不利于信息的传播。影响 BTP 的一个主要因素是种子节点的度,图 5-13 显示了 BTP 随种子节点度变化的相对关系,容易看出,种子节点度越大,BTP 越小,这种现象在新浪微博网络上更加明显,呈指数衰减趋势下降。这表明如果希望信息传播速度更快,就需要选择度大的节点投放信息,如意见领袖。

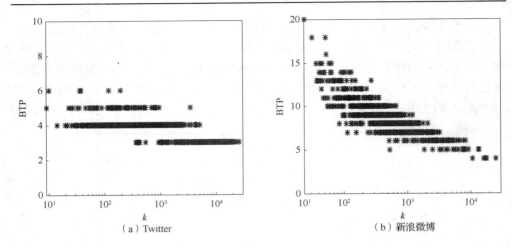

图 5-13　不同度数节点的轰传点统计

4. 传播生存周期

传播生存周期（propagation life cycle，PLC）是指一个节点从进入 I 状态的时刻开始，到转化为 R 状态时刻为止，整个过程所耗费的时间步长即节点以信息传播状态在网络中的生存时间。PLC 与系统反馈量之间有着密切联系，PLC 随系统反馈量的变化如图 5-14 所示。它们之间是正相关的关系，系统反馈量越高，PLC 越大；反之，PLC 越小。

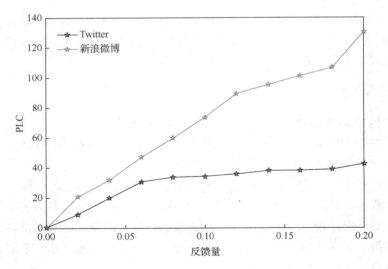

图 5-14　PLC 随系统反馈量的变化

5. NFSIR 模型与 SIR 模型的比较分析

对 NFSIR 模型和 SIR 模型分别在 Twitter、新浪微博网络开展仿真对比实验，NFSIR 模型的初始参数按表 5-3 设定，SIR 模型中 $\lambda = 0.3, p_1 = 0.21, p_2 = \lambda / 2$，各做 100 次实验取平均值，将系统 R_S、R_I、R_R 随时间的演化情况绘制成图 5-15。

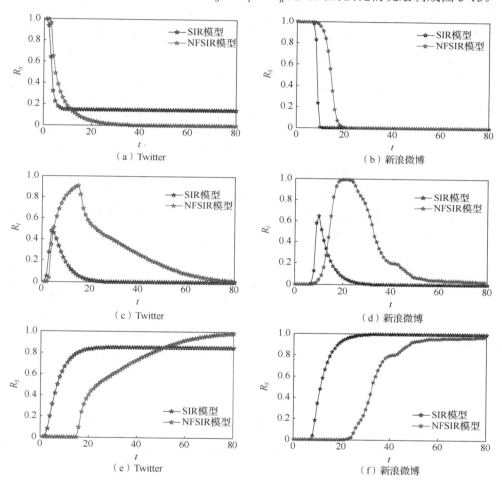

图 5-15　NFSIR 模型与 SIR 模型节点状态比较

从图 5-15（a）和（b）可知，SIR 模型中 Twitter 网络上 R_S 仅下降至 0.15，即存在 15% 的用户从未收到信息而且永远无法收到信息；NFSIR 模型中所有用户均可收到信息，信息覆盖率达到 100%，表明 NFSIR 模型可以使信息传播范围更广。但在 SIR 模型中 R_S 下降得更快一些，表明在初期信息传播略快一点。由图 5-15（c）和（d）可知，NFSIR 模型中 R_I 的峰值是 SIR 模型的 2 倍左右，表明 NFSIR 模型同期参与信息交流互动的用户更多，而且交流的时间更长，节点间信息交互次数更多。由图 5-15（e）和（f）可知，SIR 模型上传播活动结束较早，信息并未得到很好地传播。相反，NFSIR 模型中用户并不是收到信息后立即失去兴趣，转为 R 状态节点，而是与邻居节点经过多轮的信息互动、形成共识后才将其视为陈旧信息，作为信息知情者转化为 R 状态节点，不再传播信息。因此，在 NFSIR 模型，节点间信息交流更充分，传播效果更好。

为了进一步研究 NFSIR 模型和 SIR 模型对信息传播的差异，分别在 Twitter、新浪微博网络上考查 PLC 随不同度的种子节点的变化关系。由彩图 9 可见，NFSIR 模型的 PLC 远远高于 SIR 模型，在新浪微博网络中，NFSIR 模型的 PLC 峰值是 SIR 模型的 6 倍。NFSIR 模型中 PLC 随着种子节点度的增加而迅速增大，信息传播热度保持时间更长，表明在线社交网络上经意见领袖发布的信息，更能引起人们的密切关注，引发网络热议。因此，意见领袖对传播者的协调和干扰功能都是显而易见的，其影响力时大时小，性质有可能积极，也有可能消极。所以，对网络意见领袖的监管和引导有重要意义。

总体来说，SIR 模型的初期信息传播扩散速度略快一点，进入轰传状态时间较早，经过急速传播后用户随即对信息失去兴趣，致使传播过程终止时间过早到来，模型过于理想化、简单化，与现实网络演化情况差异较大。NFSIR 模型，因为引入了信息反馈机制，信息接收者并不是简单、消极、被动地接受邻居节点的影响，而是积极地对信息加以鉴别、选择、转化，甚至抵制。网络节点在对接收到的信息进行理解、吸收的基础上，转发给后续节点，在转发过程中扮演了信息把关人的角色，只有符合群体规范或把关人价值标准的信息成分才能进入后续传播渠道。当然，后续节点也可以通过反馈机制修正当前节点信息的理解偏差。同时，在信息传播过程中，并不是将事件信息看作一个不可分割的整体，而是对信息进行量化处理，以便分析有效信息成分在传播过程中的传播特性。在 NFSIR 模型中，信息覆盖面更广，传播时间更长，传播链式反应更加剧烈，表明信息传播期间在线社交网络用户对信息本身进行了广泛交流和深入讨论，对信息的理解更加准确，消化吸收的信息量更多，传播行为更加趋于理性。

NFSIR 模型考虑到在线社交网络信息传播并不是独立的网络传播，而是在计算机通信网络基础上的一种虚拟空间的网络传播与大众传播、人际传播相互交织的新型传播方式，既具有网络直接转发传播的特性，又具有人为主观鉴别、选择传播的特性。将传播过程定义为节点间多次信息交流互动过程，并引入衰减系数、噪声系数来刻画信息传播过程中的人为因素，以确保模型能反映真实社交网络的情况。

模型对种子节点的初始信息量进行了量化处理，因为必须考虑信息源是否具有真实性、客观性、公正性、权威性，这些方面影响着信息源的可信度，可信度高的信息源传播效果也高。相反，可信度低的信息源说服效果微乎其微。

　　当然，模型中节点信息量如何测定，以及反馈量如何从反馈信息中运用自然语言处理技术进行精确计算还需要进一步的研究。

本 章 小 结

　　本章首先对近年来在线社交网络发展及演化计算方法进行了总结，借助相关交叉学科知识对在线社交网络信息传播原理进行了分析。然后在传统 SIR 模型的基础上，对网络节点信息进行量化处理，在传播过程中引入信息衰减系数、噪声系数和反馈系数，并考虑了网络群体性效应，抽象出动态信息传播树及信息传播对，结合节点间交互规则构建了具有负反馈能力的社交网络信息传播模型——NFSIR 模型，建立了系统协同演化动力学微分方程。最后将 NFSIR 模型应用于 Twitter、新浪微博网络环境开展仿真实验和数据分析，并与 SIR 模型的实验结果进行了对比，结果显示提出的具有负反馈能力的社交网络信息传播模型是合理、有效的。

　　下一步将在此基础上研究节点信息量的度量标准和方法，精确测定衰减系数和噪声系数，以及利用分布式系统在大规模社交网络上实时追踪网络信息的传播路径和信息量的变化情况，以利于进一步验证模型的可靠性和准确性。

参 考 文 献

[1] SATTARI M, ZAMANIFAR K. A cascade information diffusion based label propagation algorithm for community detection in dynamic social networks[J]. Journal of computational science, 2018, 25(3): 122-133.

[2] ARNABOLDI V, CONTI M, PASSARELLA A, et al. Online social networks and information diffusion: the role of ego networks[J]. Online social networks and media, 2017, 1(6): 44-55.

[3] STAI E, KARYOTIS V, BITSAKI A C, et al. Strategy evolution of information diffusion under time-varying user behavior in generalized networks[J]. Computer communications, 2017, 100(3): 91-103.

[4] ZENG Z Y, LI R S. A survey of the research on propagation model of network public opinion[J]. Journal of China academy of electronics & information technology, 2016, 11(6): 588-593.

[5] WANG Z, ZHAO H, LAI Z, et al. Improved SIR epiDEM model of social network marketing effectiveness and experimental simulation[J]. Systems engineering-theory & practice, 2016, 36(8):2024-2034.

[6] MENG Q, ZHANG N, ZHAO X, et al. The governance strategies for public emergencies on social media and their effects: a case study based on the microblog data[J]. Electronic markets, 2016, 26(1):15-29.

[7] HUANG J, SHEN H, CHENG X. Understanding information propagations via influence backbone analysis on social networks[J]. Journal of Chinese information processing, 2016, 30(2): 74-82.

[8] HAO L, YANG L Z, GAO J M. The application of information diffusion technique in probabilistic analysis to grassland biological disasters risk[J]. Ecological modelling, 2014, 272(1): 264-270.

[9] SAITO K, KIMURA M, OHARA K, et al. Super mediator: a new centrality measure of node importance for information diffusion over social network[J]. Information sciences, 2016, 329(1): 985-1000.

[10] ABUBAKRE M A, RAVISHANKAR M N, COOMBS C R. The role of formal controls in facilitating information system diffusion[J]. Information & management, 2015, 52(5): 599-609.

[11] VISHERATIN A A, TROFIMENKO T B, MUKHINA K D, et al. A multi-layer model for diffusion of urgent information in mobile networks[J].Journal of computational science, 2017, 20(5): 129-142.

[12] MAHDIZADEHAGHDAM S, WANG H, KRIM H, et al. Information diffusion of topic propagation in social media[J]. IEEE transactions on signal & information processing over networks, 2016, 2(4):569-581.

[13] JALALI M S, ASHOURI A, HERRERA-RESTREPO O, et al. Information diffusion through social networks: the case of an online petition[J]. Expert systems with applications, 2016, 44(44):187-197.

[14] LIU Y, WANG B, WU B, et al. Characterizing super-spreading in microblog: an epidemic-based information propagation model[J]. Physica a: statistical mechanics & its applications, 2016, 463:202-218.

[15] ZHENG C Y, XIA C X, GUO Q T, et al. Matthias dehmer: interplay between SIR-based disease spreading and awareness diffusion on multiplex networks[J]. Journal of parallel and distributed computing, 2018, 115(5):20-28.

[16] BASTOS M, PICCARDI C, LEVY M, et al. Core-periphery or decentralized? Topological shifts of specialized information on Twitter[J]. Social networks, 2018, 52(1):282-293.

[17] SUO Q, GUO J L, SHEN A Z. Information spreading dynamics in hypernetworks[J].Physica a: statistical mechanics and its applications, 2018, 495(4):475-487.

[18] XIAN M, QIAN J M, QIAN W. Social network model with community characteristics[J]. Communications technology, 2018, 51(2):376-380.

[19] LIU X, LI T, WANG Y, et al. An SIS epidemic model with infective medium and feedback mechanism on scale-free networks[J]. Open access library journal, 2017, 4(5):1-9.

[20] NGUYEN D A, TAN S, RAMANATHAN R, et al. Analyzing information sharing strategies of users in online social networks[C]. 2016 IEEE/ACM International Conference on Advances in Social Networks Analysis and Mining (ASONAM), 2016:247-254.

[21] MOHAMMADIANI R P, MOHAMMADI S, MALIK Z. Understanding the relationship strengths in users' activities, review helpfulness and influence[J]. Computers in human behavior, 2017, 75(3):117-129.

[22] ROSSETTI G, PAPPALARDO L, PEDRESCHI D, et al. Tiles: an online algorithm for community discovery in dynamic social networks[J]. Machine learning, 2017, 106(8):1213-1241.

[23] ANGSTMANN C N, HENRY B I, MCGANN A V. A fractional order recovery sir model from a stochastic process[J]. Bulletin of mathematical biology, 2016, 78(3):468-499.

第 6 章 微博舆情信息传播建模与演化分析

6.1 微博网络拓扑模型的构建

微博是近几年兴起的一类在线社交网络，微博中的用户即网络中的节点，用户之间的关注关系抽象成边，这就组成了复杂网络。微博上的用户之间的关系是通过相互间的关注和关注者建立的，因而微博网络结构是一个有向网络[1]。如果一个用户对其他用户感兴趣，可以对其他用户进行关注，成为这个用户的关注者，那么该用户将会接收到其感兴趣用户的最新消息及微博动态。微博网络中有着数量巨大的用户，用户间的关注关系错综复杂而且受到多种因素的影响，用户本身也具有复杂的属性，使微博网络具有复杂网络的性质，网络的演化过程也非常复杂。本节将改进无标度网络模型，然后构建新的微博网络演化模型。

6.1.1 无标度网络模型与微博网络

已有研究表明微博网络与无标度网络相似，节点度呈幂律分布，所以现有的大部分微博网络研究运用的是无标度网络模型，得到了大量的理论和实践成果。然而微博网络的实际演化过程十分复杂，很难只用单一模型进行完整的网络演化。本节分析微博网络拓扑结构的演化过程的特点和规则，运用无标度网络模型的演化思路，在无标度网络模型的基础上利用 MATLAB 构建一个微博仿真网络，分析微博网络、仿真网络及无标度网络之间的不同，得到更加符合微博网络演化特点的网络模型[2,3]。

无标度网络模型具有增长特性和择优连接特性，其中增长特性是指网络规模是在逐渐增大的，总有新节点加入网络中；择优连接特性是指不断加入网络中的新节点，与网络中已有的度比较大的节点相连的概率更大。这样形成的无标度网络的聚集系数通常比较小且与真实微博网络不相符。文献[4,5]实证分析了某个群体社交网络的网络拓扑特征，结果表明网络呈现出无标度特性和小世界特性、高聚集系数、分层机构及社区结构等统计特性[6]，以及出度函数分布和社区规模分布呈现锯齿状结构、连通子图规模分布等其他特性，更加证明了在线社交网络与真实人际网络和无标度网络的不同[7]。微博网络不仅有无标度网络的这两个特性，而且呈现出比较高的聚集性，通过对真实网络的实证研究表明，两个微博用户之间是否具有共同好友或者关注对象或者兴趣爱好能够影响他们之间是否建立直接的关注关系，具有的共同好友或者关注对象的数量越大，他们之间建立直接联系的机会就会越高。也就是说，关注同一个人的两个人可能也相互关注，所以微博网络模型需要引入朋友推荐机制。

微博中存在着大量的微群，这些微群内部的用户具有某种共同的属性特征，如从事同一行业、拥有相同的兴趣爱好、都追踪某个热门话题等。显而易见，本来毫无交集的用户在加入某个微群后，在群里讨论共同的话题，产生直接联系的概率会增加。即使不是处于同一个微群，微博用户也会主动搜索具有共同特征或感兴趣的用户进行关注，进而直接产生联系。因此，我们引入自然增长机制来体现网络的这一现象，这里的自然增长与网络增长不同，它指的是网络边的数量的增长而不是节点数量的增长。

6.1.2　模型假设

一般来说，构建网络演化模型需要考虑网络的四种现象：节点加入、节点退出、连边增加及连边取消[8]。结合前面对微博网络中用户间的关注行为特征的分析描述，本章提出下列模型假设。

节点加入，即网络中不断有新的节点加入，在真实微博网络中表现为有新用户注册微博账户。由网络增长特性可得，微博网络中的用户数目持续增加，因此本节在构建微博网络演化模型时，假设每隔迭代时间点，微博网络中都增加一个新的节点，即在每一个时间点微博中都有一个新用户注册微博。

节点退出，即网络中已有的节点离开网络，在微博网络中表现为网络中用户注销账号不再登录。一般情况下，人们开始使用微博后，不会轻易注销账号，因而在建立微博网络演化模型时不考虑节点退出的现象。

连边增加，主要有两种情况：一种是刚加入网络的与原有节点间建立联系增加边；另一种是网络中原有的节点之间增加连边。在微博网络中表现为用户主动关注其他微博账号。

连边取消，即去掉网络中已有边，使其不复存在，在微博网络中表现为用户取消对某个用户的关注。微博用户取消关注某用户的概率非常小，所以本节在建立微博网络演化模型时不考虑连边取消的现象。

同时，微博网络中关注关系既有相互关注的，也有单向关注的。综合上述模型假设本节构造一个只考虑节点加入和连边增加现象的有向网络。

6.1.3　模型演化机制

本节给出如下微博复杂网络的演化机制。

1. 择优连接机制

现实生活中人们的社会生活圈子较小，掌握的人际关系和信息资源比较有限，所以，每个微博用户在选择关注其他用户的时候，一般不可能在整个微博网络中随机搜索其他用户，更倾向于在自己熟悉、感兴趣的一类用户之间选择相对熟悉或比较活跃的对象进行关注[9]。而且，微博用户在增加新的关注对象时，一般会选择网络中有大量边的节点（即拥有关注者数量相对多）的微博用户，但也存在新加入的节点用户在某个领域比较权威或者有着良好的信誉形象在短时间内获得较多的关注者。另外，微博新用户加入时，第一时间关注的对象应该是新用户现实生活圈子内的朋友或者感兴趣的几类微博用户，本节演化模型中新用户和原用户之间的连边现象借助择优连接机制来体现。

2. 朋友推荐机制

在微博网络中，如果两个用户有相同的关注对象，显然这两个用户互相关注的可能性将非常大，这一现象被称为朋友推荐。微博平台利用这一现象在用户的推荐联系人里显示你的好友也关注了此人，那么用户很有可能也会去关注此人。网络中已有节点之间增加连边，类似于现实社会里朋友间相互介绍的相识过程，本节利用朋友推荐机制来体现网络中原有节点之间增加连边的现象。

3. 自然增长机制

微博用户由于相同的职业、共同的兴趣爱好、关注同一热点话题等会去关注其他用户，或者出于自身拓展知识面、增长见识等需求，会有针对性地去搜索一些微博用户进行关注，因此，本章建立模型时考虑自然增长机制，即随机选择一个节点去关注网络里的其他某些节点。

6.1.4　微博网络演化步骤

在前面的模型假设和演化机制的基础上，本节基于无标度网络模型给出以下微博网络演化步骤。

步骤 1，初始化网络。初始网络具有 m_0 个节点，节点以一定规则连接，并设定网络规模为 N。

步骤 2，增长。每个时间点原来的有向网络中都加入一个新的节点 i。节点 i 加入网络时，添加新的连边。

6.2　微博网络模型仿真

6.2.1　微博网络模型数据获取与处理

为了验证微博网络模型的合理性，本节将获取真实微博网络的关注关系数据进行分析验证，网络结构特征可以解释网络中信息的传播机理和动力[10]。

1. 数据获取

微博官方为开发者提供了可编程接口。虽然通过 API（application program interface，应用程序接口）就可直接获取本节需要的微博用户之间的关注关系的数据（它不会掺杂冗余的数据，并且采集的过程不需要太长的时间），但是由于微博平台因为各种原因（如禁止开发一些机密、隐私数据或限制获得一些数据的频次）限制了 API 的应用，并且数据格式也不是我们希望的，对研究者造成了很大的不便，这导致了借助 API 获得微博数据存在一种缺陷。

微博网络模型需要大量的数据，如果数据太少，实验结果没有可信度，网络的结构也不能够反映整个网络的真实情况，特别是复杂网络理论针对的是大量节点和大量连边构成的网络，因此应该获取具有大量微博用户关注关系的数据集。本节利用 ASU 网站已存在的用户数据来研究微博网络的拓扑结构。

2. 数据处理

本节选择 ASU 网站上社交博客关系进行研究。数据中共有 10 312 个节点，14 476 条边，接下来将使用 Gephi 对其进行图形绘制，以及数据处理，将其导入 Gephi 中进行图形绘制得到彩图 10。

从彩图 10 中可以看出，大多数的节点只有少量的连线，少数节点有大量的连线，存在明显的无标度性，这符合微博网络模型结构。

微博网络的基本拓扑性质如表 6-1 所示。

表 6-1　微博网络的基本拓扑性质

网站特征参数	参数值
节点数	10 312
边数	14 476
网络直径	6
平均路径长度	3.361
平均聚类系数	0.142

通过 Gephi 内置的算法得到网络直径为 6，平均路径长度为 3.361，也就是信息在任意两个用户之间，平均需要通过 3.361 个人，最多需要通过 6 个人即可相互抵达，这符合六度分隔理论[11]。平均聚类系数为 0.142，说明该网络表现出很强的聚类性，节点聚集程度较高，符合现实中微博的网络结构环境。

6.2.2　网络结构模型仿真分析

本章借助 MATLAB 软件对微博网络模型进行编程仿真，并计算生成的微博网络的基本拓扑性质。仿真程序中的各参数设置为 $m_0 = 20$，$m = 4$，$N = 100$，

$p=3$，其网络度分布如图 6-1 所示。

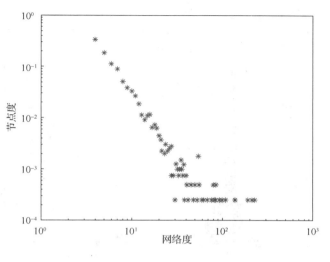

图 6-1 网络度分布

在图 6-1 所示双对数坐标系中可以看出，除了个别度较分散外，几乎所有的点都紧密地围绕坐标系中的一条斜线，呈严格的幂律度分布。当网络规模较大时，网络具有较小的平均路径长度，但是网络的聚类系数也比较小。无标度网络模型可以描述一大类实际的网络，揭示了增长和择优是产生无标度特性的内在机制。该微博网络模型中各节点度分布如图 6-2 所示，可以看出绝大多数的节点的度数相对较小，只有少部分的节点度数较大，有明显的无标度性。

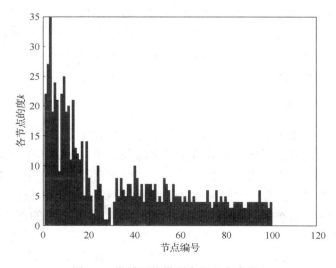

图 6-2 微博网络模型中各节点度分布

该微博网络仿真网络中节点度概率分布如图 6-3 所示，可以看出网络中绝大多数的节点度集中在 3~5，少数节点的度较大。

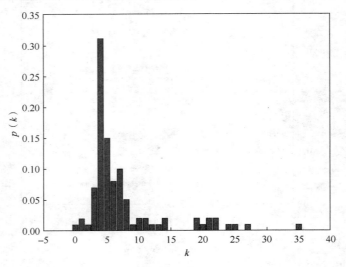

图 6-3　网络节点度概率分布

6.3　微博舆情信息传播数学建模

6.3.1　微博舆情信息传播因素分析

在真实的微博网络环境中，网络本身的平均路径长度、平均聚类系数会影响信息的传播，并且时间、传播的路径、内容的影响力、用户节点属性的改变会导致微博信息传播网络结构的改变，从而给信息传播带来影响。因此，本节从以下三个角度分析影响微博信息传播的因素。

　　1.　网络结构的复杂性

现实生活中的微博信息网络有明显的小世界和无标度的特征，网络中的大多数节点汇聚于少数节点周围，少数节点有大部分连线，如微博用户中的著名演员等，这也导致了网络的平均路径长度较小、网络的聚类系数较大，微博的网络结构对信息的裂变式传播有很大的影响[12]。除复杂网络特征外，该网络中存在少量的强连接和大量的弱连接，导致信息的传播不对称。接收信息的方式也各不相同，除了通过网络获取，还可以通过现实生活中的人际关系获取。微博网络是实时变化的，新的节点随时加入并不断与旧节点相连，而旧节点又不断断开。

2. 信息内容自身的属性复杂性

信息本身的价值，影响着信息传播的广度、深度及效率，一条价值大、曝光度高、涉及国家利益的信息的传播力度绝对比一般的信息的传播力度要大。并且，网络中被关注度高的用户所传播的信息内容更容易被传播。此外，信息传播的时间也会影响传播的效率，有关研究表明，每天上午 11 点至 12 点、下午 6 点至 7 点、晚上 10 点至 11 点是微博使用的高峰时段，这也导致这几个时间段的信息广为人知的可能性更大，而微博上的信息多并且更新速度快，如果一条信息在短时间内不能很快地被广泛传播，那么这条信息就很难再被广泛传播。

3. 用户（节点）属性的复杂性

作为微博信息网络中的用户节点，用户节点主导着各种各样的信息分享与传播，而这绝大多数取决于他们自身的行为（主观行为），这在很大程度上影响着微博信息的传播[13]。微博用户转发或者评论微博信息完全是个人的自主行为，不受外界的影响。首先，每个用户的活跃性不同，他们获取信息的频率也不相同，活跃性高的用户并不受限于以上三个时段，而是随时随地传播信息，并且该消息被广泛传播的概率相对较大。不同用户对不同信息的敏感度也不同，这决定了其是否会评价或转发某类信息。微博网络具有框架效应，当某类消息频繁地出现在微博上时，用户对该类消息的关注度会逐渐提高，并且有可能会去传播此类消息。

6.3.2 微博舆情信息传播模型构建

1. 模型节点状态转换及传播过程

信息在网络中传播，因此网络本身的性质在很大程度上影响着信息的传播，考虑网络本身的拓扑结构性质是非常必要的。而真实微博网络具有复杂性及用户自身行为具有复杂性，为了更真实地模拟现实中的微博网络，并适当简化研究，可以在信息传播的角度引入网络本身的平均路径长度及平均聚类系数。微博网络具有开放性，因此信息的传播不仅仅局限于关注关系的传播，信息一旦由某个节点开始传播，微博上的用户就能够通过微博网页或微博 APP 看到，信息的传播不考虑除微博网络之外的其他渠道，假设微博消息发布之后，网络中的用户存在下列五种状态：S_i（非活跃状态）、S_a（活跃状态）、E（潜伏状态）、I（传播状态）、R（免疫状态）。S_i 代表具有接收信息和传播信息的能力，并且是微博网络中的非活跃用户，此类用户关注微博动态，但是活跃度不高；S_a 代表并没有接到邻居节点的信息但具有接收信息的能力，并且是微博网络中的活跃用户，此类用户时常关注微博各类动态，活跃程度相当高；E 代表该用户接收了信息，但还不具备传播信息的能力；I 代表该用户是传播信息的一个节点；R 代表用户接收了信息但由于某种原因没有传播该信息。在微博网络中，一个用户发布的消息出现在整个微博网络上，该用户的关注者会直接看到该消息，那么消息将会在微博网络上开始传播。非活跃用户活跃程度不高，消息发布后其成为潜伏用户。潜伏用户因经常不在线而暂时不具备传播该信息的能力，用户登录后，根据自己的喜好等因素决定是否传播该信息，此时若潜伏用户对该信息感兴趣则继续传播该信息，由潜伏状态转换为传播状态；若该信息对潜伏用户没有吸引力，则潜伏用户放弃传播该信息，由潜伏状态转为免疫状态。在用户传播某条信息时，若遇到免疫用户，则传播用户以一定概率转为免疫状态，另外，信息的传播不可能一直持续，传播用户会以一定的速度转为免疫状态。在某条信息被传播的过程中，发布该信息的用户处于 I，其他用户处于 S_i、S_a、E、I 和 R。SEIIR 模型的状态转换如图 6-4 所示。

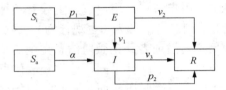

图 6-4　SEIIR 模型的状态转换

节点间的状态转化关系如下。

1）当非活跃状态节点与一个传播节点相邻时，该节点以概率 p_1 成为潜伏状态节点。

2）当活跃状态节点与一个传播节点相邻时，该节点以概率 α 成为传播节点，开始信息传播。

3）对于潜伏状态节点，其要么以 v_1 速度成为传播节点，开始传播信息；要么以 v_2 速度成为免疫状态节点，不再传播消息。

4）对于传播状态节点，若其与一个免疫状态节点相邻，那么传播节点以概率 p_2 成为免疫状态节点，放弃并停止传播该信息，同时传播状态节点以速度 v_3 停止传播，成为免疫状态节点。

5）对于免疫状态节点，其状态不再发生改变。

2. 节点间的状态转移概率

当一条信息在网络中开始传播时，对于微博网络中的节点 i，其状态可能在 S_i、S_a、E、I 或者 R 之间转移变换，在 $[t, t+\Delta t]$ 时间段内，节点 i 发生状态转移的概率如表 6-2 所示。

表 6-2　节点状态转移概率定义

$P^i_{S_i S_i}$	节点 i 保持非活跃状态的概率
$P^i_{S_i E}$	节点 i 由非活跃状态转为潜伏状态的概率
$P^i_{S_a S_a}$	节点 i 保持活跃状态的概率
$P^i_{S_a I}$	节点 i 由活跃状态转为传播状态的概率
P^i_{EE}	节点 i 保持潜伏状态的概率
P^i_{EI}	节点 i 由潜伏状态转为传播状态的概率
P^i_{ER}	节点 i 由潜伏状态转为免疫状态的概率
P^i_{II}	节点 i 保持传播状态的概率
P^i_{IR}	节点 i 由传播状态转为免疫状态的概率

1）假设节点 i 在 t 时刻处于 S_i（非活跃状态），显然有

$$P^i_{S_i S_i} + P^i_{S_i E} = 1 \tag{6-1}$$

在 t 时刻节点 i 的邻居节点中处于传播状态的数目为 $m_1 = m_1(t)$，则有

$$P^i_{S_i S_i} = (1 - \Delta t p_1)^{m_1} \tag{6-2}$$

因此

$$P^i_{S_i E} = 1 - (1 - \Delta t p_1)^{m_1} \tag{6-3}$$

假设节点 i 有 k 条边，m_1 是服从二项分布的随机变量：

$$\Pi(m_1, t) = \binom{k}{m_1} p_1(k, t)^{m_1} [1 - p_1(k, t)]^{k - m_1} \tag{6-4}$$

式中，$p_1(k, t)$ 为 t 时刻从具有 k 条边的活跃状态节点连接到一个传播节点的概率：

$$p_1(k, t) = \sum_{k_1} p(k_1 \mid k) p(I_{k_1} \mid S_k) \tag{6-5}$$

其中，$p(k_1 \mid k)$ 为度相关函数，表示度为 k 与度为 k_1 的节点相邻的概率；$p(I_{k_1} \mid S_k)$ 为一个拥有 k_1 条边的节点在它连接到一个度为 k 的非活跃状态节点条件下处于传播状态的概率。

用 $p^I(k_1, t)$ 表示 t 时刻度为 k_1 的传播节点密度：

$$p_1(k, t) = \sum_{k_1} p(k_1 \mid k) p^I(k_1, t) \tag{6-6}$$

则度为 k 的节点在 $[t, t + \Delta t]$ 时间段内保持非活跃状态的平均概率 $\overline{P_{S_i S_i}(k, t)}$ 为

$$\overline{P_{S_i S_i}(k, t)} = \sum_{m_1 = 0}^{k} \binom{k}{m_1} (1 - p_1 \Delta t)^{m_1} p_1(k, t) [1 - p_1(k, t)]^{k - m_1}$$

$$= [1 - p_1 \Delta t p_1(k, t)]^k \tag{6-7}$$

将式（6-6）代入式（6-7）中，得

$$\overline{P_{S_iS_i}(k,t)} = \left(1 - p_1\Delta t\sum_{k_1}p(k_1\mid k)p^I(k_1,t)^k\right) \tag{6-8}$$

所以，一个度为 k 的节点在 $[t,t+\Delta t]$ 时间段内从非活跃状态节点转移到潜伏状态节点的平均概率 $\overline{p_{S_iE}(k,t)}$ 为

$$\overline{p_{S_iE}(k,t)} = 1 - \overline{p_{S_aS_a}(k,t)}$$

$$= 1 - \left(1 - p_1\Delta t\sum_{k_1}p(k_1\mid k)p^I(k_1,t)\right)^k \tag{6-9}$$

2）假设节点 i 在 t 时刻处于潜伏状态，显然有

$$P_{EE}^i + P_{ER}^i + P_{EI}^i = 1 \tag{6-10}$$

式中，

$$\begin{cases} P_{EI}^i = \Delta t v_1 \\ P_{ER}^i = \Delta t v_2 \end{cases} \tag{6-11}$$

3）假设节点 i 在 t 时刻处于传播状态，则有

$$P_{II}^i + P_{IR}^i = 1 \tag{6-12}$$

用 $m_2 = m_2(t)$ 表示 t 时刻节点 i 的邻居节点中免疫状态节点的数目，则有

$$P_{II}^i = (1 - \Delta t p_2)^{m_2}(1 - v_3\Delta t) \tag{6-13}$$

假设节点 i 有 k 条边，m_2 是服从二项分布的随机变量：

$$\varPi(m_2,t) = \binom{k}{m_2}p_2(k,t)^{m_2}[1 - p_2(k,t)]^{k-m_2} \tag{6-14}$$

式中，$p_2(k,t)$ 为 t 时刻从具有 k 条边的传播状态节点连接到一个免疫状态节点的概率：

$$p_2(k,t) = \sum_{k_1}p(k_1\mid k)p(R_{k_1}\mid I_k) \tag{6-15}$$

其中，$p(R_{k_1}\mid I_k)$ 为一个拥有 k_1 条边的节点在它连接到一个度为 k 的传播状态节点的条件下处于免疫状态的概率。

用 $p^R(k_1,t)$ 表示 t 时刻度为 k_1 的免疫状态节点的密度，则有

$$p_2(k,t) = \sum_{k_1}p(k_1\mid k)p^R(k_1,t) \tag{6-16}$$

一个度为 k 的节点在 $[t,t+\Delta t]$ 时间段内保持传播状态的平均概率 $\overline{P_{II}(k,t)}$ 如下：

$$\overline{P_{II}(k,t)} = \sum_{m_2}\binom{k}{m_2}\left[(1 - p_2\Delta t)^{m_2}p_2(k,t)^{m_2}(1 - p_2\Delta t)^{k-m_2}(1 - v_3\Delta t)\right]$$

$$= [1 - \Delta t p_2 p_2(k,t)]^k(1 - v_3\Delta t)$$

$$= 1 - \Delta t p_2\sum_{k_1}p(k_1\mid k)p^R(k_1,t)^k(1 - v_3\Delta t) \tag{6-17}$$

对于传播状态节点，保持传播状态和从传播状态迁移到免疫状态的平均概率有

$$\overline{P_{II}(k,t)} + \overline{P_{IR}(k,t)} = 1 \tag{6-18}$$

所以

$$\overline{P_{IR}(k,t)} = 1 - \left[1 - \Delta t p_2 \sum_{k_1} p(k_1 \mid k) p^R(k_1,t)\right]^k (1 - v_3 \Delta t) \tag{6-19}$$

3. 信息传播的动力学演化方程

假设在 t 时刻，微博网络中度为 k 的节点总数为 $N(k,t)$，分别用 $S_i(k,t)$、$S_a(k,t)$、$E(k,t)$、$I(k,t)$、$R(k,t)$ 表示度为 k 的五类状态节点的数量，则有

$$S_i(k,t) + S_a(k,t) + E(k,t) + I(k,t) + R(k,t) = N(k,t) \tag{6-20}$$

在 $[t,t+\Delta t]$ 时间段内，各类状态节点的数量变化情况如下：

（1）非活跃状态节点

$$S_i(k,t+\Delta t) = S_i(k,t)\overline{p_{S_iS_i}(k,t)} \tag{6-21}$$

$$S_i(k,t+\Delta t) = S_i(k,t)\left[1 - p_1\Delta t \sum_{k_1} p(k_1 \mid k) p^I(k_1,t)\right]^k \tag{6-22}$$

（2）活跃状态节点

$$S_a(k,t+\Delta t) = S_a(k,t)\overline{p_{S_aS_a}(k,t)} \tag{6-23}$$

$$S_a(k,t+\Delta t) = S_a(k,t)\left[1 - \alpha\Delta t \sum_{k_1} p(k_1 \mid k) p^I(k_1,t)\right]^k \tag{6-24}$$

（3）潜伏状态节点

$$E(k,t+\Delta t) = E(k,t) + S_i(k,t)[1 - \overline{p_{S_iS_i}(k,t)}] - E(k,t)(p_{EI} + p_{ER})$$
$$= E(k,t) + S_i(k,t)\left\{1 - \left[1 - p_1\Delta t \sum_{k_1} p(k_1 \mid k) p^I(k_1,t)\right]^k\right\} - E(k,t)(v_1 + v_2)\Delta t \tag{6-25}$$

（4）传播状态节点

$$I(k,t+\Delta t) = I(k,t) + S_a(k,t)[1 - \overline{p_{S_iS_i}(k,t)}] + E(k,t)p_{EI} - I(k,t)\overline{p_{IR}(k,t)}$$
$$= E(k,t) + S_a(k,t)\left\{1 - \left[1 - \alpha\Delta t \sum_{k_1} p(k_1 \mid k) p^I(k_1,t)\right]^k\right\}$$
$$- E(k,t)v_1\Delta t - I(k,t)\left\{1 - \left[1 - p_2\Delta t \sum_{k_1} p(k_1 \mid k) p^R(k_1,t)\right]^k (1 - v_3\Delta t)\right\} \tag{6-26}$$

（5）免疫状态节点

$$R(k,t+\Delta t) = R(k,t) + E(k,t)p_{ER} + I(k,t)\overline{p_{IR}(k,t)}$$

$$= R(k,t) + E(k,t)v_2\Delta t + I(k,t)\left\{1 - \left[1 - p_2\Delta t\sum_{k_1}p(k_1\mid k)p^R(k_1,t)\right]^k(1-v_3\Delta t)\right\} \tag{6-27}$$

对于非活跃状态节点：

$$\begin{cases} \dfrac{S_i(k,t+\Delta t) - S_i(k,t)}{N(k,t)\Delta t} = -p^{S_i}(k,t)kp_1\sum_{k_1}p(k_1\mid k)p^I(k_1,t) \\[3mm] \dfrac{\partial p^{S_i}(k,t)}{\partial t} = -p^{S_i}(k,t)kp_1\sum_{k_1}p(k_1\mid k)p^I(k_1,t) \end{cases} \tag{6-28}$$

对活跃状态节点、潜伏状态节点、传播状态节点和免疫状态节点，同理可得

$$\frac{\partial p^{S_a}(k,t)}{\partial t} = -p^{S_a}(k,t)k\alpha\sum_{k_1}p(k_1\mid k)p^I(k_1,t) \tag{6-29}$$

$$\frac{\partial p^E(k,t)}{\partial t} = p^E(k,t)(-v_1-v_2) + p^{S_i}(k,t)kp_1\sum_{k_1}p(k_1\mid k)p^I(k_1,t) \tag{6-30}$$

$$\frac{\partial p^I(k,t)}{\partial t} = p^E(k,t)v_1 + p^{S_a}(k,t)k\alpha\sum_{k_1}p(k_1\mid k)p^I(k_1,t)$$

$$-p^I(k,t)v_3 - p^I(k,t)p_2\sum_{k_1}p(k_1\mid k)p^R(k_1,t) \tag{6-31}$$

$$\frac{\partial p^R(k,t)}{\partial t} = p^E(k,t)v_2 + p^I(k,t)v_3 + p^I(k,t)p_2\sum_{k_1}p(k_1\mid k)p^R(k_1,t) \tag{6-32}$$

通过对上述模型进一步简化，令 S_a 代表 $p^{S_a}(k,t)$，度相关函数 $\sum\limits_{k_1}p(k_1\mid k)$ 由字母 de 代表，由此得出 SEIIR 模型的微分方程如下：

$$\begin{cases} \dfrac{\mathrm{d}S_i}{\mathrm{d}t} = -kp_1\mathrm{de}S_iI \\[3mm] \dfrac{\mathrm{d}S_a}{\mathrm{d}t} = -k\alpha\mathrm{de}S_aI \\[3mm] \dfrac{\mathrm{d}E}{\mathrm{d}t} = kp_1\mathrm{de}S_iI - (v_1+v_2)E \\[3mm] \dfrac{\mathrm{d}I}{\mathrm{d}t} = k\alpha\mathrm{de}S_aI + v_1E - v_3I - p_2\mathrm{de}IR \\[3mm] \dfrac{\mathrm{d}R}{\mathrm{d}t} = v_2E + v_3I + p_2\mathrm{de}IR \end{cases} \tag{6-33}$$

式中，k 为初始传播节点的度；de 为度相关概率；S_i、S_a、E、I、R 分别代表节点相应的比例，并且 $p_1 = c^{\ln(l+1)}$、$p_2 = (1-r)^{\ln 10(l+1)}$、$\alpha = r$。上述微分方程构成了微

博网络上信息传播的动力学演化方程组，反映了在信息传播过程中，用户行为特征和网络参数对网络中五类状态节点的影响。

6.4　仿真与结果分析

设置初始节点的度 k =15，设定度相关概率 de 为 0.1，并且设置初始时系统内用户节点的比例分别如下：S_i=0.799 9，S_a=0.2，I=1，E=0，R=0，r=0.6，c=0.2，l=4，v_1=0.25，v_2=0.3，v_3=0.05，并且后续的实验都是基于该参数设定进行的。

1.　五类状态节点随时间的演化

本章提出的 SEIIR 模型中存在非活跃状态 S_i、活跃状态 S_a、潜伏状态 E、传播状态 I、免疫状态 R 五种状态，五种状态节点随时间的变化情况如图 6-5 所示。

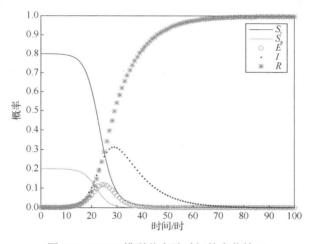

图 6-5　SEIIR 模型节点随时间的变化情况

从图 6-5 中可以看出，传播初始时处于非活跃状态和活跃状态的节点在减少，但是减少得非常慢，这是因为传播过程中传播状态节点的数量不是很多，所以信息传播的速度也比较慢，信息覆盖的范围也很窄，当网络中传播状态节点的数量逐渐增多时，非活跃状态节点与活跃状态节点的数量急剧下降，潜伏状态节点迅速增加，并且和传播状态节点在一段时间之后达到顶峰，开始逐渐下降直至为零，而整个传播过程中，免疫状态节点的数量一直在增加，增加的速度在传播状态节点与潜伏状态节点迅速增加的同时增大，直至最后趋于 1，这说明信息传播状态达到稳定状态。

2.　初始传播状态节点的度对信息传播的影响

SEIIR 模型中的信息在潜伏状态节点、传播状态节点、免疫状态节点三类节点中进行传播，初始传播状态节点的度影响着三类节点，我们分别取 k 为 15、20、40 时，研究 k 值对节点接收信息数量的影响，如图 6-6 所示。

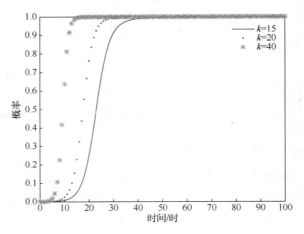

图 6-6　初始传播状态节点度值 k 对信息传播的影响

从图 6-6 中可以看出，初始传播状态节点的度与接收节点数量呈正相关关系，初始状态节点的度值越大，信息传播的速度越快，最终趋于 1，在微博网络中关注人数多的用户信息的传播速度更快。

3. 信息自身价值 r 对信息传播的影响

在 SEIIR 模型中，节点之间的状态转化概率由信息自身价值 r 和网络的平均路径长度 l 决定，在保持 l 不变时，分别取 $r=0.2$、0.5、0.8，研究信息自身价值 r 对信息传播的影响，如图 6-7 所示。

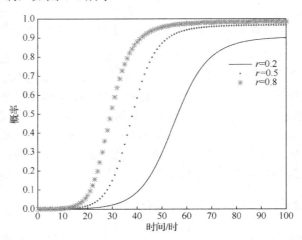

图 6-7　信息自身价值 r 对信息传播的影响

　　从图 6-7 中可以看出，信息本身的价值影响着信息传播的速度，信息本身内容重要性越大、价值越高，信息传播的速度越快，信息传播的范围越广。

　　4. 平均路径长度 l 对传播过程的影响

　　在 SEIIR 模型中，平均路径长度影响着信息传播的速度。平均路径长度越短，信息传播的速度越快，分别取 l=2、20、200，研究平均路径长度 l 对信息传播的影响，如图 6-8 所示。

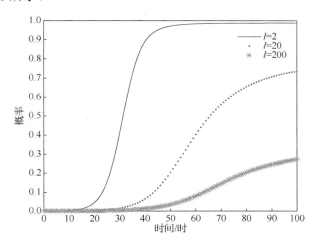

图 6-8　平均路径长度 l 对信息传播的影响

　　从图 6-8 中可以看出，随着平均路径长度的增长，信息传播的速度在减小，同时信息传播的范围也在减小，主要是因为平均路径长度改变信息传播时所需要经过的节点多少，平均路径长度短，信息传播经过的节点少，信息传播速度快。现实中的微博网络中平均路径长度较小，所以信息传播的速度较快。

　　5. 节点治愈速度 v_2、v_3 对传播过程的影响

　　在 SEIIR 模型中，用户处于潜伏状态或者传播状态时都有一定的治愈速度，该节点将会分别以 v_2、v_3 的治愈速度成为免疫状态节点而不再传播信息，我们讨论 $v_2 = v_3$ 时并且在 1/8、1/24、1/36 处对免疫状态节点的影响，如图 6-9 所示。

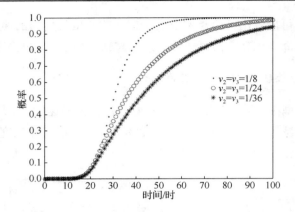

图 6-9　节点治愈速度 v_2、v_3 对免疫状态节点的影响

从图 6-9 中可以看出，治愈速度越大，从潜伏状态节点和传播状态节点转化为免疫状态节点的速度越快，成为免疫状态节点的速度越快。

从图 6-10 中可以看出，v_2, v_3 越大，信息传播的速度较慢，这是因为传播状态节点大部分转化为免疫状态节点，导致传播信息的节点数量减少，所以传播速度减慢。

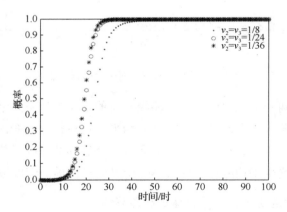

图 6-10　节点治愈速度 v_2、v_3 对信息传播速度的影响

6. 用户登录频率对传播过程的影响

在 SEIIR 模型中，从潜伏状态节点到传播状态节点的状态转换中引入了一个变量 v_1，该变量表示用户登录的频率，很明显在微博网络中用户的登录频率影响着信息的传播速度。我们分别取 $v_1 = 1/8$、$1/24$、$1/48$，观察信息的传播过程如图 6-11 所示。

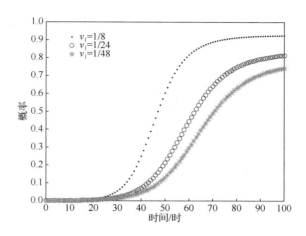

图 6-11　用户登录频率对传播过程的影响

从图 6-11 中可以看出，用户登录频率越高，也就是登录越频繁，曲线斜率越大，信息传播的速度也越快，系统达到稳定的时间也越短，也就是登录的频率影响信息传播的扩散速度。但是用户登录微博是用户个人的行为，无法从传播的角度去控制。

7. SIR 模型、SIRS 模型、SEIR 模型、SEIIR 模型的比较

大多数传播模型是在传统 SIR 模型上演化而来的，而本章在 SIR 模型等的基础上提出了 SEIIR 模型，为了能清晰地比较 SIR 模型、SIRS 模型、SEIR 模型、SEIIR 模型之间的不同并证实本章所提出的模型有所优化，做了如下仿真实验，r 分别取 0.1、0.4 时对应的仿真结果如图 6-12 和图 6-13 所示。

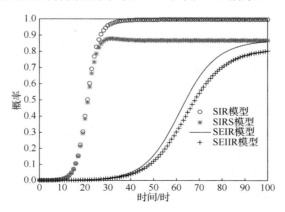

图 6-12　r 为 0.1 时 SIR 模型、SIRS 模型、SEIR 模型、SEIIR 模型的比较

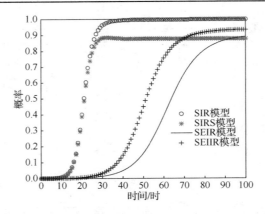

图 6-13 r 为 0.4 时 SIR 模型、SIRS 模型、SEIR 模型、SEIIR 模型的比较

从图 6-12 中可以看出，当 r =0.1 时，意味着信息没有价值，此时信息传播的速度最慢，说明 SEIIR 模型更接近真实的微博网络环境，在信息没有价值或者影响力时，信息传播速度慢。从图 6-13 中可以看出，当信息价值或者影响力大时，SEIIR 模型的传播速度快于 SEIR 模型，低于 SIR 模型、SIRS 模型，这是因为 SIR 模型、SIRS 模型是理想模型，并未考虑实际的网络环境，因此传播速度较大。

通过以上信息价值 r 对信息传播影响的比较，可以看出 SEIIR 模型更贴近实际的微博网络环境，这是由于现实微博网络中，大部分用户处于不活跃状态或者处于潜伏状态，信息的价值也并不是都相同，这有效地区分了不同信息价值时信息的传播速度。

8. 非活跃状态节点与活跃状态节点的初始比例对信息传播的影响

SEIIR 模型是基于 SEIR 模型改进的，SEIIR 模型多了一个非活跃状态来尽可能地模拟真实的微博网络结构，在实验中我们分别取 S_i / S_a =1、2、4，观察非活跃状态节点与活跃状态节点初始比例对信息传播的影响，实验结果如图 6-14 所示。

从图 6-14 中可以看出，微博中初始活跃状态的节点比例对信息的传播速度有影响，信息传播的状态到达稳定的时间也和初始比例有关系。初始状态下，微博网络中活跃状态的节点越多，信息传播的速度越快，传播到达稳定的时间也就越短，这说明在微博使用高峰期，信息传播的速度越快，信息扩散的范围越大。因此，我们想更广泛地传播信息，应该选择微博使用的高峰期阶段，在该阶段，信息传播的速度更快、范围更广，更容易达到预期效果。

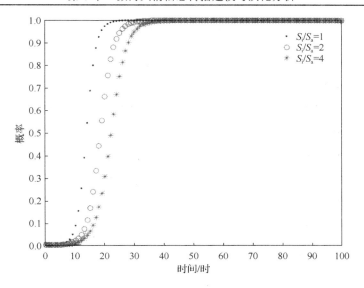

图 6-14 非活跃状态节点与活跃状态节点的初始比例对信息传播的影响

6.5 微博舆情监控策略

微博网络是人们在线交往、传播信息的重要平台，其即时快速地获得信息的功能给予了人们便捷，但同时也成为某些信息潜伏、爆发、扩散、演化并最终可能影响到社会安全的重要媒介。因此，有必要采取各种措施对微博网络中的信息传播进行有效的监控，以发挥其积极作用[14]。

1. 提高信息质量

在微博平台上，用户可以随时随地地发布消息，由此产生了海量的微博信息。用户的自身局限性使他们难以辨别所有消息的真伪，而且微博管理者也不能全面地审核、甄别信息内容，导致微博中信息质量低，成为不法分子散播谣言的主要场所。因此，各方各面要严格过滤微博消息，使微博成为人们交流互动的健康平台。

首先，对于微博服务供应商而言，应运用技术支持加强微博网络虚假消息的控制与过滤，禁止发布带有敏感文字和话题的微博消息；及时删除不良消息，并且关闭经常发布不良消息的用户账号，已被广泛转发的不良消息应给予辟谣，挽回虚假消息所造成的损失。其次，对于网络主体用户而言，应该加强自律，提高识别虚假信息的能力、社会责任感及正义感。随着网民素质的提高，他们对信息的判断与辨别能力也相对增强，在微博网络中应该号召用户群体对未经证实的信息不要轻易相信，以防对自身造成危害，更不要随便转发，避免以讹传讹。同时，用户自身应该控制自己的言行，不发布有可能造成不良影响的虚假内容，努力传播正能量，维护社会公共秩序。

2. 发挥意见领袖作用

微博中的意见领袖是指微博信息传播网络中一些拥有号召力及影响力的用户，他们的言词行为通常会得到众多用户的认可。这些意见领袖一般包括专家学者、行业典范，也包括普通群众中具有影响力的人物。微博中涌现的一些来自基层的意见领袖，因其敢于质疑、大胆发言和对公共事件的关注，拥有庞大的关注者人群，在网络中也起到了非常重要的作用。其他专家或者政府部门因本身就具有权威性，他们的言论更容易引起网民的呼应。在社交网络信息传播中存在消极舆论，诱导网友的情况，这需要意见领袖发挥自身的影响力，在交流沟通时传播正能量，引导和感染广大用户群体。

本 章 小 结

通过对在线社交网络结构的研究，发现微博网络呈现明显的小世界和无标度特性，网络中绝大多数节点只拥有少量连线，少数节点拥有大量连线，表现在现实中的效应是绝大多数微博用户是一般用户，拥有少量关注者甚至没有关注者，而一些专家学者、著名演员等拥有大量关注者，因此微博网络拥有较大的聚类系数，而平均路径长度又比较短，信息在该网络中以裂变的方式进行传播，传播速度、范围都比传统的媒体更快、更广，因此结合微博的网络结构及传统信息传播 SIS 模型、SIR 模型、SEIR 模型等提出了 SEIIR 模型，该模型更好地模拟了真实的微博网络中的用户节点，该模型提出五种节点状态，分别为非活跃状态 S_i、活跃状态 S_a、潜伏状态 E、传播状态 I、免疫状态 R，定义了节点之间状态的转化规则，并且以微分方程形式描述了微博网络中五类状态节点随时间的演化规律，反映了用户行为特征和网络参数等因素对信息传播过程的影响，并以此微分方程进行了仿真实验。通过仿真实验模拟用户行为特征和网络参数对信息传播过程的影响，得到如下结论：

1）初始传播状态节点的度影响信息传播的速度、效率。初始传播状态节点的度越大，得到信息的用户越多，信息传播的速度也越快，信息初始传播的范围也增大。因此为了扩大信息的影响，应该选择度较大的节点作为初始传播节点。

2）信息本身的价值影响着信息传播的速度、范围。当信息本身的价值大时，信息传播的速度快、范围广；反之，则速度慢、范围小。

3）网络的平均路径长度影响网络中信息传播的速度，网络的平均路径长度越小，信息传播的速度越快。在现实中的微博网络结构中，平均路径长度一般较小，所以信息传播速度较快。

4）网络的聚类系数影响信息传播的过程。网络的聚类系数越大，信息传播的速度越快，信息传播的过程也越快达到稳定。

5）信息传播的速度和用户在微博上的活跃程度有关。用户登录频率越高，信息传播的速度就会越快，网络达到稳定状态的速度也会越快，虽然如此，但是用户登录是用户自身的行为，很难去控制和改变。

6）通过 SIR 模型、SIRS 模型、SEIR 模型、SEIIR 模型的比较发现，SIR 模型是一种理想的模型，而 SEIIR 模型相对比较接近实际的网络情况。

7）微博中初始活跃状态的用户比例对信息的传播速度有影响，信息传播的状态到达稳定的时间也和初始活跃状态用户的比例有关系。在初始状态下，微博网络中活跃状态的节点越多，信息传播的速度越快，传播到达稳定的时间也就越短，这说明在微博使用高峰期，信息传播的速度会更快，信息扩散的范围也更大，因此为了更广泛地传播信息，应该选择微博使用的高峰期阶段，在该阶段，信息传播的速度更快、范围更广，更容易实现预期的效果。

参 考 文 献

[1] 丁学君. 基于 SIR 的 SNS 网络舆情话题传播模型研究[J]. 计算机仿真，2015，32（1）:241-247.

[2] 张伟. 基于复杂社会网络的网络舆情演化模型研究[D]. 哈尔滨：哈尔滨工业大学，2014.

[3] 林晓静，庄亚明，孙莉莉. 具有饱和接触率的 SEIR 网络舆情传播模型研究[J]. 情报杂志，2015，34（3）：150-155.

[4] HOLME P, KIM B J. Growing scale-free networks with tunable clustering [J]. physical review E, 2002(65): 26-107.

[5] BARRAT A, BARTHELEMM Y, VESPIGNANI A. Weighted evolving networks: coupling topology and weights dynamics[J]. Physical review letters, 2004, 92(22): 2287011-2287014.

[6] 刘建香. 复杂网络及其在国内研究进展的综述[J]. 系统科学学报，2009，17（4）：31-37.

[7] LEE K M, BRUMMITT C D, GOH K I. Threshold cascades with response heterogeneity in multiplex networks[J]. Physical review E, 2014, 90(6):062816.

[8] GOMEZ-GARDENES J, RRINARES I, ARENAS A, et al. Evolution of cooperation in multiplex networks[R]. Scientific reports, 2012, 2:620.

[9] MENICHETTI G, REMONDINI D, PANZARASA P, et al. Weighted multiplex networks[J]. Plos one, 2014, 9(6):0097857.

[10] NICOSIA V, BIANCONI G, LATORA V, et al. Growing multiplex networks[J]. Physical review letters, 2013, 111(5):058701.

[11] BOCCALETTI S, BIANCONI G, CRIADO R, et al. The structure and dynamics of multilayer networks[J]. Physics reports, 2014, 544(1):1-122.

[12] SALEHI M, SHARMA R, MARZOLLA M, et al. Spreading processes in multilayer networks[J]. IEEE transactions on network science and engineering, 2015, 2(2):2327-4697.

[13] BATTISTON F, NICOSIA V, LATORA V. Structural measures for multiplex networks[J]. Physical review E, 2014, 89(3): 032804.

[14] BAMAKAN S M H, NURGALIEV I, QU Q. Opinion leader detection: a methodological review[J]. Expert systems with applications, 2019, 115:200-222.

第 7 章　在线社交网络突发公共事件信息传播与舆情演化分析

针对传统在线社交网络上的突发公共事件传播演化模型对动态影响因素考虑不足，不能准确预测事件发展趋势的问题，本章提出了一种动态扩散网络舆情演化模型。该模型定义了信息传播参与者属性，信息在参与者与参与者之间、媒体与参与者之间按照传播动力学方程进行迭代演化，演化过程中不断动态修正传播网络，最终形成正面、积极的社会舆论，揭示了微观个体信息交互如何涌现出宏观传播舆情的内在规律，并以具体突发公共事件为例进行仿真分析。仿真结果表明，动态扩散网络舆情演化模型演化统一支持率高达 85.3%，所测定的信息传播规模、强度、进程与具体突发公共事件发展趋势相吻合，模型客观有效，为公共事件舆情引导工作提供了理论决策依据。

7.1　在线社交网络突发公共事件信息传播研究概述

在线社交网络上的突发公共事件涉及现代生活的社会、政治、经济及文化等众多领域，涵盖医疗、教育、法律、娱乐等诸多议题。所谓突发公共事件，是由社会现象触发，引发社会参与、广泛争议或质疑，形成"争议场"的突发热点事件。事件发生时，公众常因对事件相关专业知识掌握较少、信息了解不充分、认识差异大而引起剧烈反响。例如，"转基因食品该不该吃""喝茶能防癌还是致癌""房价拐点是否已到来"等事件。在此类事件中，媒体及时发声，做好舆论引导，以利于民众及时做出理性判断显得十分重要，但媒体应在何时、以何种方式施加影响才能达到最佳效果，这就有赖于深入研究突发公共事件传播特性和舆情演化规律[1-4]。

国内外研究者对该领域进行了相关研究，主要从实证研究与理论分析两个方面开展工作：实证研究主要是收集实际传播数据，分析群体网络在时域和空域上的演变规律；理论分析主要是利用复杂网络拓扑特性和传播动力学建模，通过仿真分析微观个体间的交互特性去探究宏观舆情演化规律。经典的信息传播与舆情形成模型主要采用 Sznajd 模型和 French-DeGroot 模型；Sznajd 模型是一维链上的离散观点演化模型；French-DeGroot 模型指出节点的观点可以在一个任意维度和结构的空间上延伸，观点在吸引力驱使下演化。后来一些学者在经典信息传播与舆情形成模型的基础上进行了改进研究，文献[5]在复杂网络理论的基础上，研究以指数增长形式求解网络度分布问题，推导出一个描述网络舆情拓扑的模型；文献[6]基于超边缘耦合算法与舆情事件之间的耦合关系，提出了超网络模型；文献[7]研究舆论在同质网络和异质网络中呈指数混合形式变化，间接信任促进舆论互动，建立了在线社交网络信任感知模型；文献[8]基于微分方程理论，分析微博环境中两个舆论场之间的相互作用机制，建立了社交网络群体性事件时滞演化模型；文献[9]借助于统计物理知识，建立了思想自我定位舆论演化模型；文献[10]～文献[12]利用群体成员之间的信息传播行为，同时受择优和随机作用机制的影响，构建了具有无标度特性的群体性突发事件信息传播网络模型。上述模型在一定程度上表达了意见传播和舆情形成的主要特征，但存在两个问题：①复杂网络模型和传播动力学模型被完全割裂，先构建网络模型，然后运用动力学方程进行迭代演变，演变过程中网络结构固定不变，未能体现信息传播过程中网络结构动态变化特性。②网络规模、传播速度受事件本身轰动性、群体利益相关性等因素的影响大，特别是与人们当前价值观、认知水平差异较大的事件的传播速度更快、辐射范围更广，模型中未能体现这些影响因素。为了深入研究突发公共事件信息的内在传播规律，基于前人的研究成果，本章提出了动态扩散网络舆情演化模型。

7.2　传统突发公共事件信息传播模型

7.2.1　扩散动力学模型

突发公共事件扩散网络是由相互关联的突发公共安全事件（节点）及突发公共安全事件之间的触发关系（边）形成的有向网络，事件信息以网络的形式蔓延和传播[3-5]。

用 $x_i(t)$ 表示突发公共事件系统状态值，$\tau_i(t)$ 表示事件自身脆弱性影响值，$\xi_i(t)$ 表示外力作用下系统的修复能力值，t_{ij} 表示事件扩散的时间延迟，M_{ij} 表示两事件 (i, j) 之间的关联强度，β 表示信息传播扰动系数，θ_i 表示节点 i 的函数阈值，O_i 表示节点 i 的出度值，在在线社交网络上突发公共事件的扩散满足如下关系式：

$$\frac{\mathrm{d}x_i}{\mathrm{d}t} = -\frac{x_i(t)}{\tau_i(t)} + \theta_i\left(\sum \frac{M_{ij}x_j(t-t_{ij})}{f(O_i)}\mathrm{e}^{\frac{\beta t_{ij}}{\tau}}\right) + \xi_i(t) \qquad (7-1)$$

式中，$f(O_i)$ 为突发公共事件对其他多个事件的影响分布函数，表示如下：

$$f(O_i) = \frac{aO_i}{1+bO_i} \qquad (7-2)$$

式中，a 和 b 均为常数。该模型验证了突发公共事件扩散过程是经过微小事件对可能产生联系的事件进行酝酿引发，逐渐出现扩散。

7.2.2　基于自激点过程的传播模型

　　不同类型的突发事件对不同个体的吸引力度不相等，个体本身也会受到其他个体行为的影响而改变自身的决策状态。基于自激点过程的传播模型描述了交互式突发事件话题受到的关注度随着时间推移的变化趋势，每个时刻内产生事件话题数目越多，此话题受到用户的关注度就越高。自激点过程是当前事件的发生概率依赖于以往事件的发生情况，该过程可以视为一个满足典型随机过程的泊松过程，它的特点是话题传播趋势呈幂律上升状态，某个时刻的话题强度不是一个常数，而是依赖于自身和之前的传播趋势[12]。传播过程的自激效应表示此刻话题受到的关注度（参与数）不仅依赖于事件话题影响力和个体特性，还依赖于自身及过去事件话题传播趋势的影响，也可以去影响后续事件话题的传播。自激点过程的核心思想就是一次小事件的产生将提高后续系列事件的发生概率，导致的结果是事件的发生在时间序列上呈簇状分布。

7.3　在线社交网络突发公共事件信息传播速率分析

　　在线社交网络平台在使人们充分享受网络便利的同时，也为人类带来了诸多不便和负面影响。总之，研究突发公共事件的信息扩散在当今在线社交网络平台具有非常重要的意义。近年来，国内外学者针对信息传播做了大量的研究。文献[1]基于信息分散、信息聚集、信息传递三种关系分析了信息传播网络的演变情况；文献[2]以综述形式介绍了微博信息传播的定性研究工作、微博信息传播预测的相关研究工作及微博信息传播预测研究的公开数据资源，指出对于信息传播相关知识的了解是研究工作的第一步；文献[3]提出了基于用户属性、社交关系和微博内容三类综合特征，使用机器学习的分类方法，对给定微博的用户转发行为进行预测；文献[4]利用模型状态持续时间概率为 Gamma 分布的隐半马尔可夫模型来刻画信息转发者和评论者对流行的真实信息的把关行为，以及来识别微博上流行的虚假信息；文献[5]引入了多任务学习方法，以逻辑回归预测模型作为基准算法，提出了基于多任务学习的个性化微博转发行为预测算法；文献[6]基于用户主题兴趣相关性的研究表明，用户间的主题兴趣具有三度相关性，运用 Twitter-LDA 主题模型对新浪微博数据进行了主题分析；文献[7]通过改进经典 SIR 模型，提出了一种基于实际网络舆情大数据采用神经网络的舆情传播模型参数反演算法；文献[8]将信息传播模型作为一个易受感染的流行病过程，提出的框架可用于其他疾病或信息传播模型的类似研究；文献[9]将传统的意见领袖挖掘算法结合符号网络中能够描述用户观点变化的符号关系，挖掘出更加精准有效的意见领袖；文献[10]利用估计的扩散连接和局部观测的卡尔曼（Kalman）方法，进一步提高了预测误差。

文献[3]~文献[10]用一些已有的方法或者模型进行信息传播的研究，有较好的结合性，但大部分研究存在误差较大的问题，于是大部分学者开始通过数学建模进行传播研究。文献[11]利用 Ego Network 模型、动态微博相似度计算及动态交互相关性计算方法提出了新颖的微博特定用户的相似用户发现方法；文献[12]提出了一种结合用户去重、垃圾用户滤除和概率阅读的传播模型；文献[13]利用线性常微分方程，在社交网络中捕捉信息传播的时间演化过程，并提出了一种能显示用户影响力和时间行动所产生的承载力的模型；文献[14]提出了一种新的基于信息的嵌入扩散预测（information-dependent embedding based diffusion prediction，IEDP）模型，用于将观测到的扩散过程中的用户映射到潜在的嵌入空间；文献[15]通过对社交互动的四大属性，包括熟悉度、主动性、相似性和可信度方面的考虑，提出了一种基于社交互动的快速模型；文献[16]利用水动力学模型来描述在线社交网络中信息的传播过程，结果具有较高精度；文献[17]提出了一种 DL 方程，用来模拟信息扩散的时间和空间特征；文献[18]基于 Digg 数据集用一种线性扩散模型对多源信息扩散进行了预测；文献[19]通过构建异质的时间间隔序列，将微博信息传播动力学过程在无标度网络上仿真，提出了具有时间异质性的 SI（susceptible-infected，易感-已感染）传播模型。文献[11]~文献[19]用数学建模的方法与信息传播相结合进行研究，针对性强，结合度高，预测结果误差低、精度高。同时，通过模型来进行信息传播的预测也带来了一些研究热点。文献[20]融合上游用户特征、微博特征、转发用户兴趣和历史行为特征，提出了基于分类模型的转发行为预测方法；文献[21]根据历史行为和内容相关性来估算一名直接关注者的转发意愿，并利用其影响力来估算间接关注者转发量，最后提出了一个符合转发传播过程的转发量预测模型；文献[22]提出了一种用以预测课题发展趋势的模型。以上研究包括数学建模研究、预测研究等，多数涉及的内容与信息传播速率有关，但针对信息传播速率预测的研究很少。基于上述国内外研究可以看出，近年来社交网络发展迅速，不但社会大众加入其中进行日常人际交流，而且国内外众多学者也参与其中进行相关研究，并且取得了诸多研究成果。本章将基于线性常微分方程，针对不同时刻新闻或信息的传播速率，提出一种在线社交网络平台传播速率的模型研究，为广告的精准投放及新闻或信息的及时推送提供参考。

7.3.1　数据选取

本章数据来自 Digg 社交新闻网站，选取 Digg 社交新闻网站的数据进行分析是因为其是当下流行的新闻聚集网站之一。用户可以将在专业新闻网站和博客中找到的新闻报道链接提交给 Digg 社交新闻网站，并对提交的新闻进行投票和评论。其中，第一个把消息带到 Digg 社交新闻网站的用户被称为发起者或源头用户。在 Digg 社交新闻网站中有两种信息传播方式：第一种是用户可以看到他的被关注者提交的消息并据此投票给这则新闻，在用户投票后，这个用户的关注者也能看到这则新闻并进行投票；第二种是一旦新闻被提升到头版，无论直接关注者还是间接关注者，都能够查看消息并根据自己的意愿进行投票。因此，Digg 社交新闻网站是一个可以研究随机传播对信息传播过程的影响的平台。

　　本章所选用数据集来自网络提供的 Digg 社交新闻网站开源数据，该数据集包含了 1 251 则新闻，这些新闻总共收到了超过 104 万的投票，涉及 89 643 个用户。

　　由图 7-1 可知，新闻信息在 Digg 社交新闻网站上的传播过程，一则新的新闻信息由信源发出，被信源用户的关注者看到并根据意愿进行投票，这类用户在投票后，他的关注者也能看到其投票的这则新闻并跟着投票，以此类推，由此实现一则新闻信息的快速传播[23]。

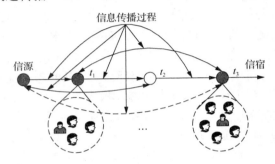

图 7-1　Digg 社交新闻网站传播结构示意图

7.3.2　数据分析

　　为了观察一则新闻信息在发出后，根据票数的变化所得到受影响的用户的数量变化情况，在数据集的 1 251 个新闻故事中随机选取两个，对受影响的用户随时间的变化进行绘图分析，如图 7-2 所示。

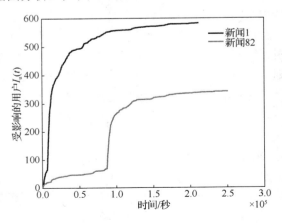

图 7-2　新闻传播示意图

由图 7-2 可以看出，新闻 1 在发出后得到用户的迅速响应并投票，受影响用户的数量呈现指数式增长，最后达到一个稳定增长的阶段，但仔细观察也能发现在增长的阶段有一个拐点，这个点是该则新闻被提到了头版的象征。而新闻 82 发出后受影响的用户数量先平稳增长，然后迅速增长最终达到平稳，这个新闻中的拐点比较明显，说明该则新闻进入头版之前等待的时间比较久，在进入头版之后，大量用户为其投票，受影响用户数量增长迅速[24]。

下面将对数据集中所涉及的 68 240 个用户所投的 104 多万票进行分析，用此数据来判断 Digg 社交新闻网站用户投票的有效性，如图 7-3 所示。

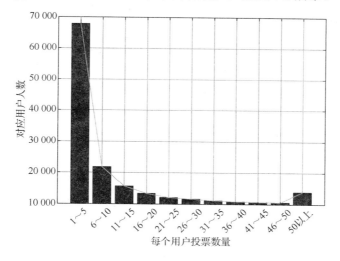

图 7-3　用户投票数统计图

由图 7-3 可以看出，用户投票呈递减趋势，且投票在 1～5 票的用户最多。经过统计发现，有 84%的用户对不同新闻的总投票数在 1～15 票，而投票超过 50 票的用户比例仅占 4.3%。由此数据可以看出，Digg 社交新闻网站的数据准确性很高，基本不存在用户刷票的可能。故图 7-3 证明 Digg 社交新闻网站是一个公平、公正，用户凭个人意愿投票的平台，利用该平台分析新闻信息传播速率可获得更加准确的结果。

7.3.3　改进的传播速率 PPS①模型

为了更好地分析新闻信息的传播速率,本章选取 Digg 社交新闻网站的一则新闻来研究传播速率与用户量之间的关系。

用 I_u 表示每则新闻中受影响的用户数量，$dI_u(t)/dt$ 表示在 t 时刻受影响用户

---

① PPS 即微粒传播速度（particle propagation speed），这里 PPS 是为提出的模型定义的一个代号。

的增长率（也就是传播速率），这是本章主要分析的因素，而与 $dI_u(t)/dt$ 相关的几个因子分别为受影响用户的固有增长率 gr、用户的承载力 K。受影响的用户的固有增长率 gr 代表一则新闻在公开之后，在不受外界因素的影响下，为其投票的用户的增长率，而用户的承载力 K 作为一个指标用来衡量新闻在受到外界因素（如进入头版后）影响后的改变。随着时间的迁移，受影响的用户的固有增长率是逐渐递减的，用与 e 相关的递减函数来表示固有增长率 gr 的变化[25]，可得

$$gr(t) = 1.5e^{-1.5(t-1)} + \omega \qquad (7-3)$$

式中，ω 为调控参数，根据总投票量的不同，调控参数会取不同的值。通过分析大量数据，得到的二者之间的关系是：总投票量越大，调控参数越小。

而关于用户的承载力 K，这个参数也会随着受影响的用户数的变化而变化，在一则新闻进入头版后，其承载力会变大；而当受影响的用户数量增大时，承载力也会变大。本章制定用户承载力的变化方式如下：最初承载力用 K_1 表示，新闻进入头版后的承载力用 K_2 表示，最后达到稳定状态时的承载力用 K_3 表示，而在各个状态转换的过程中承载力也不是立刻由 K_1 转换到 K_2 再到 K_3，而是与受影响用户 I_u 的变化有关，具体转换过程见图 7-4。

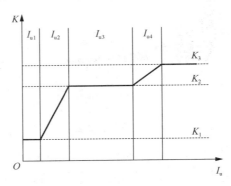

图 7-4　承载力系数变化关系

由此得到 K 的函数拟合公式为

$$K(I_u) = \begin{cases} K_1, & I_u(t) \leqslant I_{u1} \\ \dfrac{K_2 - K_1}{I_{u2} - I_{u1}}[I_u(t) - I_{u1}] + K_1, & I_{u1} < I_u(t) \leqslant I_{u2} \\ K_2, & I_{u2} < I_u(t) \leqslant I_{u3} \\ \dfrac{K_3 - K_2}{I_{u4} - I_{u3}}[I_u(t) - I_{u3}] + K_2, & I_{u3} < I_u(t) \leqslant I_{u4} \\ K_3, & I_u(t) > I_{u4} \end{cases} \qquad (7-4)$$

对于 $K(I_u)$ 值的选取主要考虑进入头版时受影响的用户数量达到多少，以及

受影响的用户数量达到多少可以进入平稳状态。对 1 251 则新闻的投票量进行分类，并统计各种状态下的受影响的用户数量的边界值来得到 $K(I_u)$ 的各个指标，取值情况如表 7-1 所示[26]。

表 7-1　用户承载力参数范围表

受影响的用户数量（票数）	I_{u1}	I_{u2}	I_{u3}	I_{u4}	K_1	K_2	K_3
$0 < I_u(t) \leqslant 1\,000$	40～90	$25\%I_u(t)$	$55\%I_u(t)$	$I_u(t)$	40～90	$60\%I_u(t)$	$I_u(t)$
$1\,000 < I_u(t) \leqslant 2\,000$	90～100	$25\%I_u(t)$	$50\%I_u(t)$	$I_u(t)$	90～100	$62\%I_u(t)$	$I_u(t)$
$2\,000 < I_u(t) \leqslant 3\,000$	100～110	$25\%I_u(t)$	$48\%I_u(t)$	$I_u(t)$	100～110	$64\%I_u(t)$	$I_u(t)$
$3\,000 < I_u(t) \leqslant 4\,000$	100～110	$25\%I_u(t)$	$46\%I_u(t)$	$I_u(t)$	100～110	$62\%I_u(t)$	$I_u(t)$
$4\,000 < I_u(t) \leqslant 5\,000$	110～150	$25\%I_u(t)$	$46\%I_u(t)$	$I_u(t)$	110～150	$62\%I_u(t)$	$I_u(t)$
$5\,000 < I_u(t)$	150～650	$25\%I_u(t)$	$\leqslant 46\%I_u(t)$	$I_u(t)$	150～300	$\leqslant 62\%I_u(t)$	$I_u(t)$

受影响的用户在时间 t 上用 $I_u(t)$ 表示，增长过程用受影响用户的固有增长率 gr、用户的承载力 K 来拟合，最后被定义为

$$V_{\text{model}} = \text{gr} \times I_u(t) \times \left[1 - \frac{I_u(t)}{K(I_u)}\right] \qquad (7\text{-}5)$$

式中，传播速率 V_{model} 为

$$V_{\text{model}} = \frac{\mathrm{d}I_u(t)}{\mathrm{d}t} \qquad (7\text{-}6)$$

式（7-5）和式（7-6）主要为通过各种因素来预测一则新闻进入头版，再从头版出来的过程中所涉及的投票用户的增加速率。而运用真实数据计算的投票用户增加速率公式为

$$V_{\text{real}} = \frac{\mathrm{d}I_u(t)}{\mathrm{d}t} = \frac{I_u(t + \Delta t) - I_u(t - \Delta t)}{2\Delta t} \qquad (7\text{-}7)$$

在对真实数据进行传播速率计算时，由于时间在快速增长期过于密集，故对于整条数据进行一次筛选。筛选规则是，取到第一个数据点后，在时间间隔大于 500 秒处取第二个点，以此类推，并通过编写核心代码实现，具体如下：

```
i = 1;
k = 2;
data(1, :)= storyID(1, :);
while i<size(storyID, 1)
    for j=(i+1):size(storyID, 1)
        if storyID (j, 1)-storyID (i, 1)>=500
            data(k, :)= storyID (j, :);
            k = k+1;
            i = j;
            break;
```

```
          end
        end
      end
```

对计算出的传播速率进行模型传播速率 V_{model} 与 V_{real} 的准确率分析,利用式(7-8)和式(7-9)进行计算并进行分析。

$$\delta = 1 - \frac{\left|V_{\text{model}} - V_{\text{real}}\right|}{V_{\text{real}}} \tag{7-8}$$

$$\overline{\delta} = \frac{\delta_1 + \delta_2 + \mathbf{L} + \delta_n}{n} \tag{7-9}$$

7.3.4 仿真分析

在数据集中的 1 251 则新闻中,不同票数范围的新闻数统计如表 7-2 所示。

表 7-2 不同票数范围的新闻数统计

票数范围	0~1 000/票	1 001~2 000/票	2 001~3 000/票	3 001~4 000/票	4 001~6 000/票
新闻数/则	1 000	145	61	21	24

可以看出,大部分新闻的投票数在 1 000 票以下,超过 4 000 票的新闻篇数仅占该数据集的 2%不到。故针对仿真分析,本章将从票数范围在 0~1 000 票的新闻中随机选择两则新闻进行仿真分析,余下四个票数范围的新闻中各选择一则新闻信息进行分析。

由图 7-5 可以看出,一则新闻在刊发之后经过缓慢上升,进入头版后激增,慢慢地达到一个平稳的状态。图 7-5(c)和(d)是对应新闻的传播速率随受影响用户增加的趋势变化,可以清晰地看出新闻进入头版前的速率变化,以及进入头版之后的速率急速上升,最后退出头版,到很少人关注该新闻,导致其速率缓慢下降最后到达最小值的过程。由图 7-5 可以看出,模型预测与真实数据计算得到的结果基本吻合。

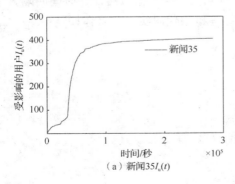
(a) 新闻35 $I_u(t)$

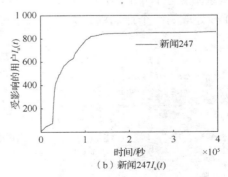
(b) 新闻247 $I_u(t)$

图 7-5 票数范围在 0~1 000 票的新闻的传播分析图

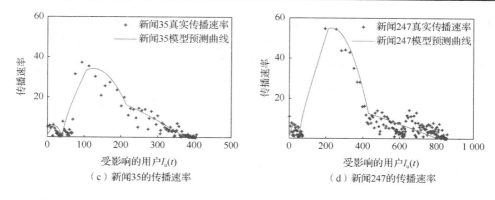

（c）新闻35的传播速率　　　　（d）新闻247的传播速率

图 7-5（续）

　　图 7-6（a）和（b）分别是票数范围在 1 001～2 000 票的新闻和 2 001～3 000 票的新闻的受影响的用户随时间的变化。从中可以清晰地看出，存在增长期、激增期及稳定期。图 7-6（c）和（d）是受影响的用户与对应的传播速率的指数，可以明显看出图 7-6（d）的准确率较图 7-6（c）有明显下降。

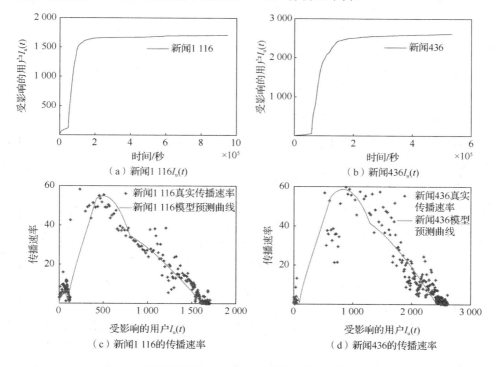

（a）新闻1 116$I_u(t)$　　　　（b）新闻436$I_u(t)$

（c）新闻1 116的传播速率　　　　（d）新闻436的传播速率

图 7-6　票数范围在 1 001～3 000 票的新闻的传播分析图

　　图 7-7 是两则投票数较高的新闻的传播分析图。由图 7-7（b）可以看出，这则新闻在经历了很短一段时间的缓慢增长后就进入了头版，到达了激增期，最后

到达平稳期。由图 7-7（c）和（d）可以看出，右边的点很稠密，是因为激增期时间短，且投票量多，所以数据较大，后期可近似看作重尾分布。由图 7-7 可以明显看出，真实数据与模型曲线较之前的数据存在较大误差。

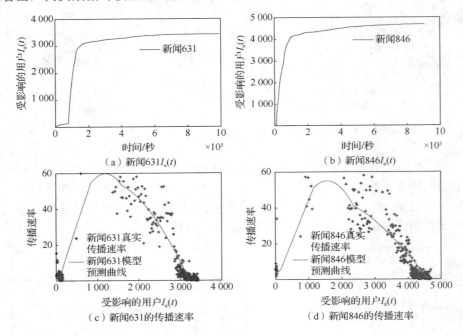

图 7-7　票数范围在 3 000～6 000 票新闻的传播分析图

对所选的六个新闻故事，通过与真实数据、其他模型算法做准确率对比得到图 7-8。

由图 7-8 可以看出，在对固有增长率 gr 及用户承载力 K 的计算方法进行数据分析改进之后，得到的模型结果的准确率较之前的方法有了明显的提高。

在对国内外的在线社交网络平台研究现状进行分析后，本节针对在线社交网络突发公共事件信息传播速率进行了研究，发现国内外关于在线社交网络突发公共事件信息传播速率的研究较少，在少数的传统模型中关于在线社交网络突发公共事件信息传播速率相关因素的描述不准确，且计算方式存在一定问题。对此，本节分析了大量社交网络平台上的数据，对固有增长率及用户承载力两个指标提出了新的计算方式，并得到了不同投票范围的取值方式，构建了 PPS 信息传播速率模型，最后在不同票数范围内选取六个突发公共事件信息（新闻）进行仿真分析，根据仿真图可以看出，模型预测与真实传播速率有较高的重合性。对准确率计算分析后，观察到本节模型较之前的模型算法有较大提高，证明本节模型有较高的准确性，但因为在线社交网络平台的随机性，在分析一些特殊的新闻时，可能会出现误差较大的情况，故下一步将通过分析不同用户的自身意愿来判断是否会在预计时间内进行投票，用以分析更加准确的传播速率。

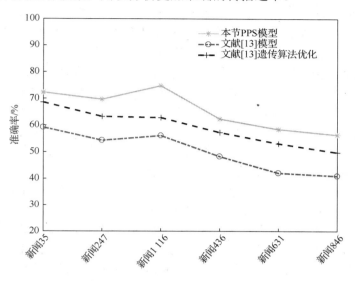

图 7-8　各模型算法间准确率对比图

7.4　动态扩散网络舆情演化模型设计

　　网络舆情演化是一个多主体协同的过程，具有小世界性、幂律分布特性和意见领袖特性等。网络舆情演化并不是一个简单的单向线性过程，具有复杂性和动态性，其中交织着网络空间中由各行为主体之间的交互所引发的网络舆情观点聚合和网络舆情信息扩散两种行为，它们相互融合、相互作用，以一种混合连接的形态塑造了网络舆情演化的结构秩序[13]，这就为网络舆情演化模型的构建奠定了理论基础。将突发公共事件中的人抽象为个体形成动态扩散网络，由事件信息传播关系和发展趋势生成舆情演化原型，这两个功能模块的有机结合构成了动态扩散网络舆情演化模型。

　　在线社交网络上信息传播和网络舆情演化计算的一个重要研究方法是从微观个体进行建模，通过仿真个体间的行为和关系的变化来研究宏观上的网络结构和中观上的网络群体等的演化规律与内在机理，揭示网络中的关系结构、网络群体、网络信息之间的复杂交互关系和互动规律。

　　针对突发公共事件的信息传播，传播主体是网络系统中的个体，传播客体是具有一定观点倾向的信息。对微观态个体进行深入分析，提取影响信息传播和观点变化的观点值、影响力、利益相关度、从众性、亲密度五个属性特征，以此为基础构建动态扩散网络舆情演化模型。观点值刻画了个体对事件信息所持的态度，是信息传播和舆情演化计算的基础，同时也是演化计算的结果。影响力描述个体的社会地位，因为不同社会地位的个体具有不同的话语权，往往影响力高的个体对信息扩散和舆情演化具有更多的主导作用。利益相关度从个人情感角度体现事件信息满足个体需要的程度，一般来说，如果事件信息与传播主体利益息息相关，主体就会积极、主动、频繁地进行信息传播；反之，如果事件信息与传播主体毫无关系，主体只会消极、被动、偶尔地进行信息传播。从众性描述社交网络中的雪崩现象，个体为了防止因孤立而受到社会惩罚，在表明自己的观点之前先观察周围的意见环境，当发现自己属于"多数"或"优势"意见时，便倾向于积极大胆地表明自己的观点；当发觉自己属于"少数"或"劣势"意见时，会屈于环境压力而转向沉默或附和。亲密度用于刻画信息传播中的群体效应，如家人群、同学群等，个体更愿意相信与自己亲近的人传播的信息[27]。

　　社会个体通过各种连接关系在网络上构成关系结构，形成虚拟社区，基于此种关系结构，突发公共事件信息得以快速发布并传播扩散形成社会化媒体，并反馈到现实社会，对现实世界产生影响。信息传播和交互过程通过舆情演化模型进行诠释，借助于传播动力学机制揭示微观网络节点与宏观舆情演化规律之间的关系。动态扩散网络结构会影响舆情演化的进程，同时舆情演化的结果又会促使网络结构的进一步更新，二者同步演化，协同推进，如图 7-9 所示。

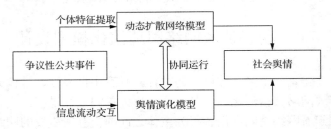

图 7-9　动态扩散网络舆情演化模型结构图

7.4.1　个体特征分析

　　个体是指处在一定社会关系中的人及其拥有的社交网络平台账号的总称，个体之间存在着信息交互关系。信息交互过程受个体自身特征的影响，其基本特征包括受教育程度、社会地位、人际关系和意见倾向等。本节提取与舆情演化相关的几个特性[28]，具体如下。

　　1. 观点值

　　行为人对突发公共事件信息所表达的信念、态度、意见和情绪等的总和，统一用观点值进行量化，信息传播过程实际上就是向别人表达自己观点值的过程。每个节点都有一个观点值，这是演化模型的基础，每一个节点随着时间的推移总是不断地与邻居节点进行交互，按照一定规则更新自身观点值。不同节点观点值差异可能很大，为了方便研究，将节点观点值进行归一化处理，取值范围为连续区间[0,1]，其中[0,0.33)表示节点持反对意见，[0.33,0.66)表示节点持中立意见，[0.66,1]表示节点持支持意见。特别地，观点值为 0 表示坚决反对，0.5 表示中立，1 表示高度支持。

2. 影响力

根据传播学基础理论，信息传播网络存在服从权威现象，权威的大小正比于节点的度，因此节点 i 的影响力定义如下：

$$\text{Force}_i = \sqrt{\frac{d_i}{d_{\max}}} \qquad (7\text{-}10)$$

式中，d_i 为节点 i 的度；$d_{\max}$ 为所有节点度的最大值；Force_i 的取值范围为连续区间[0,1]。

3. 利益相关度

个体在公共事件中的反响差异很大，涉及自身利益的个体，信息交流和传播的欲望强烈，反之则表现出漠不关心的态度，一般不主动发表自己的意见。利益相关度可用来度量这一特征，其取值范围为连续区间[0,1]。

4. 从众性

从众性是指当个体受到群体的影响，会怀疑并改变自己的观点、判断和行为，朝着与群体中大多数人一致的方向变化。从众性与个体学历、知识、经验等因素有关，从众性小的人，往往有自己的见解，受他人观点的影响较小，反之则影响较大。从众性指标取值范围为连续区间[0,1]。

5. 亲密度

在人际交往活动中，亲密度是指两个个体在相当长时间内互动的频繁程度，影响着人们的认识活动。一般来说，个体间关系越亲密，越愿意接受他人的意见，反之对他人的观点容易持怀疑态度。亲密度取值范围为连续区间[0,1]。

7.4.2　动态扩散网络模型

为了描述个体间的交互特性，以个体为节点、节点间相互连接为边构建一个无向权值网络图，初始时刻网络规模很小，随着时间的推移，网络规模慢慢扩大，最后逐渐形成一个稳定的信息传播网络，称为动态扩散网络，即

$$G = (V, E, W) \qquad (7\text{-}11)$$

式中，V 为网络节点集合，节点包括观点值、影响力、利益相关度、从众性属性，节点数量表示个体的数量；E 为连接节点之间的边集合，表示个体间可能存在传

播途径；W 为边上权值，表示个体间的亲密度值。

公共事件发生时，只有当事人和目击者个体能够获知事件信息，他们构成动态扩散网络的初始节点，节点数量为 V_0，这些个体间的交互关系构成网络的初始边，边的数量为 E_0。接下来，事件信息在上述个体各自的人际关系网络里传播扩散，传播强度与事件影响面有关，用影响面系数 r 表示。扩散传播导致不断有新节点加入并更新网络，随着时间的推移，信息得到充分传播，网络逐渐收敛，网络节点数趋于一个定值 K，K 等于事件影响区域的人口总数量 N 和影响面系数 r 的乘积，即 $K = rN$。t 时刻网络节点数量满足如下关系式：

$$V_t = \frac{KV_0 \mathrm{e}^{rt}}{K + V_0(\mathrm{e}^{rt} - 1)} \qquad (7\text{-}12)$$

t 时刻新增加的网络节点数量为 N_v，即 $N_v = V_t - V_{t-1}$，每一个新增节点 i 选择一个原有节点 j 建立连接并继承其部分观点值，节点 j 被选中的概率正比于节点 j 的影响力。网络节点变化趋势如图 7-10 所示。

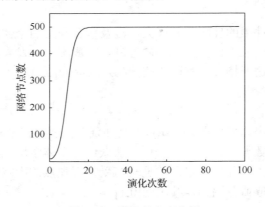

图 7-10　网络节点变化图

由图 7-10 可见，初始传播阶段，网络呈指数级增长，当达到一定极限后趋于平稳，信息只在一个比较稳定的区域内交互和流动。

Logistic 函数在生态学和流行病学中应用广泛，如描述一个物种迁入一个新生态系统后，其数量变化情况，它是描述在资源有限的条件下种群增长规律的一个最佳数学模型。突发公共事件信息在预期人群中扩散传播规律与物种迁入新生态系统后数量变化情况存在高度相似性，信息知情者人数在起初阶段按指数增长；然后开始变得饱和，增速变慢；最后，信息传播达到一定广度和深度后停止增长。因此，本章借鉴 Logistic 函数来刻画动态扩散网络节点增长过程，即突发公共事件信息覆盖面的延展过程。

动态扩散网络构建算法如下。

1）生成具有 V_0 个节点的全连接初始网络，并初始化各节点的观点值，表示事件发生时刻当事人和目击者的状态。

　　2）信息扩散导致网络结构更新。根据式（7-11）和式（7-12）计算出新增网络节点数 $N_v(t)$，随机选取 m 个活跃节点作为信息传播发送节点，m 属于 $[1, N_v(t)]$ 上的随机整数，然后从这 m 个节点派生出 $N_v(t)$ 个新增网络节点，即信息接收节点，在活跃节点和派生节点间建立连边。同时在 m 个派生节点与网络原有节点间建立 mk 条随机连边，k 为当前网络平均度。

　　3）节点信息交互导致网络结构更新。为了刻画网络个体的聚团效应和群体效应，同时体现社交网络上的服从权威和意见领袖现象，在每一个网络节点完成信息交互后，依概率 β 断开邻居节点中影响力最小的节点，重新连接至它所有的一级邻居节点（节点的邻居节点）和二级邻居节点（节点的邻居的邻居节点）中影响力最大的节点上，实现网络结构动态演化。

　　动态扩散网络构建算法流程图如图 7-11 所示。

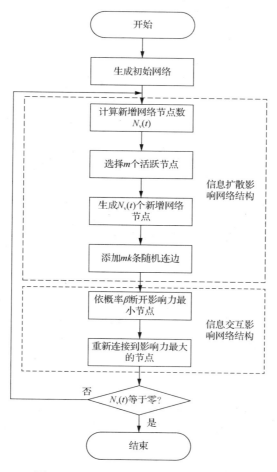

图 7-11　动态扩散网络构建算法流程图

7.4.3 舆情演化模型

在社会生活中，意见分歧无处不在、无时不有，通常人们期望通过意见各方的交流来缓和及化解分歧。为了描述这种现象，本节建立突发公共事件舆情演化动力学模型，以揭示网络中内在信息传播和节点观点值变化的规律。

1. 网络节点观点值的变化

舆情演化模型中，节点观点值受邻居节点和媒体宣传两个方面的影响。邻居节点通过节点间的交互规则产生作用，而媒体宣传可视为独立的特殊意见领袖，通过媒体作用规则影响所覆盖的个体。

个体间信息交流和观点讨论需要基于一定的条件，即意见分歧不能太大，否则就失去了交流和讨论的基础[29]。如果节点 i 与邻居节点 j 之间存在边 e_{ij} 且观点值之差小于一定的交互阈值 ε_1，则按下列交互规则生成对节点 i 的邻居影响力：

$$N\_\mathrm{Impact}_i(t) = \frac{\sum\limits_{j:|O_j(t)-O_i(t)|<\varepsilon_1} (O_j(t)-O_i(t)) \times F_j \times B_i \times C_i \times \mathrm{Fam}_{ij}}{\sum\limits_{j:|O_j(t)-O_i(t)|<\varepsilon_1} e_{ij}} \tag{7-13}$$

式中，$N\_\mathrm{Impact}_i(t)$ 为 t 时刻邻居节点对节点 i 的影响力，它是邻居节点 j 与节点 i 在 t 时刻的观点值之差 $[O_j(t)-O_i(t)]$ 与节点 j 的影响力（F_j）、节点 i 的利益相关度系数（B_i）、节点 i 的从众性系数（C_i）和它们之间亲密度系数（Fam_{ij}）的乘积，再对其取算术平均值。

媒体宣传根据媒体观点值、公信力、覆盖面、报道频率等因素对个体产生影响[30]，如果媒体宣传观点过于超前，远远超出现阶段人们的认知水平，往往较难被公众接受，只有当媒体观点与个体观点差值小于一定的传播阈值 ε_2 时，才能发挥媒体引导作用。如果 t 时刻媒体宣传观点值为 $O_\mathrm{m}(t)$，节点 i 处于媒体覆盖范围内且 $|O_\mathrm{m}(t)-O_i(t)|<\varepsilon_2$，则媒体对网络节点 i 的影响值表示如下：

$$M\_\mathrm{Impact}_i(t) = (O_\mathrm{m}(t)-O_i(t))M_\mathrm{f}B_iC_i \tag{7-14}$$

式中，$M\_\mathrm{Impact}_i(t)$ 为媒体对节点 i 的影响值，等于媒体观点值与节点 i 的观点值之差 $[O_\mathrm{m}(t)-O_i(t)]$ 和媒体公信力（M_f）、节点 i 的利益相关度系数（B_i）、节点 i 的从众性系数（C_i）的乘积。

信息传播初始阶段，网络节点数量小，信息流动以自发扩散为主，节点间信息交互及媒体影响非常有限，随着网络节点不断增加，上述两种影响力对节点观点值的改变起决定作用，为描述这种现象，引入网络饱和度系数 β_t，β_t 为 t 时刻网络节点数量与网络收敛后节点数量的比值，即 $\beta_t = V_t/K$。因此，$t+1$ 时刻节点 i 的观点值更新规则可表示如下：

$$O_i(t+1) = O_i(t) + \beta_t[N\_\mathrm{Impact}_i(t) + M\_\mathrm{Impact}_i(t)] \tag{7-15}$$

由式（7-15）可知，节点随着时间的推移总是不断地影响着邻居节点观点值，同时也根据邻居节点观点值、媒体宣传观点值和上一时刻的观点值来更新自身观点值。节点观点值演化的本质就是基于交互规则和媒体传播规则的节点观点值的迭代过程。

2. 网络中边的变化

在信息传播过程中，没有信息交互的个体间可能会建立起直接传播途径，存在交互的个体间也可能由于观点分歧的加大而断绝交流关系。这种现象体现在网络模型中为边的增加、减少和重连。

在每一轮演变迭代过程中，在网络聚类系数未超过一定上限时，以概率 p 随机选择少量节点生成网络边，概率 p 正比于节点的度，边的构建方法服从 Holme 和 Kim 提出的三角构成规则，即假如节点 i 与节点 w 之间已经存在连接，则从节点 w 的邻居节点集合中随机选取一个节点 j，连接节点 i 和节点 j，构成这条边。与此同时，随机选取少量观点分歧大且亲密度小的节点对，删除它们之间的边，重连到其他节点，使其进行更多的信息交流。

7.5　舆情仿真分析

以"于欢案"为例，仿真在某一地区信息扩散传播的过程，并测试媒体不同时间介入及采取不同引导策略对舆情形成的影响，从而验证模型的有效性。为了验证信息传播与舆情演化模型的有效性和可靠性，根据真实发生的"于欢案"事件开展仿真实验。"于欢案"由 2016 年 4 月 14 日一场因不堪母亲受辱而将人刺死的案件引起。2017 年 3 月 24 日，《南方周末》以"刺死辱母者"为题报道此案，随即在社交网络上引起了一场有关犯罪与伦理的广泛讨论。本节通过梳理舆论发展历程及原因，探讨主流媒体的介入时间点和效果，为舆论引导理念和策略提供参考。"于欢案"是一次较为成功的新媒体时代舆论引导实践，此次舆论之火在 10 天之内从点燃到变缓和，是事件进程本身、网民情绪消解与新媒体焦点更迭多方面合力的结果。

7.5.1　信息传播对网络结构的影响

由式（7-6）、式（7-7）和流程图 7-11 可知，突发公共事件信息传播会导致动态扩散网络结构的改变和更新。为了深入分析网络结构演化的规律，下面开展仿真实验，网络结构仿真参数如表 7-3 所示。

表 7-3　网络结构仿真参数

参数名称	参数值	说明
N	1 000	事件影响区域的人口总数量
r	0.5	事件影响面系数
V_0	5	初始节点数量
β	0.3	边的重连概率

动态扩散网络结构随着舆情演化的进行不断改变，如图 7-12 所示，横轴为演化天数，纵轴为新增节点、信息交互节点占网络当前总节点数的比例。由仿真结果可看出，网络结构前期主要受信息扩散的影响，网络节点迅速增加，在 $t=7$ 处达到峰值，之后增速放缓，当 $t>15$ 时，网络规模停止增长，趋于稳定。如图 7-12 中 A 部分所示，网络结构变化主要体现为网络规模的增大，信息覆盖面的拓宽。后期主要受节点间信息交互和边的重连影响，如图 7-12 中 B 部分所示，节点趋向于与网络中度大的节点相连。演化结果使网络呈现高度异质性和无标度性。

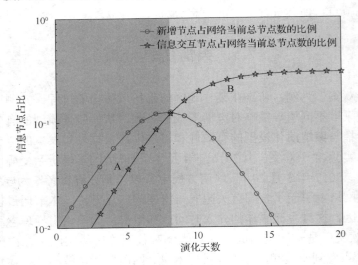

图 7-12　网络结构影响因素对比图

7.5.2　舆情演化分析

网络舆论的变化有多种因素，其中积极的舆论引导可以加快事件解决的进程，营造积极的社会情绪氛围，本节详细分析了舆论引导工作的介入策略和效果。舆情演化仿真参数如表 7-4 所示。

表 7-4　舆情演化仿真参数

参数名称	数值	含义
总人数	1 000	地区总人数
爆炸性	0.5	事件轰动性系数
总人数初值	10	事件经历者人数
支持者初值	3	持支持观点人数
反对者初值	4	持反对观点人数
中立者初值	3	持中立观点人数
阈值	40%	交互阈值
系数	0.1	聚类系数
媒体影响力	0.7	媒体公信力
范围	33%	媒体覆盖范围
步进	3	媒体宣传频次

1. 信息传播急增期仿真

将媒体观点值分别设置为无影响、0.5（反对）、2.5（支持）进行 3 次演化实验，演化 20 次时，传播参与人数达 498 人，网络逐渐趋于稳定，实验结果如表 7-5 和图 7-13 所示。

表 7-5　观点人数对比表

观点人数	媒体观点值		
	无影响	0.5（反对）	2.5（支持）
支持	94	65	72
反对	163	187	186
中立	241	246	240

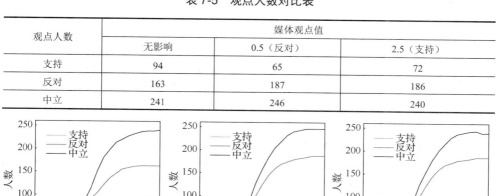

（a）媒体观点值无影响　　　（b）媒体观点值为0.5　　　（c）媒体观点值为2.5

图 7-13　急增期媒体观点值影响

由图 7-13 可知，急增期信息自发传播，噪声和谣言较多，不确定因素大，媒体作用不明显。本阶段主要依赖于权威机构公布更多的事件细节，普及相关专业知识，才能帮助公众更加理性地看待事件。"于欢案"进入公众视野后，前期由于信息不够充分，事件迅速引起巨大争议，以至于有人说，"评论太多了，事实不够用了"。缺乏事实支撑的舆论轰鸣，只能让原本并不复杂的刑事案件变得模糊。

2. 信息传播平稳期仿真

经过急增期的传播，事件信息得以快速扩散，网络信息节点数量逐渐收敛，进入平稳期。在此期间，网络节点间进行大量的交互，媒体观点产生积极的影响，节点观点值在邻居节点和媒体宣传双重作用下进行演变。为了使媒体作用最大化，尽早形成正面的社会舆论，媒体可采取不同的宣传策略。

（1）高压式宣传

直接宣传极端支持观点，将媒体观点值设置为 3，演化至 700 次，效果如图 7-14 所示。

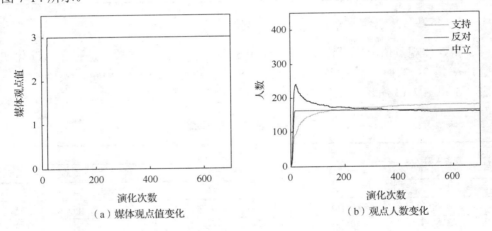

（a）媒体观点值变化　　　　　（b）观点人数变化

图 7-14　高压式宣传下各观点人数变化

从图 7-14 可以看出，持支持、反对和中立观点的人数分别为 179 人、163 人、158 人，虽然支持人数略有提高，但反对人数并没有下降。媒体宣传观点为极端支持，思想过于超前，与普通民众认识基础的差距太大，导致媒体观点无法被大多数人接受和认可，宣传效果不佳。

（2）递进式宣传

媒体宣传比较中立的观点，普及相关专业背景知识，分析事件背后的客观原因、客观条件，引导民众思考、讨论，然后缓慢提升媒体宣传观点值，效果如图 7-15 所示。

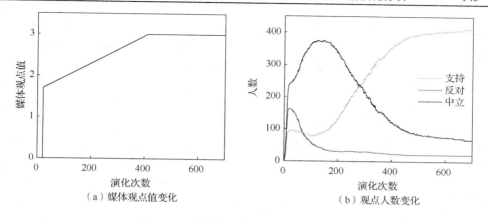

（a）媒体观点值变化　　　　　　　　　（b）观点人数变化

图 7-15　递进式宣传下各观点人数变化

从图 7-15 可以看出，演化至 700 次时，持支持、反对和中立观点的人数分别为 411 人、21 人、68 人，支持人数占比高达 82.2%，宣传效果非常明显。演化至 21～100 次时，支持的人数有小幅度下降，由于媒体的介入，民众的认识逐渐趋于理性，更加客观、公正地看待问题，之前带感情色彩盲目支持的民众转为中立意见。演化至 200 次，民众对事件本质有了更加清晰的认识，持支持观点的民众迅速增多。演化到 700 次，信息得到充分的交流和沟通，正面社会舆论已形成。

（3）阶跃式宣传

采取阶跃式宣传，不同时期采取不同力度的媒体宣传工作，循序渐进、稳步前行地引导舆论，先将媒体观点值设置为 1.8，之后每演化 100 次提升 0.2，效果如图 7-16 所示。

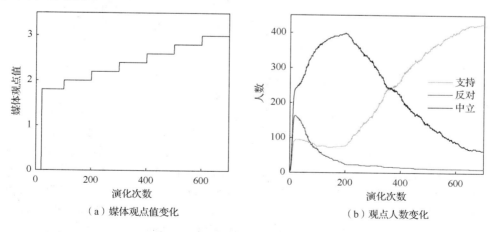

（a）媒体观点值变化　　　　　　　　　（b）观点人数变化

图 7-16　阶跃式宣传下各观点人数变化

从图 7-16 可以看出，演化到 700 次时，持支持、反对和中立观点的人数分别为 425 人、11 人、64 人，支持人数占比 85.0%，宣传效果显著，正确引领了社会舆论。但仍有 11 人反对，因为无论何种公共事件，都有可能影响部分群体的利益，总有人不满意，所以不可能完全消除反对观点。

通过上述三种媒体宣传策略仿真结果（图 7-17）可以看出，高压式宣传策略过于激进，缺乏共同的社会认知基础，民众对媒体强力宣传的内容认可度和接受度较差，存在抗拒心理，最终支持、中立和反对的人数约各占 1/3，没有发挥出媒体引导的作用；递进式宣传策略，以大众现有认知水平为基础，站在大众的立场，普及相关专业知识，逐步线性提高媒体宣传观点，舆论引导效果提升显著，最终支持者人数占比 82.2%、反对人数仅占比 4.2%；阶跃式宣传策略，更加客观地看待问题，以突发公共事件发生时所处的特定历史条件和客观环境为落脚点，充分肯定民众现有认知水平存在的合理性，抛出略高于一般民众认知水平的媒体观点，给予一段时间由大众交流和讨论，然后抛出更高观点值的媒体观点，再讨论，这样以一定的时间周期为单位，结合民众讨论和反馈的结果，循环交替地进行舆情引导，最终宣传效果进一步提升，支持人数占比高达 85.0%，反对人数占比下降为 2.2%。由此表明，政府在意识形态和舆情管控工作中，如遇突发公共事件，应组织媒体及时发声，采用阶跃式宣传策略，积极、正面地引导舆论，团结民众和统一认知，为社会建设和地区稳定做出积极贡献。

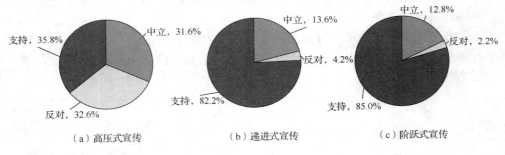

图 7-17　不同宣传策略仿真效果对比图

根据仿真实验结果，结合具体事件背景可以看出，"于欢案"的媒体舆论引导工作中应注意工作方式和宣传策略。如果一味地强力宣传，只会适得其反，效果不佳。考虑到民众所处的社会时期、客观环境和认知水平，先宣传较为中立的观点，普及相关知识，统一思想和认识，逐步改变宣传的内容，才能够收到较好的效果。"于欢案"发生之初引发热议，一开始媒体开展强力宣传工作，但随即遭到质疑，引发舆论集体批判。后来随着人民法院的介入，媒体发布更多的事件细节，普及专业知识，引导民众从法律、伦理层面去思考，最后二审公开庭审并全程微博直播，一步步地引导，最终形成了正面社会舆论。

7.5.3　实证分析

为了进一步验证模型的有效性，本节将仿真结果与百度搜索索引的实际监测数据进行了比较。在信息传播的过程中，个体接收到的信息往往是不完整和可疑的。因此，使用互联网搜索指数指标可以间接地反映信息传播的趋势和强度。搜索索引是基于互联网用户的搜索数据。"于欢案"信息传播进程表如表 7-6 所示。关键词"于欢案"百度搜索索引如图 7-18 所示。

表 7-6　"于欢案"信息传播进程表

序号	阶段	日期
1	爆发期	2017 年 3 月 23～24 日
2	蔓延期	2017 年 3 月 25～26 日
3	反复期	2017 年 3 月 27～29 日
4	缓解期	2017 年 3 月 30 日～2017 年 4 月 1 日
5	长尾期	2017 年 4 月 2～13 日

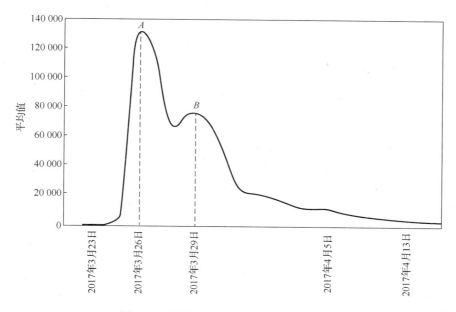

图 7-18　关键词"于欢案"百度搜索索引

2017 年 3 月 23 日，"于欢案"经媒体报道后，立即在社会上引起极大关注，舆论围绕于欢行为的法律定性即是否构成正当防卫全面爆发，信息经过爆发期和蔓延期传播扩散，于 3 月 26 日关注度达到峰值（图 7-18 中 A 点），随即缓慢下降。2017 年 3 月 29 日，山东省高级人民法院发布消息称"于欢案"合议庭已通知案件辩护人、被害人、诉讼代理人到法院查阅案卷，再次引爆社交网络上的猜测和讨论，于当日关注度再次出现小高峰（图 7-18 中 B 点）。之后信息传播热度下降，进入缓解期和长尾期。

从图 7-19 可看出，"于欢案"实际上是由《南方周末》官网报道和山东省高级人民法院发布消息两个事件的影响线性叠加而成，因此出现了两次传播峰值。本节取第一个事件的信息传播真实统计数据，与模型仿真结果进行实证对比分析，将真实数据和演化仿真数据分别进行归一化处理，在同一坐标系下绘制演化趋势图。

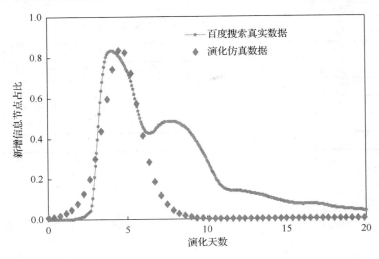

图 7-19 仿真数据和真实数据比较分析

由图 7-19 可以看出，模型较好地刻画了"于欢案"中第一个事件信息的传播过程。为了进一步分析模型仿真的效果，本节分别从真实数据和仿真数据的余弦相似性、相关系数和误差峰值几个方面进行对比分析。余弦相似性采用统计方法计算两组数据归一化后的相近程度；相关系数考查这两组数据之间的相互关系、相关方向及线性相关程度；误差峰值度量两组数据之间局部最坏情况下的离散程度。这三个指标的设置是科学、合理的，具有可操作性和实用性。

用 y 表示百度搜索指数实证数据、y' 表示仿真数据，则信息传播过程的余弦相似性、相关系数和误差峰值指标的计算方法如式（7-16）～式（7-18）所示。

$$\text{Similarity} = \frac{\sum_i (y_i y_i')}{\sqrt{\sum_i y_i^2}\sqrt{\sum_i (y_i')^2}} \tag{7-16}$$

$$\rho_{y,y'} = \frac{\sum_i (y_i - \overline{y})(y_i' - \overline{y'})}{\sqrt{\sum_i (y_i - \overline{y})^2}\sqrt{\sum_i (y_i' - \overline{y'})^2}} \tag{7-17}$$

$$\text{deviation} = \max \left| y_i - y_i' \right| \qquad (7\text{-}18)$$

式中，$\overline{y}$ 和 $\overline{y'}$ 分别为每一个时间步的实证数据和仿真数据的平均值。

为了验证事件偶然性对模型的影响，本节从百度平台随机选取不同行业的三个典型热点事件，提取相关统计数据，与模型仿真数据进行对比分析，进一步验证模型的准确性。典型热点事件及其统计数据如表 7-7 所示。

表 7-7　典型热点事件及其统计数据

事件编号	类别	事件信息名称	峰值人数	发生时间
事件 1	政治	韩朝首脑第三次会晤	28 521	2018 年 4 月 27 日
事件 2	科技	斯蒂芬·霍金去世	426 736	2018 年 3 月 14 日
事件 3	商业	沃尔玛禁用支付宝	405 494	2019 年 3 月 24 日

这三个热点事件分属政治、科技、商业领域，信息类型差异大，关注的人群明显不同，因此，以此进行仿真比较有代表性。事件相应的百度搜索指数趋势如图 7-20 所示。

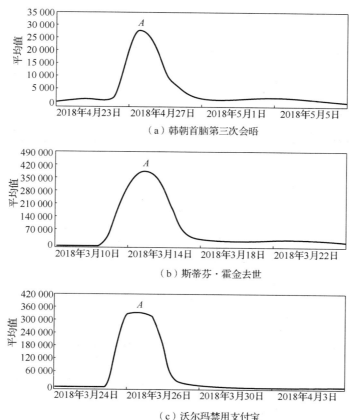

（a）韩朝首脑第三次会晤

（b）斯蒂芬·霍金去世

（c）沃尔玛禁用支付宝

图 7-20　事件相应的百度搜索指数趋势

　　将以上三个典型热点事件的百度搜索指数数据进行归一化，再与本节模型演化仿真结果数据进行对比分析，对比实验结果如图 7-21 和表 7-8 所示。

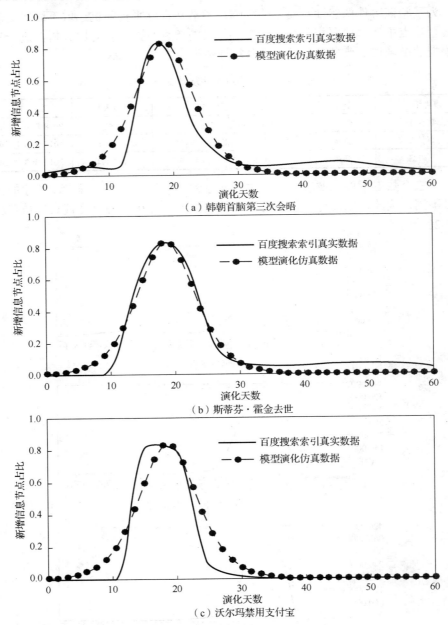

（a）韩朝首脑第三次会晤

（b）斯蒂芬·霍金去世

（c）沃尔玛禁用支付宝

图 7-21　真实数据与模型演化仿真数据对比图

表 7-8　真实数据与模型仿真数据比较

事件信息名称	相似度	相关系数	误差峰值
韩朝首脑第三次会晤	0.964 8	0.963 9	0.219 4
斯蒂芬·霍金去世	0.983 6	0.983 0	0.127 3
沃尔玛禁用支付宝	0.962 7	0.960 5	0.220 8

　　真实数据和仿真数据两者之间相似度和相关系数均大于 0.93，说明模型的扩散传播整体趋势与真实事件信息数据相符，一致性高，较好地模拟了真实网络传播过程。仿真数据与真实数据两者之间的误差峰值均小于 0.3，说明局部性态良好，误差的产生主要是由于真实社会中人们对不同事件的兴趣度差异较大造成的，从而导致传播过程中存在不同的传播时延和传播惯性。

本 章 小 结

　　本章从突发公共事件出发，首先分析了在线社交网络平台上的大量数据，对固有增长率及用户承载力两个指标提出了新的计算方式，得到了不同投票范围的取值方式，构建了 PPS 信息传播速率模型，在不同票数范围内选取六个突发公共事件信息（新闻）进行了仿真分析。接着研究内在传播影响因素和舆情演化规律，构建了动态扩散网络舆情演化模型，从动态复杂网络和舆情传播动力学两个方面描述了问题的本质，基于网络仿真平台开展相应仿真实验，证明了该模型的有效性，为开展社会舆论引导工作提供参考，具有一定应用价值和实践意义。

参 考 文 献

[1] 王晓明，王莉，杨敬宗. 微博信息传播网络的结构属性分析[J]. 中文信息学报，2014，28（3）：55-60.

[2] 李洋，陈毅恒，刘挺. 微博信息传播预测研究综述[J]. 软件学报，2016，27（2）：247-263.

[3] 曹玖新，吴江林，石伟，等. 新浪微博网信息传播分析与预测[J]. 计算机学报，2014，37（4）：779-790.

[4] 谢柏林，蒋盛益，周咏梅，等. 基于把关人行为的微博虚假信息及早检测方法[J]. 计算机学报，2016，39（4）：730-744.

[5] 唐兴，权义宁，宋建锋，等. 微博个性化转发行为预测新算法[J]. 西安电子科技大学学报，2016，43（4）：51-56.

[6] 罗春海，刘红丽，胡海波. 微博网络中用户主题兴趣相关性及主题信息扩散研究[J]. 电子科技大学学报，2017，46（2）：458-468.

[7] 刘巧玲，李劲，肖人彬. 基于参数反演的网络舆情传播趋势预测：以新浪微博为例[J]. 计算机应用，2017，37（5）：1419-1423.

[8] KANDHWAY K, KURI J. Using node centrality and optimal control to maximize information diffusion in social networks[J]. IEEE transactions on systems man & cybernetics systems, 2016, 47(7):1099-1110.

[9] 曹林林，郑明春. 微博话题符号网络下的意见领袖挖掘算法研究[J]. 计算机应用研究，2017，34（12）：3547-3551.

[10] MAHDIZADEHAGHDAM S, WANG H, KRIM H, et al. Information diffusion of topic propagation in social media[J]. IEEE transactions on signal & information processing over networks, 2016, 2(4):569-581.

[11] 仲兆满，胡云，李存华，等. 微博中特定用户的相似用户发现方法[J]. 计算机学报，2016，39（4）：765-779.

[12] 朱湘，贾焰，聂原平，等. 基于微博的事件传播分析[J]. 计算机研究与发展，2015，52（2）：437-444.

[13] DAVOUDI A, CHATTERJEE M. Prediction of information diffusion in social networks using dynamic carrying capacity[C]. IEEE International Conference on Big Data. 2016:2466-2469.

[14] GAO S, PANG H, GALLINARI P, et al. A novel embedding method for information diffusion prediction in social network big data[J]. IEEE transactions on industrial informatics, 2017 (99):1.

[15] WANG D, MUSAEV A, PU C. Information diffusion analysis of rumor dynamics over a social-interaction based model[C]. IEEE, International Conference on Collaboration and Internet Computing, 2017:312-320.

[16] HU Y, SONG J, CHEN M. Modeling for information diffusion in online social networks via hydrodynamics[J]. IEEE access, 2017 (99):1.

[17] WANG F, WANG H, XU K. Diffusive logistic model towards predicting information diffusion in online social networks[C]. International Conference on Distributed Computing Systems Workshops, 2011:133-139.

[18] 彭川，李元香，莫海芳. 在线社会网络中的多源信息扩散问题研究[J]. 计算机应用研究，2015, 32（10）: 2947-2950.

[19] 吴联仁，李瑾颉，闫强. 基于时间异质性的微博信息传播模型[J]. 电子科技大学学报, 2015, 44（5）: 657-662.

[20] 刘玮，贺敏，王丽宏，等. 基于用户行为特征的微博转发预测研究[J]. 计算机学报, 2016, 39（10）: 1992-2006.

[21] 赵惠东，刘刚，石川，等. 基于转发传播过程的微博转发量预测[J]. 电子学报, 2016, 44（12）: 2989-2996.

[22] LIU Y, DING Y, HAO K, et al. User characteristics based information diffusion model for analysis of hot social events[C]. Intelligent Control and Automation, 2016:2131-2136.

[23] TONG C, HE W B, NIU J W, et al. A novel information cascade model in online social networks [J]. Physica a: statistical mechanics and its applications, 2016, 444:297-310.

[24] LI L F, ZHANG Q P, TIAN J, et al. Characterizing information propagation patterns in emergencies: a case study with Yiliang Earthquake[J]. International journal of information management, 2018, 38(1):34-41.

[25] ZHANG M, PANG Y, WU Y H, et al. Saliency detection via local structure propagation[J]. Journal of visual communication and image representation, 2018, 52(4):131-142.

[26] MENG Q, ZHANG N, ZHAO X, et al. The governance strategies for public emergencies on social media and their effects: a case study based on the microblog data[J]. Electronic markets, 2016, 26(1):15-29.

[27] ABUBAKRE M A, RAVISHANKAR M N, COOMBS C R. The role of formal controls in facilitating information system diffusion[J]. Information & management, 2015, 52(5):599-609.

[28] ZHENG C Y, XIA C Y, GUO Q T, et al. Interplay between SIR-based disease spreading and awareness diffusion on multiplex networks[J]. Journal of parallel and distributed computing, 2018, 115(5):20-28.

[29] ZHANG Z K, LIU C, ZHAN X X, et al. Dynamics of information diffusion and its applications on complex networks[J]. Physics reports, 2016, 651(7): 1-34.

[30] XIE Y G, QIAO R, SHAO G S, et al. Research on Chinese social media users' communication behaviors during public emergency events[J]. Telematics and informatics, 2017, 34(2):740-754.

第8章 融合社交网络用户自身属性的信息传播建模与舆情演化分析

8.1 引 言

随着新媒体的迅猛发展，新媒体正在逐渐替代电视、广播、报纸等传统媒体，成为人们获取信息的主要途径。在线社交网络平台（微博、微信、Twitter、Facebook等）上，信息以类似病毒不断地复制、扩散的方式传播，从而实现了"一传十，十传百"的传播效果。互联网以其开放性、匿名性及互动性为特色，为网民提供了抒发自我情感、获取热点事件的途径。舆情是指作为主体的社交网络参与者在一定阶段和地理范围内，对社会事件或社会现象发表的带有个人倾向的意见或言论[1]。图 8-1 为在线社交网络舆情形成过程。

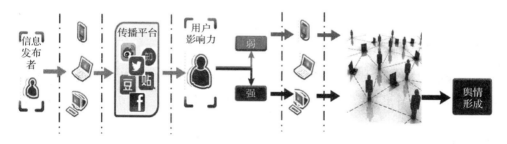

图 8-1　在线社交网络舆情形成过程

从图 8-1 中可看出，网民借助微博、微信、短视频、直播等主动发布意见，参与意见传播和舆情形成，使在线社交网络成为收集民意的有效途径之一，对于推动社会进步起到了积极的作用。同时，一些恶性事件被别有用心的组织和人员经过互联网的"放大"作用后，给国家安全和社会稳定带来重大影响[2]。因而，对待舆情，相关组织和部门要进行有效的管理及引导，能够在短时间内利用"黄金 4 小时媒体"[3]（即微博、微信、QQ 群、贴吧等新媒体）传播平台，控制事件的传播、发酵，不被舆情支配，使政府的主流意见成为舆情主导，始终保有主动权[4]。

在此背景下，建立一个完善的舆情理论认知体系也就成为大数据时代的重要内容之一。国内外学者就网络舆情信息传播及其应用开展了大量研究工作，如舆情的监测与分析、舆情的发展规律与研究、舆情的管理及引导等。在这些研究中，文献[5]提出了一种基于词典的情感分析算法来提取和衡量用户的意见，引入了词义消歧算法和否定技术来提高舆情发现的准确性。文献[6]对 Web 评论的倾向和强度进行向量形式的定量研究，建立了基于定量评论和情感热门舆论发现模型。文献[7]以疫苗接种问题为例，运用不同文本表示及分类方法，提出了一种民意监测系统。文献[8]引入 T 算子时延微分方程，研究了自媒体的网络新闻传播趋势。文献[9]对感染阈值及难处理阈值这两种情感传播阈值进行了研究，并提出了一种基于贝叶斯更新规则的交互模型，用于遏制谣言的传播。文献[10]将舆情在社交网络中的传播映射为森林火灾的传播，通过突出特征检测舆情传播路径，识别在舆情传播过程中起主要作用的节点。以上学者从不同的角度出发对舆情信息在社交网络上的传播进行了研究，但其中缺少针对社交网络用户自身属性及信息热度的影响的研究。因此，针对该问题，本章在传统信息传播模型的基础上，抽取参与主体的特征（即信息的热度，用户的影响力、态度和年龄等），明确主体间的交互行为及规则，提出一种基于社交网络用户自身属性的信息传播模型，模拟了舆情演化过程，与实证结果进行对比，验证了仿真结果的正确性。

8.2 相 关 工 作

8.2.1 经典信息传播模型

文献[11]在研究大型社交网络中的影响力最大化问题时提及了信息传播基本模型，包括 ICM 和 LTM。

ICM 是一种概率模型，以发送者为中心，在此模型中信息传播过程是在图 $G = (V, E)$ 上进行的，其中 V 代表网络中的用户，E 代表用户间的关系，$G = (V, E)$ 的每一条边对应传播概率 $P[v, w]$，其中 v 和 w 分别为图 $G = (V, E)$ 中的两个相邻节点。在信息传播中，节点有两种，即活跃状态节点和非活跃状态节点，其中活跃状态节点表示已接收信息，非活跃状态节点表示还未接收信息，并且节点只能从非活跃状态节点转换为活跃状态节点，该转换不能逆转。在 t 时刻节点 v 被激活，则获得一次以成功率为 $P[v, w]$ 向邻居节点 w 产生影响的机会，若激活成功，则在 $t+1$ 时刻，节点 w 转为活跃状态。图 8-2 为 ICM 的传播过程。

LTM 以接收者为中心，模型中的节点监听社交网络中的消息，从邻居节点中收取消息。在此模型中，节点 v 与其相邻节点 w 的边都有一个权值 b_{vw}，表示节点 v 对节点 w 的影响力，且 $b_{vw} \neq b_{wv}$，节点 v 所有相邻点权值之和小于或等于 1。当非活跃状态节点 v 的所有相邻权值之和大于节点 v 随机给定一个阈值 $\theta_v (0 \leq \theta_v \leq 1)$，即 $\sum_{u \in N(v)} b_{uv} \geq \theta_v$ 时，节点 v 被激活。

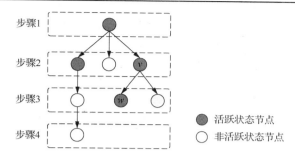

图 8-2　ICM 的传播过程

ICM 和 LTM 都把信息传播看作节点以同步方式进行的一系列状态变化。然而，在实际社交网络中，信息的传播是以异步方式进行的，时间标记并非等距，每个节点接收信息的延迟也不一定相同。因此，文献[12]都对这两种模型按照异步时间进行模拟扩展，提出了一些非同步模型，其中较为典型的扩展模型为 AsIC（asynchronous independent cascade，异步独立级联）模型和 AsLT（asynchronous linear threshold，异步线性阈值）模型。图 8-3 为 ICM 和 AsIC 模型的传播对比。

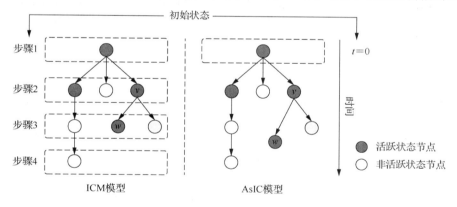

图 8-3　ICM 和 AsIC 模型的传播对比

8.2.2　网络舆情演化生命周期理论

"生命周期"最初是指生物体的形态或者功能在生命演化过程中所经历的一系列阶段或变化。生命周期理论[13]在网络舆情演化中的应用包括两层含义：一是表明舆情事件在网络平台中的传播具有明确的生命周期特征，即网络舆情在其演化过程中会经历从产生、发展、衰退到死亡的生命过程；二是依据网络舆情事件在不同生命阶段的特征差异，将网络舆情事件的演化过程区分为明确的若干阶段[14-15]，为网络舆情事件研究提供更为准确的分析思路。

我国学者通过案例分析，对网络舆情的生命周期进行了划分，如表 8-1 所示。

表 8-1　网络舆情生命周期的划分

作者	研究对象	演化阶段划分
张维平和操世元[16]	网络舆情	潜伏期→显现期→演进期→缓解期→消失期
杨军和张侃[17]	政府信息管理	危机潜伏期→危机爆发期→危机恢复期
谢科范等[18]	网络舆情	潜伏期→萌动期→加速期→成熟期→衰退期
潘崇霞[19]	网络舆情	初始传播阶段→变化发展阶段→消退阶段
范晓通[20]	网络舆情	舆情形成→舆情扩散→舆情爆发→舆情终结
张玥等[21]	网络舆情	潜伏期→延续期→爆发期→恢复期
叶琼元等[22]	网络舆情	萌芽期→爆发期→平缓期→休眠期

　　观察表 8-1 中舆情演化阶段的划分可以得出，在线社交网络舆情的演化可概括为五个阶段：第一个阶段为潜伏期，即事件信息已存在，但能量不够，没有大范围传播；第二个阶段为爆发期，由于较多的用户开始出现，能量开始快速聚集，关注度大幅增加，形成网络舆情；第三个阶段为成熟期，舆情已形成，关注人数相对稳定；第四个阶段为衰退期，随着舆情事件处理结果的出现及社交网络用户新鲜感的下降，关注人数开始减少，舆情热度开始冷却；第五个阶段为消散期，关注人数极少，能量趋于零。在线社交网络舆情事件生命周期如图 8-4 所示。

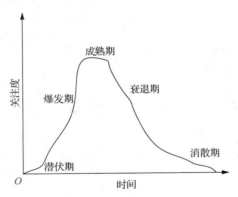

图 8-4　在线社交网络舆情事件生命周期

8.3　在线社交网络信息传播模型与舆情分析

　　在现实世界中，人与人之间的关系网络是一种复杂的网络[16]，个体行为具有非线性、临界值、规则和非线性耦合等特征，很难用微分方程来描述个体行为的非连续型特征，并且个体之间的交互是异构的，并可能产生网络效应，所以平均、统计的方法难以发挥作用。因此，本节采用多主体仿真方法，将社交网络的组成分为三类实体，分别为发布者、社交网络用户和信息，通过定义信息发布者发布信息、用户之间的信息传播等行为设定交互规则，针对社交网络中的舆情演化进行仿真研究。

8.3.1　模型假设

在此模型中，用有向图表示整个社交网络，以图中节点表示好友圈中的个体，以其连线表示好友之间的交流方式和渠道。节点存在活跃与非活跃两种状态。当节点为活跃状态节点时，说明节点接收到信息；当节点为非活跃状态节点时，说明节点未接收到消息。

舆情演化环境仅限于社交网络，且仅对单一事件进行舆情演化，在此环境中的社交网络用户均匀分布，不考虑同时存在的其他事件的影响。

8.3.2　特征提取

1. 用户特征

舆情信息在社交网络传播过程中，用户对于舆情信息的态度、用户自身的年龄和影响力都会影响舆情信息的传播。为能合理地描述用户影响力、用户态度及用户年龄在信息传播中所起到的作用，对用户特征定义如下。

（1）用户影响力 $\text{Inf}_i(t)$

影响力是描述受众的思想、观念的改变程度的特征。根据传播学的基础理论可知，当一个用户的影响力较大时，此用户对于舆情的态度往往能影响普通社交网络用户对网络舆情的态度。

（2）用户态度 $A_i(t)$

$A_i(t)$ 描述了当前用户 i 在时刻 t 对信息持有的态度。在现实社会中，在舆情出现时，网络用户对于舆情的态度并不明确，易受到媒体或他人的影响。因此，本节将用户态度分为支持、反对、中立三种。a_i 为用户态度值的影响因子，当 a_i 的值在[0,0.33)时，用户的态度为反对，$A_i(t) = -1$；当 a_i 的值在[0.33,0.66)时，用户的态度为中立，$A_i(t) = 0$；当 a_i 的值在[0.66,1]时，用户的态度为赞同，$A_i(t) = 1$。

$$A_i(t) = \begin{cases} -1, & a_i \in [0,0.33) \\ 0, & a_i \in [0.33,0.66) \\ 1, & a_i \in [0.66,1] \end{cases} \tag{8-1}$$

（3）用户年龄 Y_i

从 CMS（self media system，自媒体系统）媒介研究 12 个城市的基础研究数据中发现，不同年龄段的用户因社会地位、心理、性格及学历等不同，对信息的接受能力不同。例如，"新闻"的受欢迎程度随着被采访者年龄的增加而提升；"音乐"则更受年轻人的喜爱等。具体数据如图 8-5 所示。

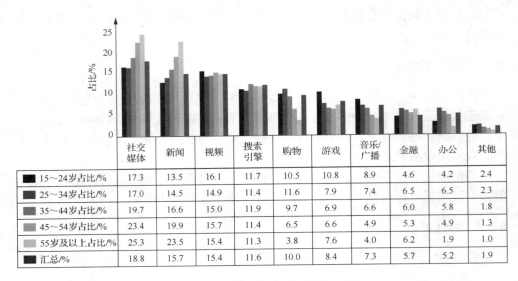

	社交媒体	新闻	视频	搜索引擎	购物	游戏	音乐/广播	金融	办公	其他
■ 15~24岁占比/%	17.3	13.5	16.1	11.7	10.5	10.8	8.9	4.6	4.2	2.4
■ 25~34岁占比/%	17.0	14.5	14.9	11.4	11.6	7.9	7.4	6.5	6.5	2.3
■ 35~44岁占比/%	19.7	16.6	15.0	11.9	9.7	6.9	6.6	6.0	5.8	1.8
■ 45~54岁占比/%	23.4	19.9	15.7	11.4	6.5	6.6	4.9	5.3	4.9	1.3
■ 55岁及以上占比/%	25.3	23.5	15.4	11.3	3.8	7.6	4.0	6.2	1.9	1.0
■ 汇总/%	18.8	15.7	15.4	11.6	10.0	8.4	7.3	5.7	5.2	1.9

图 8-5　不同年龄用户在网络板块中的分布

本节为了不失一般性，加入年龄因子 y，即此条传播的消息在年龄为 y 的人群中更容易传播，并使用 Y_i 表示用户 i 对于信息的接受能力。计算方式如式（8-2）所示。

$$Y_i = 1 - \frac{|\mathrm{age}_i - y|}{\mathrm{age}_i + y} \tag{8-2}$$

式中，age_i 为用户 i 的年龄。

（4）用户传播意愿 $F_i(t)$

信息在传播过程中，由于每个节点对同一信息的传播意愿都大不相同，且用户传播意愿受自身属性的影响，从而得到式（8-3）。

$$F_t(t) = \mathrm{Inf}_i(t) + A_i(t) + Y_i \tag{8-3}$$

式中，$\mathrm{Inf}_i(t)$ 为用户 i 的影响力。

同时，随着用户对同一信息新鲜度的下降，传播意愿会随着时间的推移而降低，最终发布的信息将会慢慢失去热度而无人关注。

为方便对用户传播意愿进行描述，对其进行归一化处理，如式（8-4）所示。

$$\beta = \frac{F_i(t) - F_i(t)_{\min}}{F_i(t)_{\max} - F_i(t)_{\min}} \tag{8-4}$$

2. 信息特征

1）初始能量 E_0。当信息发布时，网络中的某几个初始节点带有一定的能量，能量的大小由信息的热度及其影响力决定。

2）传播概率 λ。传播概率是指当前非活跃状态节点转化为活跃状态节点的可能性。当用户传播意愿 β 大于传播概率 λ 时，非活跃状态节点转化为活跃状态节点，信息得以传播。传播概率由信息热度决定。

对于以上几个特征，其代表的物理意义不同，取值范围不一，因而采用 Min-Max 标准化方法，将不同特征值取值范围映射到[0,1]区间。

8.3.3　舆情演化过程

现实社交网络中，信息的产生来源于发布者，他们通过编辑消息进行信息推广，而在线社交网络用户是网络环境中最普遍的参与者，其数量庞大，是舆情传播的主要力量。在信息传播过程中，在线社交网络用户浏览到信息时，受到自身属性的影响对信息进行判定，即是否对此信息有较大传播意愿，最后对外传播。

网络舆情演化步骤如下。

步骤 1，事件发布者在在线社交网络中随机移动，以一定的概率发布信息，根据所发布信息的影响力、热度设定信息的初始能量。在在线社交网络传播过程中，信息的能量随时间减少，当信息的能量小于 0 时，代表信息无人关注，舆情消散。

步骤 2，在线社交网络中的用户开始随机移动，即代表用户浏览行为。当遇到信息时，根据此用户的影响力、态度、年龄的不同以不同的概率传播信息，信息能量增加。

步骤 3，重复步骤 1 和步骤 2。

8.4　仿真与实证分析

8.4.1　仿真分析

为验证在线社交网络用户自身属性的信息传播与舆情演化模型的有效性，本节开展仿真实验，仿真实验参数如表 8-2 所示。

表 8-2　仿真实验参数

参数	参数说明及取值
N	在线社交网络用户初始数量，在[100,2 000]中取值
S	信息发布者初始数量，在[0,5]中取值
y	在线社交网络用户的年龄因子，在[15,55]中取值
E_0	信息初始能量，在[0,100]中取值
λ	信息传播概率，在[0,0.5]中取值
Inf	影响力较大的用户所占总人数的比例，在[0,0.1]中取值

1）第一组实验，设定 N 取值为 800 个，S 分别取值为 5 和 2，y 取值为 30，E_0 取值为 59，λ 取值为 0.1，Inf 取值为 0.01。信息发布者数量对网络舆情传播的影响，如图 8-6 所示。

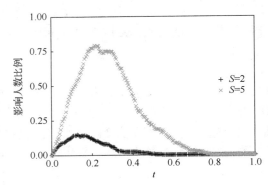

图 8-6　信息发布者数量对网络舆情传播的影响

对第一组实验结果进行分析：首先，通过观察图 8-6 中 S=5 的影响人数曲线变化趋势，符合图 8-4 中关于网络舆情事件生命周期的划分，证明了仿真程序基本正确，模型有效；其次，影响人数比例会随着发布者个数的增加而增大，且信息的持续时间增长，因而当 S=5 时舆情形成，当 S=2 时未能形成舆情事件，说明发布者数量会影响舆论的形成。

据此特点，舆情事件爆发后，管理部门可以通过舆情监测手段，在舆情潜伏期时尽早挖掘并处理造谣者，降低社交网络用户接触谣言的机会，从而在根源处限制谣言的出现。

2）第二组实验，为研究信息初始能量对舆情传播的影响，设定 N 取值为 800 个，S 取值为 5，y 取值为 30，E_0 分别取值为 30 和 59，λ 取值为 0.1，Inf 取值为 0.01。信息初始能量对舆情传播的影响如图 8-7 所示。

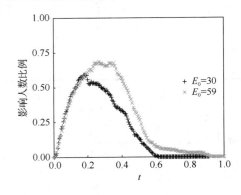

图 8-7　信息初始能量对舆情传播的影响

由图 8-7 可知，随着 E_0 的增加，信息传播的影响人数比例相对有所增加，信息传播的持续时间增长，而且峰值所占社交网络用户比例也逐渐增大。所以社交网络中的舆情管理应以热门信息为重点管理对象，集中资源进行检测和管理。

3）第三组实验，设定 N 取值为 800 个，S 取值为 5，y 分别取值为 30 和 50，E_0 取值为 59，λ 取值为 0.1，Inf 取值为 0.01。用户年龄对舆情传播的影响如图 8-8 所示。

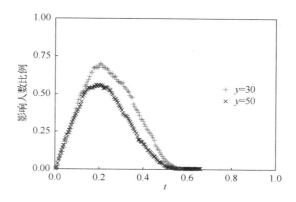

图 8-8　用户年龄对舆情传播的影响

从图 8-8 中可以看出，虽然信息的初始能量及传播概率等参数取值均相同，但是用户年龄的取值不同会导致信息的传播过程并不完全一致。因此，在选择传播对象的时候，要注意用户定位，如在选择一些综艺类节目的推广用户时，定位于更易接受新鲜事物的"80 后""90 后""00 后"，会使信息更容易传播。

4）第四组实验，研究用户影响力对网络舆情传播的影响。在这组实验中，设定 N 取值为 800 个，S 取值为 5，y 取值为 30，E_0 取值为 59，λ 取值为 0.1，Inf 分别取值为 0.01 与 0.02。图 8-9 为用户影响力对舆情传播的影响。

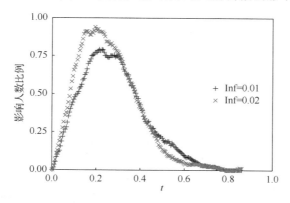

图 8-9　用户影响力对舆情传播的影响

从图 8-9 中可以看出，随着影响力较大的用户所占总人数的比例增加，影响人数比例峰值到达时间减少，影响人数相对增多。所以政府部门应该培养影响力较大、具有正确价值观念的社交网络用户，在网络舆情产生后，通过这些用户及主流媒体来对事件真相进行宣传，引导普通用户的情感倾向，从而掌控舆情走向，让谣言不攻自破。

8.4.2　实证分析

为验证此模型的有效性及其可靠性，本节从百度指数-大数据分享平台中随机抽取四条 2018 年热点事件信息进行实证对比。热点事件数据如图 8-10 所示。这四条数据来自不同的领域，具有一定的代表性。

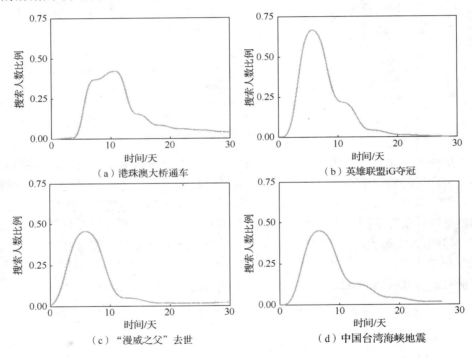

图 8-10　热点事件数据

1. 实证验证设计

在这四条热点信息中，社会事件"港珠澳大桥通车"，无论是在促进地区经济发展上，还是在对中国香港、澳门和珠海三地人员的往来上影响都非常大。该事件与社交网络用户的利益紧密相连，因而网民对其关注度较高，初始能量较大，并且此类社会新闻的关注人群较多，集中于 30～50 岁。另外三条热点信息通过类似方法分析选取相关参数。仿真具体参数设置如表 8-3 所示。

表 8-3　仿真数据

事件名称	y	E_0	inf
港珠澳大桥通车	40	59	0.01
英雄联盟 iG 夺冠	28	65	0.02
"漫威之父"去世	30	50	0.02
中国台湾海峡地震	35	54	0.01

2. 实证结果分析

通过抓取在线社交网络的真实数据（表 8-4）并通过实证实验，得到结果如图 8-11 所示。

表 8-4　实证仿真数据表

事件名称	相似度
港珠澳大桥通车	0.979 5
英雄联盟 iG 夺冠	0.979 1
"漫威之父"去世	0.981 1
中国台湾海峡地震	0.977 6

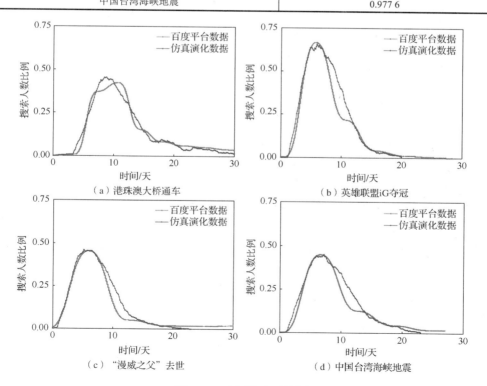

图 8-11　实证仿真对比图

通过观察图 8-11 及表 8-4 可以得出,该模型的舆情演化趋势与真实数据相符,能够较好地模拟社交网络中舆情信息的传播。

本 章 小 结

针对传统的社交网络信息传播模型大多研究信息在网络结构上的传播,而极少重视用户属性及信息特征对社交网络信息传播的影响,本章提出了一种基于用户自身属性的信息传播模型。首先,本章抽取用户影响力、用户态度、用户年龄、信息能量、信息价值等特征,并构建交互规则;其次,根据这些特征建立信息传播的数学模型,模拟在线社交网络舆情演化过程;最后,为验证模型的有效性,开展了与真实事件的实证分析对比实验。实验结果表明,仿真结构与真实数据的相似度大于 0.97,因而该模型符合在线社交网络舆情信息传播的特性,能够较为准确地描述在线社交网络中的舆情传播过程。通过抽取用户属性特征,结合 AsIC 模型,建立了基于社交用户自身属性的信息传播模型。从仿真模型及实验结果来看,证明在没有外界因素的干扰下,该模型能较好地适应信息传播规律,合理地描述用户影响力、用户态度及用户年龄在信息传播中所起到的作用,并更加贴合现实世界中的信息传播过程。该模型的舆情演化趋势与真实数据较为一致,能够在一定程度上反映信息在在线社交网络中传播的特点。

参 考 文 献

[1] SHAO P R, WANG Y. Touch the hidden voice: public opinion cognition, big data governance and the reflection[J]. Editorial friend, 2016, 3(12):40-49.

[2] YANG L, DENG R, GAO Y. A study on rules of weibo public opinion dissemination based on information ecology theory[J]. Journal of modern information, 2018, 5(8):51-60.

[3] XIE Y G, QIAO R, SHAO G S, et al. Research on Chinese social media users' communication behaviors during public emergency events[J]. Telematics and informatics, 2017, 34(2):740-754.

[4] MAHDIZADEHAGHDAM S, WANG H, KRIM H, et al. Information diffusion of topic propagation in social media[J]. IEEE transactions on signal & information processing over networks, 2016, 2(4):569-581.

[5] YANG Y J, XU Y B, WANG E, et al. Exploring influence maximization in online and offline double-layer propagation scheme[J]. Information sciences, 2018, 450(6):182-199.

[6] FAN C X, WU Y X, ZHANG J, et al. Research of public opinion hotspot detection model based on Web big data[C]. IEEE International Conference on Network Infrastructure & Digital Content, 2017.

[7] ELEONORA D, PIETRO D, ALESSIO B, et al. Monitoring the public opinion about the vaccination topic from tweets analysis[J]. Expert systems with applications, 2019, 116:209-226.

[8] ZHANG M, WANG W. Study on public opinion propagation in self media age based on time delay differential model[J]. Procedia computer science, 2017, 122:486-493.

[9] SI X, WANG W. Role of propagation thresholds in sentiment-based model of opinion evolution with information diffusion[J]. Physica a: statistical mechanics and its applications, 2016, 451:549-559.

[10] INDU V, SABU M. A nature-inspired approach based on forest fire model for modeling rumor propagation in social networks[J]. Journal of network and computer applications, 2019, 125:28-41.

[11] SUMITH N, ANNAPPA B, SWAPAN B. Influence maximization in large social networks: heuristics, models and parameters[J]. Future generation computer systems, 2018, 89:777-790.

[12] ZHOU N, ZHAN X X, LIN S, et al. Information diffusion on communication networks based on big data analysis[J]. The electronic library, 2017, 35:745-757.

[13] YUDI G, LAN D. Internet public opinion dissemination model of hierarchical evolutionary behavior[J]. CAAI transactions on intelligent systems, 2018, 13(5): 700-706.

[14] PARR M K, SCHMIDT A H. Life cycle management of analytical methods[J]. Journal of pharmaceutical and biomedical analysis: 2018, 147:506-517.

[15] GU Q, HE X D, WANG X M. Study on evolution trends of network public opinion based on hyperlink analysis[J]. Journal of digital information management, 2014, 12:421-428.

[16] 张维平，操世元. 突发公共事件信息解读机制的社会学分析[J]. 中国安全生产科学技术，2006，2（3）：20-23.

第 9 章　基于热扩散运动的在线社交网络信息传播与舆情演化分析

传统在线社交网络信息传播模型不能精确模拟真实世界信息传播过程的问题，本章借鉴热力学分子热扩散运动理论，结合流行病传染模型，提出了一种基于热扩散运动的信息传播数学模型与信息状态节点演化机制，考虑了信息本质上属于特殊形态的物质，传播过程是系统由一个稳定状态向另一个稳定状态转换的过程，引入了信息能量、信息温度、能量熵等状态参量并构建了转换函数，深刻地揭示了微观网络节点状态与宏观迭代演化规律之间的关系，并在多种不同拓扑结构的网络中开展了仿真实验和实证对比实验。实验结果表明，仿真结果与真实数据相似度大于 0.96，相关系数大于 0.95，误差峰值小于 0.2，数学模型较为准确地描述了信息传播行为的内部规律和作用机制，证明其提出的数学传播模型、转换函数与演化机制是合理、有效的，提出的信息传播模型不仅具有较强的可扩展性，还为相关领域的研究提供了理论支撑。

9.1　基于热扩散运动的信息传播模型研究概述

9.1.1　信息传播及应用研究

在线社交网络信息传播是指信息从初始的传播者主动或被动地扩散到其他人群的过程，信息可以是现实生活中的消息、情报、舆论、疾病及计算机病毒等[1]。对信息传播方式、传播行为、传播路径和传播特点进行研究，发现不同环境下的微观个体交互规则及宏观信息传播规律，找出网络中的关键节点和作用机理，为信息传播趋势预测、网络营销信息推送[2]、突发公共事件监测防控[3]提供理论基础。

国内外学者就信息传播及其应用领域已经开展了大量研究工作，主要包括网络拓扑特性分析、网络建模研究、传播动力学研究、信息传播应用研究四个方面。

1. 网络拓扑特性分析

网络拓扑分析，借助图论理论，给出相应的数学表达式，通过计算平均路径长度、节点度、聚类系数等指标定量描述网络结构对信息传播机制的影响。文献[4]对在线社交网络拓扑结构进行分析，发现了网络中链路的异质性，只有一部分链接有助于信息的传播，找出了社会网络中传播影响力骨架。文献[5]提出了真实社会由具有关联状态的代理组成，它们的连接形成复杂的拓扑，这种复杂性进一步由相互关联的信息层复合而成。文献[6]提出了大规模社交网络中基于社会感知的信息交换扩散模型。文献[7]分析了微博社交网络的网络结构，得出社交网络的拓扑结构和信息传播图，发现社会网络的拓扑结构与社会网络信息的传播密切相关。文献[8]研究了移动社交网络的概率扩散模型下的扩散最小化问题。文献[9]建立了选择静态拓扑网络和社会感知移动网络的转发链路与节点流动性模型。文献[10]研究了在超网中节点平均影响程度的差异最大化问题，超介质对模型驱动和数据驱动产生的影响。文献[4]~文献[10]从不同角度、不同层次、不同场景研究了网络拓扑结构对信息传播的影响。

2. 网络建模研究

网络建模研究是指在网络理论深入探究的基础上，与交叉学科进行结合，建立准静态网络模型，模拟真实网络形态的研究。网络建模研究最直接的方法是对现实世界中的数据集进行统计观察，找出内在规律，建立数学模型。文献[11]采用实证方法对在线社交网络进行建模，研究了发起人可以采取什么行动来加快信息扩散速率。文献[12]通过实证建模，发现了微博信息传播过程伴随着超级传播者的超级传播现象。当然，建模研究更多的时候是分析网络结构，提取网络特征，剖析传播机制，建立网络演化数学模型。文献[13]在时变网络上通过建立时间网络模型，研究了时变特性对信息传播的影响。文献[14]利用复杂网络理论、扩展矩阵和时变网络拓扑的滚动估计来建立模型，揭示节点的相关性和基于熵的中心性。文献[15]基于在线社交网络对信息扩散、主题趋势和生命周期进行建模，研究了内容、社会关系和社区、熟悉和行为相似性的作用。文献[16]综合考虑在线社交网络用户发布的文本内容和地理位置信息，将用户地域分布视为变量，按照主题模型思想构建了地域性话题发现模型。

3. 传播动力学研究

网络结构是模型在空间维度上的描述，传播动力机制是模型在时间维度上的体现。网络结构特征决定了传播动力学过程，传播动力机制反过来又影响网络结构的演化[17]。信息扩散的范围和速度主要取决于传播动力学过程，传播动力学的研究主要有传染病模型、独立级联模型和博弈论模型。

传染病模型是信息传播领域公认的比较成熟的模型，传统模型有 SI 模型、SIR 模型、SIS 模型。其中，SIR 模型是将人群分为易感者、感染者和治愈者，信息从感染者传到易感者，易感者收到信息并成功转发后，自身转变为治愈者，完成个体状态的转换，直至系统达到一种稳定状态。该模型在发展过程中出现许多变种，如研究新产品在社交网络中扩散的 Bass-SIR 模型[18]，恢复时间是幂律分布的 SIR 生命动力学模型，基于情感交流的 HIT-SCIR 模型和具有两个时滞和垂直转移的 SEIRS 模型[19]。

ICM 也是一种被广泛研究的模型，它旨在捕捉社会网络和一般复杂网络中信息扩散的动态，网络节点分为活跃状态节点和不活跃状态节点，该过程从一组最初活跃状态节点（称为种子节点）开始，递归地以当前活动节点按概率分布激活它们的邻居节点，经过一定数量的递归循环之后，大量的节点可能变得活跃，当没有进一步的节点激活时，进程终止，传播过程结束。

博弈论模型[20]描述了网络上各节点在寻求自身利益最大化的交互过程中相互制约、相互渗透，寻找一个平衡点的过程，节点通过观点交互形成和更新自身观点。

4. 信息传播应用研究

信息传播理论研究的目的是更好地为人们的生产、生活服务，而将理论研究成果转化为现实的生产力，需要开展大量的应用研究工作[21]。目前，信息传播理论已被广泛应用于病毒营销、协同过滤、应急管理和社区监测等领域。

综上所述，具有某种拓扑结构的传播网络，是信息赖以存在的物质基础；一段时期内能够持续作用的非线性传播动力，是信息向外扩散的力量源泉；利用交叉学科背景知识进行科学建模，是研究工作客观、可靠的根本保证；理论联系实际开展应用研究，更是实现创新驱动发展的重要途径。在信息传播领域中，各个方向上的研究工作虽然侧重点各不相同，但它们绝不是孤立的，有着相互影响、相互依存、相互促进的关系。

9.1.2　信息传播研究工作的主要内容

目前，信息传播研究工作一般有理论建模和实证建模两种手段。其中，理论建模通过探究信息传播内部机制，分析影响因子，建立理论模型，但现阶段还未能从信息的本质和传播扩散的物理作用机理层面进行深入研究，导致与真实世界网络实际传播过程存在较大差异；实证建模通过收集历史数据，进行统计、降噪、拟合和分析处理，发现其传播扩散趋势，找出传播规律，但往往由于独立事件的信息传播过程受随机性影响大，不具有普遍性，研究结果难以推广。

鉴于此，本章提出了一种基于热扩散运动的信息传播模型。信息的本质是高度抽象的物质，物质具有能量和温度，一条信息出现在在线社交网络上，将打破原有系统的平衡，自发地向外扩散传播，整个系统的无序性逐渐增加，扩散过程一直持续，直到系统达到新的稳定状态，扩散运动结束，传播过程自然终止。

本章信息传播研究工作主要包括如下三点。

1）从信息的本质出发，研究发现信息传播的核心力量来自信息本身，可用信息能量、信息温度等指标进行描述和量化，提出了一种新的社交网络信息传播模型。

2）研究网络系统中信息在节点上的微观态分布情况，探究如何由多个微观态确定一个对应的宏观态，揭示了信息传播过程实质上就是往能量熵增加的方向演变的一种不可逆过程，提出了社交网络信息状态节点演化机制。

3）引入外力做功概念，媒体宣传、产品推广、信息管制等均可视为系统外部力量对网络中的信息在时间上持续作用的结果，并从定性和定量两个方面进行深入研究。

9.2　传统在线社交网络信息传播模型

9.2.1　基于概率递减机制的信息传播模型

传播概率递减是信息传播过程中的一个重要特征[22]。信息传播初始阶段，公众会对信息具有较大的兴趣，获悉信息的个体具有强烈的传播欲望和分享意愿。而随着时间的推移，这种欲望和意愿将会逐步降低。

信息传播过程主要受传播意愿、信息价值和信息传播时间三个因素影响。在信息传播过程中，信息传播者的传播概率 λ 表示为

$$\lambda = f(\alpha, \beta, t) = \alpha e^{-\frac{t}{\beta}} \tag{9-1}$$

式中，$\alpha \in [0,1]$，为个体的传播意愿，$\alpha = 0$ 表示不会与他人分享信息，$\alpha = 1$ 表示必然与他人分享信息；$\beta \in [0, \infty)$，为信息价值量，$\beta = 0$ 表示该信息没有任何价值；$t \in [0, \infty)$ 为信息出现的时间值，$t = 0$ 为信息出现的时刻。传播概率 λ 随着信息时间 t 的增加而递减，概率递减传播机制可表示为

$$S(i) + I(j) \xrightarrow{\lambda = f(\alpha, \beta, t)} I(i) + I(j) \tag{9-2}$$

式中，$S(i)$ 为未知者节点 i 的比例；$I(j)$ 为传播者节点 j 的比例；$I(i)$ 为已知者节点 i 的比例。

式（9-2）表明，如果传播者节点 j 与未知者节点 i 接触，未知者节点 i 能够获悉信息的概率为 λ。

用 $i(t)$ 表示 t 时刻人群中信息已知者的比例，$s(t)$ 表示 t 时刻信息未知者的比例，则模型的传播动力学机制可表示如下：

$$\begin{cases} \dfrac{ds(t)}{dt} = -f(\alpha, \beta, t)i(t)s(t) \\ \dfrac{di(t)}{dt} = f(\alpha, \beta, t)i(t)s(t) \end{cases} \tag{9-3}$$

式（9-3）表明，$s(t)$ 随时间 t 以 $f(\alpha, \beta, t)i(t)s(t)$ 的速度减少，而 $i(t)$ 随时间 t 以 $f(\alpha, \beta, t)i(t)s(t)$ 的速度增加。

由 $s(t)+i(t)=1$，令 $u=\dfrac{1-i(0)}{i(0)}$，可得出式（9-4）。

$$i(\infty)=\lim_{t\to\infty}i(t)=\lim_{t\to\infty}\frac{1}{1+ue^{-\int_0^t\lambda(t)\mathrm{d}t}}=\frac{1}{1+ue^{-\int_0^\infty\lambda(t)\mathrm{d}t}}<1 \qquad (9\text{-}4)$$

式（9-4）表明，网络中信息最终覆盖率小于 1，说明信息最终不会覆盖到人群中的每一个人。在信息传播过程中，人群中传播节点（I 状态节点）的增长速度 $v(t)$ 为

$$v(t)=\frac{\mathrm{d}i(t)}{\mathrm{d}t}=\frac{u\lambda(t)}{e^{\int_0^t\lambda(t)\mathrm{d}t}+2u+u^2e^{-\int_0^t\lambda(t)\mathrm{d}t}} \qquad (9\text{-}5)$$

模型研究表明，信息首先要具备一定的价值量才能被传播扩散，然后在信息传播过程中，传播概率由传播者的传播意愿、信息价值和信息传播时间共同决定，最终信息覆盖率由传播者的传播意愿、信息价值和初始信息覆盖率决定。

9.2.2 具有跨邻居传播能力的信息辐射模型

具有跨邻居传播能力的信息辐射模型是三层信息辐射网络模型，分别为物理层、辐射层和状态层。物理层根据实际网络节点的连接情况构建复杂网络基础结构模型；辐射层根据网络节点的影响力确定不同节点的辐射范围；状态层根据网络节点信息量的获取情况确定节点的状态，进而进行状态统计。网络中节点信息量的改变会影响节点状态的改变，节点状态的改变又会影响辐射态节点的数量，反过来影响辐射层改变辐射网络。

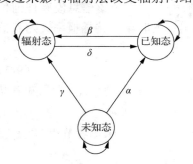

图9-1 节点三种状态之间的转换关系

每一个网络节点代表一个个体，而连接边表示它们之间的通信联系，网络中所有节点都必须属于三种存在状态的其中之一：辐射态（R）、已知态（K）和未知态（U）。节点三种状态之间的转换关系如图 9-1 所示，网络中未知态节点受到信息辐射后，以概率 α 转换为已知态，以概率 γ 转换为辐射态；已知态节点受到信息辐射后，以概率 β 转换为辐射态；辐射态节点在进行一次辐射后，以概率 δ 转换为已知态。信息传播过程中，有效辐射率用 λ 表示，$\lambda=\beta/\delta$。

信息辐射模型满足如下方程式：

$$\begin{cases} R(t)=\sum_k P(k)R_k(t) \\ K(t)=\sum_k P(k)K_k(t) \\ U(t)=\sum_k P(k)U_k(t) \end{cases} \qquad (9\text{-}6)$$

式中，$R(t)$、$K(t)$ 和 $U(t)$ 分别为系统网络中 t 时刻辐射态、已知态和未知态节点的密度；$P(k)$ 为网络节点度的分布函数；$R_k(t)$、$K_k(t)$ 和 $U_k(t)$ 分别为 t 时刻网络中节点度为 k 的辐射态、已知态、未知态节点的密度，$R_k(t)$、$K_k(t)$ 和 $U_k(t)$ 满足如下关系式：

$$R_k(t) + K_k(t) + U_k(t) = 1 \tag{9-7}$$

用 $\theta(t)$ 表示在 t 时刻网络中被任意选取一个节点作为辐射态节点的概率，在复杂网络中的辐射过程可表示为式（9-8）。

$$\begin{cases} \dfrac{\mathrm{d}R_k(t)}{\mathrm{d}t} = \beta K_k(t)\theta(t) + \gamma U_k(t)\theta(t) - \delta R_k(t) \\[2mm] \dfrac{\mathrm{d}K_k(t)}{\mathrm{d}t} = \alpha U_k(t)\theta(t) - \beta K_k(t)\theta(t) + \delta R_k(t) \\[2mm] \dfrac{\mathrm{d}U_k(t)}{\mathrm{d}t} = -\alpha U_k(t)\theta(t) - \gamma U_k(t)\theta(t) \end{cases} \tag{9-8}$$

用 m 表示网络节点辐射范围；τ 表示辐射衰减量；$k_n(n=1,2,3,\mathbf{L})$ 表示 n 阶度，即与当前节点距离为 n 的节点的数量；$\langle k_n \rangle$ 表示平均 n 阶度，即网络中所有节点的 n 阶度的平均值。由节点状态转换规则，结合平均场理论，可得出式（9-9）。

$$\begin{aligned} \theta(\infty) &= \frac{k_1}{\langle k_1 \rangle}\sum k_1 P_1(k_1)\frac{\beta\theta(\infty)}{\beta\theta(\infty)+\delta} + \tau\frac{k_2}{\langle k_2 \rangle}\sum k_2 P_2(k_2)\frac{\beta\theta(\infty)}{\beta\theta(\infty)+\delta} + \mathbf{L} \\ &\quad + \tau^{m-1}\frac{k_m}{\langle k_m \rangle}\sum k_m P_m(k_m)\frac{\beta\theta(\infty)}{\beta\theta(\infty)+\delta} \\ &= \left(\frac{\langle k_1^2 \rangle}{\langle k_1 \rangle} + \tau\frac{\langle k_2^2 \rangle}{\langle k_2 \rangle} + \mathbf{L} + \tau^{m-1}\frac{\langle k_m^2 \rangle}{\langle k_m \rangle}\right)\frac{\beta\theta(\infty)}{\beta\theta(\infty)+\delta} \end{aligned} \tag{9-9}$$

由概率性质可知 $\theta(\infty) > 0$，从而可得出式（9-10）。

$$\lambda = \frac{\beta}{\delta} > \frac{1}{\left(\dfrac{\langle k_1^2 \rangle}{\langle k_1 \rangle} + \tau\dfrac{\langle k_2^2 \rangle}{\langle k_2 \rangle} + \mathbf{L} + \tau^{m-1}\dfrac{\langle k_m^2 \rangle}{\langle k_m \rangle}\right)} \tag{9-10}$$

由式（9-10）可知，网络中的节点辐射范围 m、辐射衰减量 τ、平均 n 阶度平方 $\langle k_m^2 \rangle$ 呈负相关关系，与节点的平均 n 阶度 $\langle k_m \rangle$ 呈正相关关系，揭示了节点之间的状态转换概率和辐射衰减量对信息辐射的影响规律。

9.2.3　经典在线社交网络结构模型

继 WS（Watts-Strogatz）小世界网络、BA（Barabasi-Albert）无标度网络之后，人们通过对现实世界中不同领域网络拓扑特征的研究，从不同角度出发提出了许多更贴近实际在线社交网络的拓扑结构模型。文献[18]将已提出的基本网络模型分为规则网络、随机网络、小世界网络、无标度网络等。

1. 规则网络

规则网络是经典网络模型中非常简单的一种。在规则网络中任意两个节点之间都按照既定规则连接。如图 9-2 所示，常见的规则网络有三种：全局耦合网络（globally coupled network）、最近邻耦合网络（nearest-neighbor coupled network）和星形耦合网络（star coupled network）。从图 9-2 中也不难看出，规则网络具有平移对称性，任一节点的度和聚类系数均相同的特点。

（a）全局耦合网络　　　　（b）最近邻耦合网络　　　　（c）星形耦合网络

图 9-2　规则网络

2. 随机网络

Erdos 和 Renyi 提出的 ER 随机网络是一种经典的随机网络模型。ER 随机网络的 $G(N,p)$ 生成思想为，以概率 p 连接 N 个节点中的每一对节点。图 9-3 表示 N 为 10，p 依次为 0、0.1、0.25、0.4 的一组 ER 随机网络的演化实例。

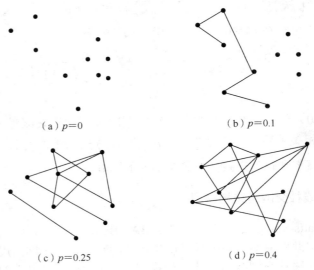

（a）$p=0$　　　　　　　　　（b）$p=0.1$

（c）$p=0.25$　　　　　　　　（d）$p=0.4$

图 9-3　ER 随机网络的演化

3. 小世界网络

小世界网络是一种既具有较短平均路径长度 (L_{ws})，又拥有较高聚类系数 (C_{ws}) 的网络模型。其小世界特性，也就是人们常说的六度空间理论或者六度分隔理论。小世界特性是指，在社交网络中任何一个成员与任意一个陌生人之间对一个消息的分享或传播间隔的人数不会超过六个人。使用 Watts_Strogatz_graph(N, K, p)构造方法生成一个具有 N 个节点、任一节点连接 K 个邻居、以重连概率 p 随机化重连边的 WS 小世界网络。一个 $N=10$，$K=4$，p 分别为 0、0.5、1.0 的 WS 小世界网络演化过程如图 9-4 所示。

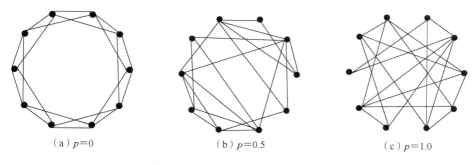

（a）$p=0$ （b）$p=0.5$ （c）$p=1.0$

图 9-4　WS 小世界网络演化过程

4. 无标度网络

无标度网络模型提出了两个在以前研究中并未被考虑到的实际网络的重要特性：①增长性，也就是网络的规模会出现扩大趋势，如新浪微博中不断有新的用户产生；②优先接入性，新生节点趋向于与大度节点相连接。设定初始时有 2 个节点，那么 BA 无标度网络模型的演化过程如图 9-5 所示。

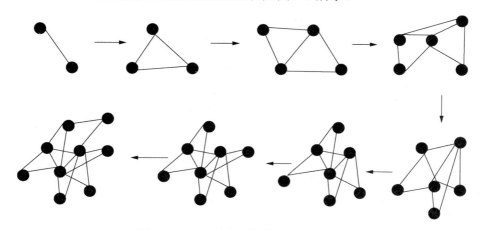

图 9-5　BA 无标度网络模型的演化过程

9.3　基于热扩散运动的社交网络信息传播模型构建

社交网络上信息出现于一个或多个节点，并向各自邻居节点自发扩散传播，邻居节点收到信息后，就会在下一时刻向自己的邻居节点转发该信息，类似过程一直持续，直至信息扩散达到一定广度和深度后传播行为自然终止。信息在很大程度上是自发传播，该过程与物理学分子热扩散运动规律具有一定的相似性，因而分子热扩散运动模型可以应用于社会网络中的信息传播，也可以作为研究社会网络中信息传播的基础模型。因此，本节借鉴热力学理论进行研究建模。

9.3.1　模型特征参量提取与分析

假设存在一个有限边界的网络，该网络构成一个自治系统，信息仅在系统内传播。处于平衡态的系统，宏观上有确定的存在状态，微观上各节点对所接收到的信息进行加工处理，此时节点上信息具有一定的个性特征，对应着一组特征参量和转移函数。

1. 信息初始能量 E_0

系统本身不会自动产生信息，信息由外部事件引发，并呈现于网络中某个或某几个节点，称为初始节点或种子节点。此过程可看作与外界能量交换的过程，交换的结果是该节点上出现一条带有一定能量的信息，能量的大小由事件的轰动性、影响力等因素决定，所携带的能量称为信息初始能量。

2. 信息传播距离 x

信息传播距离是指当前接收到信息的节点距离初始节点之间的路径长度，表征信息扩散的深度。信息具有时效性，但网络上信息扩散传播过程在时间上并非完全同步，因此，用信息传播距离来度量各路径上信息传播的状态会更加合理。信息扩散时间越长，传播距离越大，信息本身与接收者的相关性越低，被继续传播的可能性越小。

3. 信息温度 T

信息温度是指信息在某一时刻的温度值，属于信息时效性的另一种表现形式，即信息被聚焦和关注的程度随时间变化的趋势。信息温度 T 受信息的新鲜性、趣味性、真实性、重要性等因素影响，一般呈指数趋势下降，下降的速度用温度衰减系数表示，记为 α，则信息温度 T 可表示为

$$T = e^{-\alpha x} \tag{9-11}$$

4. 信息能量 E

信息能量是度量信息在各节点自发扩散传播的潜在力量的指标，信息在网络中不同节点处具有不同的信息能量值。节点信息能量值越高，向邻居节点转发该信息的可能性越大，所携带出去的能量值也越大，反之，转发可能性越小，所携带的能量值越小。信息能量值与网络节点的度、信息温度、输入能量和外力做功有关。信息在一个节点上的信息能量转移函数可表示为

$$E = \ln\left(1 + \frac{k}{2}\right) T E_{\text{in}} + W \tag{9-12}$$

式中，k 为信息可以向周围环境扩散传播的自由度，数值上等于节点的度；E_{in} 为从邻居节点接收到信息的信息能量；W 为外力对信息所做的功，表示系统外部力量持续作用对信息产生的影响，由政府信息干预、媒体舆论引导、社会商业行为等外部事件决定，数值上可正可负，如商业推广行为做正功，舆情监管行为做负功。

5. 信息扩散概率 β

信息扩散概率可用来表征信息从当前节点被成功转发传播到邻居节点的可能性大小，信息能量越大，邻居节点接收到信息的概率越高。β 的扩散概率函数可表示为

$$\beta = \frac{E}{E + \sqrt{E_{\text{in}}}} \tag{9-13}$$

信息具有无限复制性，信息的复制不像具体物体的复制，一条信息可复制成千上万条，而成本非常低廉。一个节点收到信息并完成加工处理后，将信息复制生成多个副本，并向其所有邻居节点以信息扩散概率 β 传播出去，每条路径上的输出信息能量等于本节点上的信息能量，即 $E_{\text{out}} = E$。如果邻居节点成功接收到该信息，邻居节点的输入信息能量在数值上等于本节点的输出信息能量。

9.3.2　传播演化机制设计与分析

在传统 SIR 模型基础上，假定治愈时间恒为 $t=1$，系统中的所有个体都必须属于三种状态［未获知信息状态（S 状态）、信息处理状态（I 状态）和已获知信息状态（R 状态）］之一。在信息传播过程中，S 状态的节点因成功接收到信息而转换为 I 状态，对信息进行加工处理后在下一时刻尝试向外转发传播，与此同时，自身转换为 R 状态。具体传播过程机制如下。

步骤 1，系统初始时刻 $t=0$，由外界事件引发具有信息初始能量 E_0 的信息注入网络初始节点 i，节点 i 作为信息传播的种子节点设置为 I 状态，其余节点设置为 S 状态，如图 9-6（a）所示。

步骤 2，$t=1$ 时刻，节点 i 根据信息能量转移函数和扩散概率函数计算和更新信息状态参量值，并向邻居节点 j 转发传播经其处理后的信息，同时自身设置为 R 状态，不再参与传播，如图 9-6（b）所示。

步骤 3，$t=2$ 时刻，节点 j 尝试分别向邻居节点 l、节点 m、节点 n 传播信息，受节点 j 上信息扩散概率 β 的影响，仅有节点 m、节点 n 成功收到信息，节点 l 接收失败。因为此时节点 j 已转换为 R 状态，节点 l 没有其他 S 状态节点和 I 状态节点相连，不存在其他传播途径，因此，节点 l 将永远无法收到信息，如图 9-6（c）所示。

步骤 4，$t=3$ 时刻，节点 j 将信息成功传播至节点 u、节点 v、节点 w，节点 m 已无相连接的邻居节点，该传播路径上的传播行为终止，如图 9-6（d）所示。

步骤 5，类似步骤 1 持续进行，直到系统中状态节点上信息的信息温度和信息能量衰减到一定阈值，所有信息传播行为均失败后，下一时刻 I 状态节点转换为 S 状态，系统中 I 状态消失，系统传播动力不复存在，整个系统处于稳定状态，信息传播过程结束。

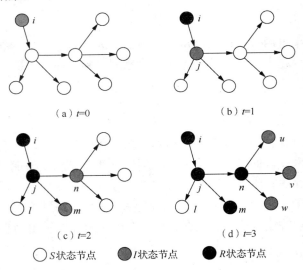

（a）$t=0$ （b）$t=1$ （c）$t=2$ （d）$t=3$

○ S状态节点　● I状态节点　● R状态节点

图 9-6　信息传播过程示意图

9.3.3　信息能量熵变过程分析

在社交网络上，信息传播过程在宏观上表现为信息传播规模、覆盖范围和扩散速度不断变化的过程，在微观上表现为未获知信息的 S 状态节点接收到信息能量转化为 I 状态，然后按照演化机制完成信息状态的跃迁并向外界辐射信息能量，同时自身转化为已获知信息的 R 状态的过程。每一种宏观态对应于多种微观态，要研究宏观态的变化规律，就必须对各种微观态进行统计分析。因此，在考查各网络节点信息能量值转化机制的基础上，本节引入信息能量熵来描述状态特性。根据统计物理学的观点，熵是系统无序程度的量度，熵越大，出现的概率越大，意味着混乱和分散；熵越小，出现的概率越小，意味着整齐和集中。信息传播过程中，会持续引起信息能量熵变，信息能量熵 Entropy 的计算公式可表示为

$$\text{Entropy} = -K\sum_{j=1}^{m}P_j\ln(P_j) \tag{9-14}$$

式中，m 为 R 状态节点信息能量值的个数，可通过对系统某时刻全体 R 状态节点的信息能量值进行统计、分类求得；P_j 为第 j 个信息能量值出现的概率；K 为归一化系数，能够确保 $\text{Entropy}\in[0,1]$，$K=1/\ln(m)$。

　　网络节点向外传播信息采用"一对多"或"点对面"的传播模式，即由一个传播者向邻居节点发布信息，传播过程具有方向性和时效性，信息扩散不可逆过程中熵增加，系统最终将趋向平衡态，最后的平衡态一定是熵最大的状态。整个传播过程实际上是打破系统当前稳定状态，经过系统自身调整和适应，积极寻求另一个稳定状态的过程。

9.4　仿真性能与舆情演化分析

　　将基于热扩散运动的信息传播模型在网络节点总数为 N、网络节点平均度为 k 的四种经典网络中进行仿真：①规则网络，一个具有 N 个节点和每个节点具有 k 条边的环形网络；②小世界网络，在规则网络的基础上以概率 p 随机重连规则网络中的每条边；③随机网络，以概率 $p=1$ 随机重连规则网络中的每条边；④无标度网络，网络初始节点个数为 m_0，每一个新增节点的边数 $m=k/2$，度分布服从 $\gamma=3$ 的 $p(k)\sim k^{-\gamma}$ 幂律分布的网络。为了减少选择初始信息节点受随机性的影响，本节选择在具有 10 000 个节点的网络上开展仿真实验，以提高仿真结果的可靠性和准确度，即取 $N=10\,000, k=6, m_0=5$。

9.4.1　已获知信息的状态节点演化

　　描述信息扩散最简单的方式是计算信息扩散的规模，主要计算数学分布随时间变化的趋势。为了阐述信息传播过程，首先关注系统中已获知信息的 R 状态节点的比例 p_R 随时间的演化情况，如果 p_R 很大，说明信息传播很广；反之，说明信息仅在极小范围内进行了传播。图 9-7 显示了信息分别在规则网络、随机网络、小世界网络和无标度网络中信息温度衰减系数 α 取为 0.1、0.3 和 0.5 时的传播情况。由图 9-7 可知，无标度网络中 p_R 最大，信息十分活跃，传播速度快、范围广，这是由无标度网络具有异质性、网络节点度分布严重不均匀性引起的。p_R 在随机

网络、小世界网络、规则网络上依次减小，这与传统传播疫情的认识相一致。在规则网络上，各节点度的数量相等且很小，导致传播速度非常缓慢且很快结束。

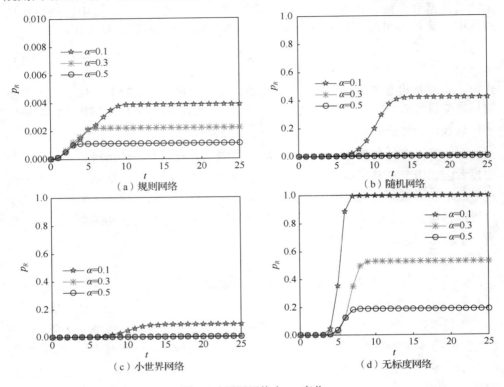

图 9-7　不同网络上 p_R 变化

信息温度随着时间的流逝会逐渐降低，降低的速度取决于衰减系数 α。由图 9-7 可知，当 $\alpha = 0.1$ 时，信息得到了较好的扩散传播；当 $\alpha = 0.3$ 和 0.5 时，在规则网络、随机网络、小世界网络上几乎未能激发连锁反应传播行为。在无标度网络上，当演化至 $t = 5$ 和 6 时，p_R 大幅度阶跃上升，之后稳定在一定数值而不再增长，信息覆盖范围不再扩大，系统呈现稳定状态，即经 6 轮传播演化后系统内已获知信息的节点数量达到最大值，这与 Stanley Milgram 教授提出的的六度分隔理论非常相似。

9.4.2　信息处理状态节点演化

I 状态节点是信息的处理节点和转接点，它既是信息的接收者，又是传达者，在接收到信息的下一时刻转变为 R 状态节点。I 状态节点的比例 p_I 表示 t 时刻网络上信息传达者的数量和信息的活跃程度。当 p_I 很大时，说明网络极度活跃，信息传播欲望和分享意愿强烈；当 p_I 很小时，说明各节点对该信息缺乏兴趣，个体不愿意与他人交流，不会与他人分享最新信息。

如图 9-8 所示，在所有网络中，p_I 早期增长很快，然后迅速衰减至 0，信息传播活动停止。在无标度网络中，前几步演化使 p_I 急剧上升，说明网络中存在大量活跃节点和传播路径，信息得以迅速扩散；在规则网络、随机网络、小世界网络中，I 状态节点数量有限，传播活动很快衰亡。

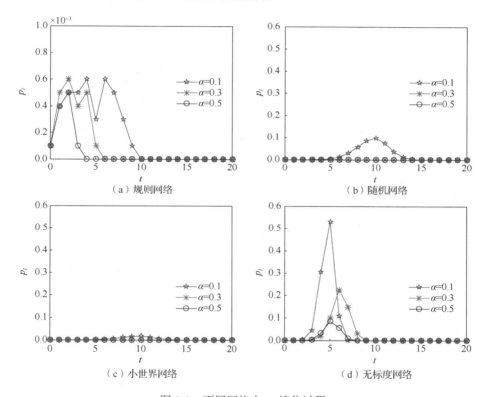

图 9-8   不同网络上 p_I 演化过程

9.4.3   信息级联效应

信息在网络上能够迅速扩散,形成传播连锁效应,I 状态节点扮演了关键角色,在未获知信息的 S 状态节点转变为 R 状态节点过程中发挥了桥梁作用，因此可将 I 状态节点看作级联。级联具有连锁性和脆弱性，I 状态节点的演化产生了级联效应。如图 9-9 所示，信息由节点 s 向节点 t 传播，如果成功，节点 t 将在下一时刻向节点 u、节点 v、节点 w 传播，进而信息扩散至 A 集合的所有节点。此过程中节点 t 和节点 u、节点 v、节点 w 都是级联节点；假如节点 s 向节点 t 传播信息失败，节点 t 未能收到信息，则节点 t 不可能成为级联节点，所以信息无法扩散至 A 集合。

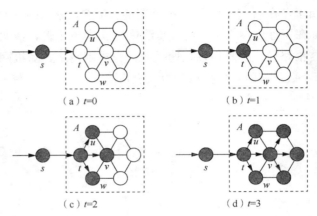

（a）$t=0$　　　　　　　　　　　　（b）$t=1$

（c）$t=2$　　　　　　　　　　　　（d）$t=3$

图 9-9　信息级联传播过程示意图

为了进一步研究网络中信息级联的影响，彩图 11 显示了 10 000 个节点的级联粒度分布，从上到下分别为规则网络、随机网络、小世界网络和无标度网络，从左到右信息温度衰减系数 α 分别为 0.1、0.3 和 0.5。它们在不同网络结构和 α 系数上差异很大，在小数量级上呈现出幂律分布（彩图 11 蓝色区域），大数量级上为密集分布，网络异构性越强，幂律分布衰减幅度越大。在无标度网络中 $\alpha=0.1$ 时的大数量级上服从非常规则的正态分布，数学期望为 3 200，在 $n\in[6,3\,000]$ 上几乎没有产生任何级联，表示信息要么迅速扩散传播，要么迅速消亡终结，因此初始阶段的传播行为非常重要。如果信息在早期传播的几轮演化后存活下来，那么它将迅速扩散至几乎整个系统。

9.4.4　未获知信息的状态节点演化

S 状态节点是信息潜在受众节点，可能会转化为 I 状态节点，S 状态节点的比例 p_S 表示网络上暂时未获知信息的节点规模。如图 9-10 所示，在规则网络、随机网络和小世界网络中节点具有较高的免疫力，I 状态节点的信息能量低，扩散概率小，传播能量差，S 状态节点很难接收到微弱的信息。只有当衰减系数 $\alpha=0.1$，信息保持比较高的热度和关注度时，无标度网络和随机网络中 S 状态节点才会较大幅度减少，获得较好的传播效果。

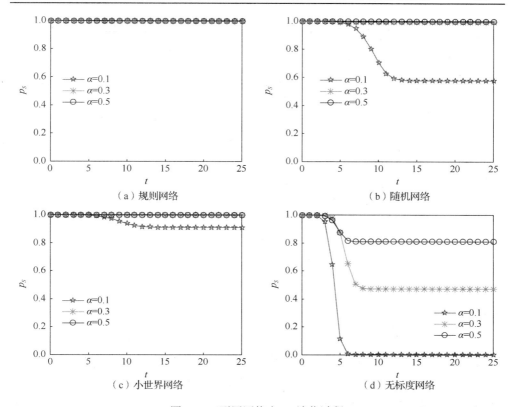

图 9-10　不同网络上 p_S 演化过程

9.4.5　信息温度

　　信息温度的变化速度与信息是否符合个体的切身利益和心理期待密切相关。信息温度 T 是时间 t 的函数，信息刚刚注入网络时，信息温度最高，之后随着信息向外扩散呈指数趋势下降，下降的幅度取决于衰减系数 α。如图 9-11 所示，如果信息本身与大众息息相关，人们对信息的关注度和热度一直很高，则衰减系数较小（如 $\alpha = 0.1$），信息温度下降缓慢，传播时间延长，信息可以得到充分传播；信息内容与公众关系不大或者没有关系，则衰减系数较大（如 $\alpha = 0.5$），传播过程只能是昙花一现，然后迅速消亡。

　　要使信息一直保持较高的温度，延缓衰减时间，扩大传播范围，一个行之有效的办法就是不断补充相关信息，持续引起大众的情绪波动，吸引目标群体的关注，以便得到较好的传播效果。

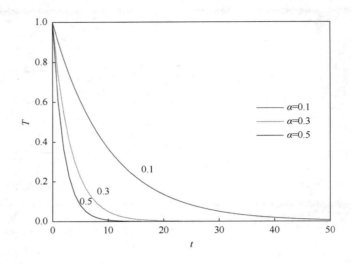

图 9-11　信息温度变化

9.4.6　初始能量

信息由事件产生，具有初始能量 E_0，它与信息价值量大小、保密程度和社会环境等因素密切相关。为了研究初始能量 E_0 对信息传播的影响，重点关注 R 状态节点的比例 p_R 随初始能量 E_0 的变化情况。如彩图 12 所示，随着 E_0 的增加，p_R 呈对数函数趋势增长，表明 E_0 较小时对信息传播行为影响较大，E_0 较大时对传播行为影响很小。无标度网络具有高内聚性和存在较小的平均路径长度，导致 E_0 很小时（E_0=0.1）p_R 就进入饱和状态，信息几乎扩散至整个系统。在规则网络中，度分布均匀且很小，无论初始能量如何变化，都无法引起大范围内的传播；在随机网络中，初始能量表现出较快的对数增长趋势；在小世界网络中，初始能量呈现出线性增长关系。

9.4.7　信息能量

信息在不同的时间、不同的节点具有不同的能量，图 9-12 显示了信息能量 E 与信息温度 T、输入能量 E_{in} 和节点度 k 之间的关系。由图 9-12 可知，节点信息能量对信息输入能量最为敏感，随初始能量快速线性增长，说明信息扩散传播是否成功，主要取决于上一节点的信息能量及信息的初始状态，即信息本身的属性。节点度是决定信息在当前节点信息能量得以增强还是减弱的关键因素，属于网络节点的物理属性，与网络拓扑结构密切相关。信息温度对信息能量的影响也比较大，信息传播路径越长，信息温度越低，信息能量就越小，表明如果信息扩散已久，即使意见领袖转发，也不可能再次引起传播人数的激增。

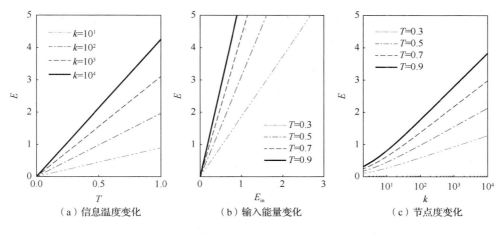

（a）信息温度变化　　　　　　（b）输入能量变化　　　　　　（c）节点度变化

图 9-12　信息能量变化

图 9-13 展示了不同网络上 $t=20$ 时节点信息能量的分布情况，网络异质性越大，能量分布越离散。在无标度网络上，度大的节点信息能量值比较高；规则网络、随机网络和小世界网络中信息能量分布较为均匀。

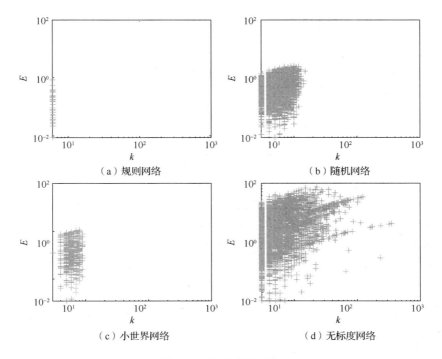

（a）规则网络　　　　　　　　　　　　　（b）随机网络

（c）小世界网络　　　　　　　　　　　　（d）无标度网络

图 9-13　信息能量分布

9.4.8　信息能量熵变

　　信息传播是系统内部网络节点状态持续变化的过程，在宏观上呈现出系统整体的变化趋势，通过统计计算并分析熵变规律，能够更深刻地把握传播扩散机理。图 9-14 显示了不同类型的网络中信息能量熵的变化情况。

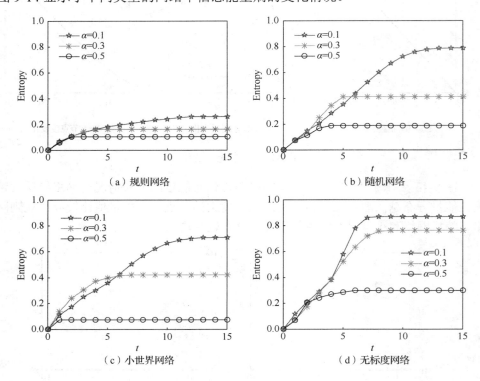

图 9-14　信息能量熵变化

　　由图 9-14 可知，信息传播过程就是向概率大的状态变化的过程，也正是熵增加的过程，与大量网络节点的无序传播有关，当熵趋近于 1，表明信息传播几乎扩散至整个系统。在规则网络上，熵值增加缓慢，最高仅为 0.26，之后不再增加，系统进入平衡态，信息传播活动停止，网络对信息传播有较大的抑制作用；在随机网络和小世界网络上，熵值变较快；在无标度网络上，熵值增加速度最快且熵值最高，达到 0.87，表示信息得到了充分扩散传播。

9.4.9　外力做功

　　在实际信息传播过程中，很少有纯粹的自发传播，往往会受到外界的干预，使其朝着人们预期方向发展。例如，对于产品推广信息，施加外部推动力，持续做正功，以期加快信息传播速度和扩大传播范围，使其更有利于商品信息的宣传；对于谣言信息，政府通过法律手段、审核机制，民间通过社会伦理、道德约束等施加外部阻力，持续做负功，以遏制信息的扩散。研究外力做功 W 的变化对信息扩散范围的影响，最直接的办法就是考查 R 状态节点的比例 p_R 随 W 的演化规律。如彩图 13 所示，当外力做负功($W < -0.25$ 时)，在所有网络中信息几乎都无法传播，信息被封锁在初始节点；当外力做功(在 $W = 0$ 附近)时，即不施加任何外部力量，任由信息自发传播，此时 p_R 阶跃上升，信息得到了较好传播，传播扩散的范围仅受信息和网络自身属性的影响；当外力做正功($W > 0.25$ 时)，p_R 值非常高，信息得到迅速扩散。网络异质性越强、聚类系数越大，p_R 阶跃变化越陡峭，特别是在无标度网络中，衰减系数 $\alpha = 0.1$ 时，仅出现一次过渡节点［彩图 13（d）☆ 图形］，说明信息在无标度网络中要么被封锁消亡，要么被迅速传遍网络。

对外力做功的研究表明，信息传播过程具有可控性。但是，在随机网络和无标度网络中，$W \in (0, 0.5)$，少量 $P_R = 0$，说明即使外力做正功，偶尔也会出现信息无法扩散的特殊情形［彩图 13（b）和（d）部分］，这是由宏观上网络节点度分布严重不均匀性和微观上网络节点信息传播随机性造成的，证明信息传播过程并非绝对可控，会出现一些小概率事件。这就解释了在产品信息推广活动中，各方面工作都完成得不错，但最终的推广效果不理想。

9.4.10　信息扩散概率

系统中网络节点上，信息能量值决定了信息传播的深度，信息扩散概率决定信息传播的广度。信息扩散概率是度量信息成功传播的关键指标，它随信息温度、输入能量和节点度的变化趋势如图 9-15 所示，当 T 趋于 0 时，β 趋于 0，信息无法向外传播；当 E_{in} 不断增大时，β 呈单调快速增长趋势，说明信息在开始几轮演化中传播效果最好，特别是 E_{in} 在 0~0.5 时，β 增长非常快，表明一个节点转发信息的可能性与收到的信息能量成正比。β 随节点度 k 单调增加，但增加的幅度较小。

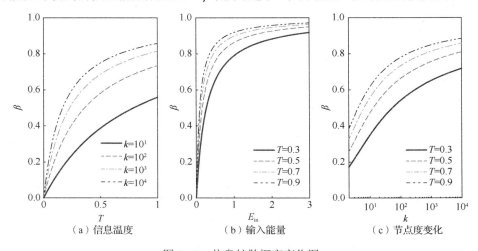

（a）信息温度　　　　　　　（b）输入能量　　　　　　　（c）节点度变化

图 9-15　信息扩散概率变化图

为了使信息具有更好的扩散效果，必须尽可能地提高信息的输入能量，具体可以采取提高信息初始能量和外界做正功两种干预方法。

9.4.11　实证对比分析

信息在互联网上传播，收到信息的个体首先会对信息进行预处理，即预判、求证和丰富相关信息，然后才继续向外转发传播。互联网络属于复杂网络，拓扑结构上与小世界网络相似[23]，因此，以小世界网络为基础，开展模型演化实验，将正在进行信息预处理的个体，抽象为状态节点，通过迭代演化统计分析状态节点的比例随时间变化的规律，并与实际网络数据对比分析，考查图形重合度，计算数据相似性，以实证方法验证模型的有效性和可靠性。

1．实证数据提取

根据中国互联网络信息中心发布的第 41 次《中国互联网络发展状况统计报告》，截至 2017 年 12 月，使用搜索引擎的人数为 63 956 万人，其中使用百度搜索引擎的人数占比为 70.74%。本节假设通过百度搜索引擎进行信息查询求证的人数比例为 20%，即 9 048.49 万人，将这些人员整体看成一个网络系统，每个人作为一个网络节点，考查信息在这个系统中的宏观传播情况。从百度平台随机抽取四条 2017 年度不同类别的热点事件信息，查阅百度搜索指数。热点事件百度搜索指数如图 9-16 所示。

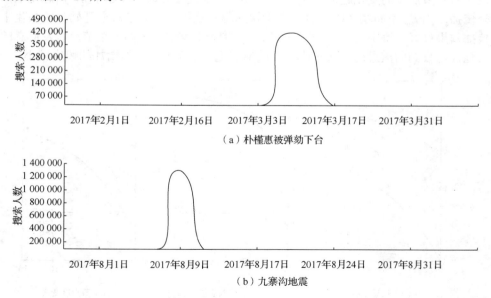

（a）朴槿惠被弹劾下台

（b）九寨沟地震

图 9-16　热点事件百度搜索指数

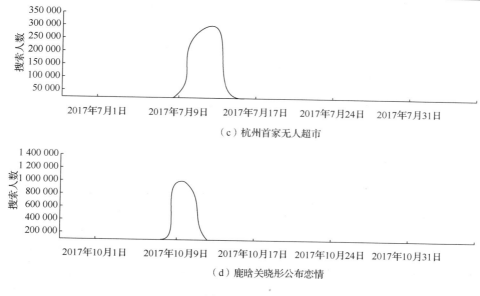

（c）杭州首家无人超市

（d）鹿晗关晓彤公布恋情

图 9-16（续）

　　这四条典型热点事件信息属于不同行业，具有一定的代表性，相关统计数据如表 9-1 所示。

表 9-1　热点事件信息数据

类别	事件信息名称	峰值人数	峰值比例
政治	朴槿惠被弹劾下台	421 180	0.004 6
社会	九寨沟地震	1 323 193	0.014 5
科技	杭州首家无人超市	293 209	0.003 2
娱乐	鹿晗关晓彤公布恋情	1 068 358	0.011 7

2. 设置仿真环境

　　在小世界网络上运用基于热扩散运动的信息传播模型开展实验,政治事件"朴槿惠被弹劾下台",无论在国际上还是在国内,影响都非常大,但事件本身与国内网民利益相关性很低,对其进行讨论、评议的热情并不高,因此初始能量高、衰减系数大;科技领域事件"杭州首家无人超市",专业性强,被关注面较窄,但此事件开启一个新时代,相关信息引发了人们的思考和讨论,所以初始能量较小、衰减系数较低;另外两个事件按类似方法取定相关参数。实验具体初始参数值设置如表 9-2 所示。

表 9-2　实验具体初始参数值设置

事件信息名称	衰减系数	初始能量
朴槿惠被弹劾下台	0.170	0.40
九寨沟地震	0.119	0.32
杭州首家无人超市	0.136	0.23
鹿晗关晓彤公布恋情	0.121	0.32

3. 对比分析实验

为了减少网络传播随机性对实验结果准确性的影响，一共进行了 20 次重复实验，分别就四个事件从真实统计数据和仿真结果数据的余弦相似性、相关系数和误差峰值几个方面开展深入对比分析。余弦相似性采用统计方法计算两组数据归一化后的相近程度；相关系数考查这两组数据之间的相互关系、相关方向及线性相关程度；误差峰值度量两组数据之间局部最坏情况下的离散程度。这三个指标的设置是科学的、合理的，具有可操作性、实用性。对比实验结果如图 9-17 和表 9-3 所示。

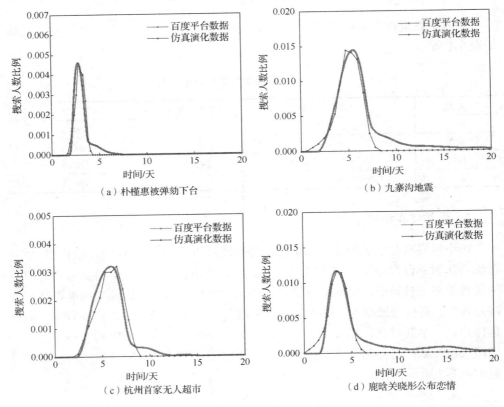

图 9-17　仿真与实证对比图

表9-3　实验结果数据

事件信息名称	相似度	相关系数	误差峰值
朴槿惠被弹劾下台	0.961 1	0.957 6	0.199 3
九寨沟地震	0.979 6	0.980 6	0.112 2
杭州首家无人超市	0.980 8	0.975 0	0.125 9
鹿晗关晓彤公布恋情	0.973 4	0.973 7	0.095 0

真实统计数据和仿真结果数据两者之间相似度大于 0.96,相关系数大于 0.95,
说明模型的扩散传播整体趋势与真实数据相符,一致性高,较好地模拟了真实网
络信息传播过程。仿真结果数据与真实统计数据两者之间的误差峰值小于 0.2,说
明局部性态良好,误差主要出现在信息传播过程的后期,因为真实环境中人们阅
读、理解、消化信息需要一定的时间,因此存在传播滞后性和传播惯性,信息下
降沉没趋势较为平缓一些。

本 章 小 结

本章首先对信息传播领域研究工作进行了总结,将其分为四个不同的研究方
向,深入分析了各自的研究现状与发展动态。其次以热力学分子热运动理论为基
础,结合经典的 SIR 模型,构建了基于热扩散运动的信息传播数学模型并确立了
转换函数与节点演化机制,进一步分析了信息在不同状态时的演化机理,重点阐
述了信息能量跃迁和熵变的过程,从而揭示出信息传播系统是如何由一个平衡态
转化为另一个平衡态的过程。再次将提出的社交网络信息传播模型在不同拓扑结
构的规则网络、随机网络、小世界网络及无标度网络中进行仿真实验,并详细分
析了各个参量变化的作用规律和影响机制。最后通过采集互联网真实统计数据,
与仿真结果数据进行实证对比分析,结果显示本章提出的基于热扩散运动的在线
社交网络信息传播模型是合理、有效的。

参 考 文 献

[1] HAI M, GUO Q, INFORMATION S O. Research on information propagation model in online social networks[J].
Journal of Chinese computer systems, 2016, 37(8):1672-1679.

[2] ZENG Z Y, RUI-SHEN L I. A survey of the research on dissemination model of network public opinion[J]. Journal of
China academy of electronics & information technology, 2016, 11(6):588-593.

[3] MENG Q, ZHANG N, ZHAO X, et al. The governance strategies for public emergencies on social media and their
effects: a case study based on the microblog data[J]. Electronic markets, 2016, 26(1):15-29.

[4] HUANG J, SHEN H, CHENG X. Understanding information propagations via influence backbone analysis on social
networks[J]. Journal of Chinese information processing, 2016, 30(2):74-82.

[5] MAHDIZADEHAGHDAM S, WANG H, KRIM H, et al. Information diffusion of topic propagation in social
media[J]. IEEE transactions on signal & information processing over networks, 2016, 2(4):569-581.

[6] KRISHNAMURTHY V, HOILES W. Information diffusion in social sensing[J]. Numerical algebra control & optimization, 2017, 6(3):365-411.

[7] QIN Z. Social network topology and information dissemination[J].China computer & communication, 2017, 21(21):149-151.

[8] LU Z, WEN Y, ZHANG W, et al. Towards information diffusion in mobile social networks[J]. IEEE transactions on mobile computing, 2016, 15(5):1292-1304.

[9] WANG J, JIANG C, QUEK T Q S, et al. The value strength aided information diffusion in socially-aware mobile networks[J]. IEEE access, 2016, 78(4):3907-3919.

[10] SAITO K, KIMURA M, OHARA K, et al. Super mediator: a new centrality measure of node importance for information diffusion over social network[J]. Information sciences an international journal, 2016, 329:985-1000.

[11] JALALI M S, ASHOURI A, HERRERA-RESTREPO O, et al. Information diffusion through social networks: the case of an online petition[J]. Expert systems with applications, 2016, 44(2):187-197.

[12] LIU Y, WANG B, WU B, et al. Characterizing super-spreading in microblog: an epidemic-based information propagation model[J]. Physica a: statistical mechanics & its applications, 2016, 463(12):202-218.

[13] CUI X, ZHAO N. Modeling information diffusion in time-varying community networks[J]. Chaos, 2017, 27(12):107-123.

[14] BEKIROS S, NGUYEN D K, JUNIOR L S, et al. Information diffusion, cluster formation and entropy-based network dynamics in equity and commodity markets[J]. European journal of operational research, 2017, 256(3):945-961.

[15] DEY K, KAUSHIK S, SUBRAMANIAM L V. Literature survey on interplay of topics, information diffusion and connections on social networks[J]. Social and information networks, 2017, 1706(6):921-957.

[16] 曹玖新, 胥帅, 陈高君, 等. 在线社交网络中地域性话题发现[J]. 计算机学报, 2017, 40 (7): 1530-1541.

[17] ZHANG Z K, LIU C, ZHAN X X, et al. Dynamics of information diffusion and its applications on complex networks[J]. Physics reports, 2016, 651(26):1-34.

[18] FIBICH G. Bass-SIR model for diffusion of new products in social networks[J]. Physical review E, 2016, 94(3):1605-1615.

[19] WANG C, CHAI S. Hopf bifurcation of an SEIRS epidemic model with delays and vertical transmission in the network[J]. Advances in difference equations, 2016 (12):100-119.

[20] MA J, SI F. Complex dynamics of a continuous Bertrand duopoly game model with two-stage delay[J]. Entropy, 2016, 18(7):266-282.

[21] AL-TAIE M Z, KADRY S. Information diffusion in social networks[J]. Advanced information and knowledge processing, 2017, 2017(11):165-184.

[22] 于建业, 王元卓, 靳小龙, 等. 基于社交演化博弈的社交网络用户信息分享行为演化分析[J]. 电子学报, 2018, 46 (1): 223-229.

[23] QIU T, LIU X, LI K, et al. Community-aware data propagation with small world feature for internet of vehicles[J]. IEEE communications magazine, 2018, 56(1):86-91.

第10章　基于人工神经网络的信息传播建模与舆情演化分析

10.1　引　　言

随着移动互联网技术的发展，在线社交网络逐步演化为无处不在的计算平台和信息传播平台，它正在成为人类社会关系维系和信息传播的重要渠道和载体，对国家安全和社会发展都会产生深远的影响。

在线社交网络舆情[1]是通过在线社交网络表达和传播的，公众对自己关心或与自身利益紧密相关的各种公共事务所持有的多种情绪、态度和意见交错的总和。在线社交网络舆情是以在线社交网络为载体，以事件为核心，广大网民情感、态度、意见、观点的表达、传播与互动，以及后续影响力的集合。政府需要测量网络舆情并进行监控和预警，从而对舆情尤其是负面舆情做出及时妥善的控制，达到有效化解在线社交网络舆论危机的目的。在线社交网络舆情预警的意义在于及早发现危机的苗头，及早对可能产生的现实危机的走向、规模进行判断，及早通知各有关部门共同做好应对危机的准备。

为了研究在线社交网络上网络舆情形成机制，最常见的办法就是对在线社交网络进行数学建模，利用信息传播动力学机制进行演化分析，以揭示舆情形成的内部规律。本章根据信息传播的六度分隔理论[2]，即任何两个互不相识的人只需五个中间人即可建立联系，结合信息传播过程中具有不可避免的阻尼性[3]和无尺度特性[4]，构建了基于人工神经网络的在线社交网络信息传播与舆情演化模型——IPNN 模型，以刻画在线社交网络上的用户交互行为和信息扩散模式，揭示网络结构、用户群体和事件信息之间的演化关系及网络舆情形成机制。

10.2　信息传播与舆情演化分析方法

对于在线社交网络上事件引发的网络舆情，国内外学者已经进行了深入研究，主要有收集数据实证研究和数据建模理论研究两种方法。实证研究主要是针对给社会造成重大影响的公共事件、热点事件进行事后调查分析，研究网络舆情形成过程和信息传播关键点。文献[1]针对中国网络新闻传播的特点和面临的挑战，收集了多起公共事件信息传播过程数据进行分析研究，提出了如何引导网络舆论，增强主流舆论的权威性，维护社会稳定的措施；文献[5]以疫苗安全事件为例，利用社会网络分析来探索舆论传播规律，指出信息扩散路径的规律和模式是有效防范与控制信息危机的关键。实证研究数据真实、客观，结论比较可靠，但是在线社交网络规模庞大，网络舆情波及面广，很难采集到完整数据，所以研究结果与真实情况往往偏差较大。

　　理论建模研究主要从在线社交网络结构、群体行为、舆情演化和舆情预测几个方面展开。网络结构方面重点研究了不同网络拓扑结构（如小世界网络、无标度网络、随机聚团网络、层次结构网络、社区结构网络等）对信息传播模式和网络舆情形成的影响。文献[6]研究了新浪微博网络，发现新浪微博网络具有明显的小世界效应和无标度特征，而且出度分布似乎有多个独立的具有不同指数的幂律状态；文献[7]在无标度网络上提出了一种改进的具有传染性媒介和反馈机制的敏感感染-易感模型；文献[8]在随机网络模型基础上进行推广引入聚类系数，将随机聚类网络映射到一个局部树形结构的因子图中，研究任意接触率的随机非簇网络中的信息扩散过程。群体行为方面的研究工作主要有网络群体模型与行为分析，群体行为建模与演化性分析、群体行为预测及网络结构对群体行为演化的影响和群体行为演化对网络结构的影响。文献[9]提出了一个分层社区信息扩散模型来捕捉社交网络中的信息传播过程，并提出了社区分层的概念，其中跨层社区的信息扩散是单向的，从更高的层次到较低的层次；文献[10]研究了群体之间的结构相互依赖（特别是不平等）的影响，以及个体在最小群体情况下对群体内偏爱的依赖性；文献[11]提出了一种具有重叠社团结构的社会网络中网络拓扑演化的模型，研究了成员互动强度和频率，以及不同社区之间的重叠程度对网络舆情形成机制的影响；文献[12]在社交网络群体分析中引入时间参量，即用时间群查询来洞悉各种关系的共同兴趣。

　　舆情演化和舆情预测的研究分为传统研究方法和基于人工神经网络的研究方法。传统研究方法是分析用户关系结构、提取相关特征、建立节点间交互行为动力学模型，通过演化迭代探究网络舆情形成机制。文献[13]考虑到网络舆情的不确定性和模糊性，引入了信息熵的概念，提出了一种基于信息熵的网络舆情相似性分析方法，可以对互联网热点和危机事件进行聚类和识别；文献[14]针对网络舆情趋势预测问题，使用用户评级矩阵找到相似的用户，提出了基于协同过滤的网络舆情趋势预测方法；文献[15]将信息传播理论与自然语言处理技术相结合，通过引入特征词的词性权重系数和位置权重，再利用文本情感分析网络舆情演化的过程；文献[16]在研究不确定性理论和网络舆情传播过程的基础上，提出了基于不确定偏微分方程的网络舆情演化模型。

　　基于人工神经网络的研究方法是从信息处理角度对人脑神经元网络进行抽象，建立某种简单模型，按不同的连接方式组成不同的网络，结合在线社交网络信息传播非线性动力学性质和统计理论，动态模拟网络舆情演化过程和舆情爆发。

文献[17]利用生物神经元模型，描述在线社交网络上的各种用户行为，提出了一种基于神经网络算法的舆情趋势预测模型；文献[18]在对网络舆情特征分析的基础上，提出了一种基于神经网络和遗传算法的网络舆情评价模型与原型系统；文献[19]提出了多层次的网络舆情数据挖掘模型，利用支持向量机对网络舆情进行预测，再利用 BP（back propagation）神经网络对预测结果进行修正，同时采用粒子群算法对 BP 神经网络参数进行优化；文献[20]提出了一种以卷积神经网络模型作为情感分类器，采用深度学习的方法来分析社交网络评论的网络舆情分析模型。目前，人工神经网络的研究工作仍在不断深入，已经取得了很大的进展，其在模式识别、智能机器人、自动控制、预测估计等领域已成功地解决了许多现代计算机难以解决的实际问题，表现出了良好的智能特性。

为了深入分析网络舆情研究工作，本章首先对基于连接矩阵的舆情演化传统模型进行介绍。假设在线社交网络是一个封闭网络，舆情在网络中产生，而且仅在该网络中传播，其间网络节点数量不变。以在线社交网络的用户为节点、节点间相互连接为边来构建一个无向权值图，即在线社交网络图[21]，在此基础上定义舆情系统 $S = \{n, t, X(t), G_t(V, E, W)\}$，$n$ 表示系统中节点个数，$t = \{0,1,2,\mathbf{L}\ ,n\}$ 表示系统中离散的时间点，$X(t) = [x_1(t), x_2(t), \mathbf{L}\ , x_n(t)]$ 表示时刻 t 系统的观点值，$G_t(V, E, W)$ 为时刻 t 系统的网络拓扑图，V 为网络节点集合；E 为连接所有节点的边集合，表示节点信息可能的传播路径；$W = [w_{ij}]$ 为边的权值矩阵，即影响力矩阵，表示一个节点对与之有连接的各个节点的影响力权值。

假设时刻 t 系统中节点 i 和 j 的观点值分别为 $x_i(t)$ 和 $x_j(t)$，则两节点间的观点距离 d_{ij}^t 可表示为

$$d_{ij}^t = |\, x_i(t) - x_j(t)\,|, \quad i \neq j \tag{10-1}$$

节点间的连接权重，即影响力权值 w_{ij}^t 可表示为

$$w_{ij}^t = \frac{1}{d_{ij}^t} = \frac{1}{\max(d, |\, x_i(t) - x_j(t)\,|)} \tag{10-2}$$

式中，d 为一个非常小的正数，以代替 $x_i(t) - x_j(t)$ 分母为零时的情况。式（10-2）说明两个节点间的观点距离越接近，相互间的影响力就越大。

令节点 i 与所有存在直接连通的节点的权值之和为 1，即 $\sum\limits_{j=1}^{n} w_{ij}^t = 1$，则存在直接连通的两节点在时刻 $t+1$ 的影响力权值 w_{ij}^{t+1} 可表示为

$$w_{ij}^{t+1} = \frac{w_{ij}^t}{w_{ii}^t + \sum\limits_{j=1, j \neq i}^{n} w_{ij}^t} \tag{10-3}$$

式中，w_{ii}^t 为节点 i 在时刻 t 自己对自己的影响力权值。按照归一化准则，在时刻

$$t+1, \quad w_{ii}^t = 1 - \sum_{j=1, j\neq i}^{n} w_{ij}^t。$$

经过一个时间步的演化，节点 i 在时刻 $t+1$ 的观点值 $x_i(t+1)$ 可表示为

$$x_i(t+1) = \sum_{j=1}^{n} w_{ij}^{t+1} x_j(t) \tag{10-4}$$

将式（10-4）所示的节点演化规则推广至整个网络，可知在线社交网络上舆情系统 S 在时刻 $t+1$ 的观点值为

$$X(t+1) = W(t+1)X(t) \tag{10-5}$$

式中，$X(t)$ 为时刻 t 时系统的观点值向量；$X(t+1)$ 为经过一个时间步演化后在时刻 $t+1$ 时系统的观点值向量；$W(t+1)$ 为时刻 $t+1$ 时系统的影响力权值矩阵。

这样，在线社交网络中每一节点随着时间的推移不断地改变着邻居节点的影响，并且更新自身影响力。同时，它也会根据邻居节点当前的影响力和邻居节点上一时刻的观点值来更新自身观点值。在线社交网络舆情演化过程实质上就是基于节点影响力的节点观点迭代过程。

综上所述，网络舆情演化传统模型简单、计算量小，但对在线社交网络信息分享和信息交互机制的描述过于理想化，模型准确性不高。而人工神经网络是由大量处理单元互联组成的非线性、自适应信息处理系统，是在现代神经科学研究成果的基础上提出的，试图通过模拟大脑神经网络处理、记忆信息的方式进行信息处理，具有良好的智能性。

10.3 基于人工神经网络的在线社交网络信息传播与舆情演化模型描述

基于人工神经网络的在线社交网络信息传播与舆情演化模型——IPNN 模型是一种数学运算模型，由大量的节点（或称神经元）及它们之间相互连接构成，每个节点既代表在线社交网络上的某个用户，又代表一种特定的输出函数，称为激励函数。每两个节点间都有一个表示通过该连接信号的加权值，称为权重，这相当于人工神经网络的记忆。网络的输出则依网络的连接方式、权重值和激励函数的不同而不同。

1. 信息传播神经元模型

神经网络中基本的构件是神经元模型，在生物神经网络中，每个神经元与其他神经元相连，当它"兴奋"时，就会向相连的神经元发送化学物质，从而改变这些神经元内的电位，如果某神经元的电位超过一个"阈值"，那么它就会被激活，即"兴奋"起来，向其他神经元发送化学物质。

在社会网络中有两个不可或缺的元素，即行为人和关系，行为人可以是自然人个体，也可以是非正式群体、正式组织等集体，在线社交网络上一个行为人对应一个用户；关系是两个行为人之间的特定接触、连接或联结，在线社交网络的关系一般为有向关系，即第一个行为人发起信息传播行为，第二个行为人接收信息；行为人之间关系的亲密或疏远对信息传播的效果能产生重大影响，因为人们更愿意相信和转发亲密度更高的行为人传来的信息。根据上述分析将生物神经元模型引入信息传播领域，在在线社交网络上构建信息传播神经元模型，如图 10-1 所示。模型的形式化描述如下。

1）将行为人抽象为神经元，即在线社交网络上的一个用户或一个节点在模型中用一个神经元表示。

2）行为人之间的关系抽象为神经元的信息输入或信息输出，关系的亲密度高低用连接权重表示。

3）输入信息 $x_1, x_2, \mathbf{L}, x_i, \mathbf{L}, x_n$ 表示与当前行为人相连接的 n 个信息输入源，连接权重 $w_1, w_2, \mathbf{L}, w_i, \mathbf{L}, w_n$ 表示当前行为人分别与信息输入源 $x_1, x_2, \mathbf{L}, x_i, \mathbf{L}, x_n$ 的亲密程度。

4）传播阈值 θ 表示仅当输入信息的线性叠加之和大于 θ 时，神经元才产生输出信息 y。传播阈值 θ 与行为人的受教育程度、社会地位、从事职业、个人性格等因素有关，$\theta \in [0,1]$，$\theta = 0$ 表示行为人乐于信息分享，不管什么信息，只要收到就会向自己的关注者转发；$\theta = 1$ 表示行为人不愿意在社交网络上进行信息交流，无论何种信息，一律不转发、不评论。

5）输出信息 y，将向与之相连的信宿进行信息输出。

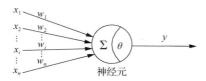

图 10-1　信息传播神经元模型

信息传播神经元模型的数学表达式如下：

$$x = \sum_{i=1}^{n} w_i x_i \tag{10-6}$$

$$y = f(x, \theta) = \begin{cases} x, & x > \theta \\ 0, & x \leqslant \theta \end{cases} \tag{10-7}$$

由式（10-6）可知，神经元接收到来自 n 个其他神经元传递过来的输入信息，按连接权重进行线性运算，得到自己的信息总量；然后由式（10-7）进行激活运算，$f(x, \theta)$ 为激活函数，当信息总量大于阈值时，产生输出 $y = x$；当信息总量小于或等于阈值时，$y = 0$ 无输出。

2. 信息传播神经网络模型

大量的信息传播神经元按一定的形式连接便构成了信息传播神经网络模型，神经网络是一个高度非线性动力学系统。虽然每个神经元的结构和功能都不复杂，但是神经网络的动态行为十分复杂，非常适合用来刻画在线社交网络上的信息传播和舆情形成过程。

3. 信息传播神经网络拓扑结构

根据六度分隔理论，信息从一端传播到另一端平均只需要 5 个人，因此信息传播神经网络模型采用具有 1 个起始输入层、5 个中间传播层和 1 个信息终结层的 7 层神经元网络模型框架，每一层神经元仅与其相邻的前一层、后一层网络的神经元直接相连，与同一层的其他神经元之间不相连，如图 10-2 所示。信息于 t_0 时刻出现在第 1 层神经元上，然后经过 6 个时间步（$t_1, t_2, \mathrm{L}, t_6$）的 6 轮传播才能遍及整个网络。第 1~7 层神经元的个数分别为 $n_1, n_2, n_3, n_4, n_5, n_6, n_7$，一般情况下，$n_1 < n_2 < n_3 < n_4 < n_5 < n_6 < n_7$；$x_i^l$ 表示 l 层第 i 个神经元，每一个神经元存在一个信息传播阈值 θ_i^l，神经网络中 θ 服从正态分布，即 $\theta \sim N(\mu, \sigma^2)$；$w_{ij}^l$ 表示 l 层第 i 个神经元和 $l+1$ 层第 j 个神经元之间的连接权重。

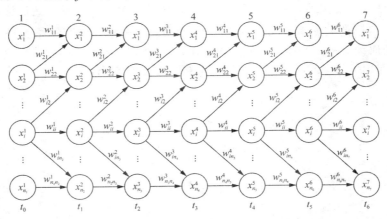

图 10-2　信息传播神经网络模型

信息传播神经网络模型第 1 层为信息输入层，输入层的神经元表示掌握外部事件第一手信息资料的行为人，即产生该信息的事件当事人、目击者或直接利益相关者等。第 2~6 层为信息传播层，传播层的神经元表示接收到信息的行为人，在对自身情感需求、利益相关度、社交影响力综合评判的基础上决定信息进行评论或转发。第 7 层为信息终结层，即信息传播的边界，终结层的神经元仅接收信息，根据信息内容改变自身状态，但不再向外转发信息。

4. 信息传播神经网络构造算法

在线社交网络上节点沿信息传播方向上呈发散状分布，即一个信源节点通常与多个信宿节点相连。神经网络模型中，假设网络总节点数量为 N 个，节点扩散系数为 ρ，一般情况下 $\rho > 1$，结合平均场理论，神经网络模型中各层神经元数量应满足如下关系式：

$$n_1 + n_2 + n_3 + n_4 + n_5 + n_6 + n_7 = N \qquad (10\text{-}8)$$

$$n_1(\rho^0 + \rho^1 + \rho^2 + \rho^3 + \rho^4 + \rho^5 + \rho^6) = N \qquad (10\text{-}9)$$

可解得

$$n_1 = \frac{1-\rho}{1-\rho^7} N \qquad (10\text{-}10)$$

令 $c = \dfrac{1-\rho}{1-\rho^7}$，由式（10-8）～式（10-10）可得出神经网络各层神经元数量，如表 10-1 所示。

表 10-1 神经网络各层神经元数量

层次	n_1	n_2	n_3	n_4	n_5	n_6	n_7
数量	cN	$c\rho N$	$c\rho^2 N$	$c\rho^3 N$	$c\rho^4 N$	$c\rho^5 N$	$c\rho^6 N$

在线社交网络具有异质性和无尺度性，存在明显意见领袖现象，绝大多数节点只与少量节点发生连接，只有极少数节点与大量节点发生连接，节点度服从幂律分布。因此，在神经网络模型中，相邻两层神经元之间的连接是非均匀的，倾向于与度大的节点相连；同时，为了体现网络连接强度和紧密程度，引入连通率 α 指标，$\alpha \in [0,1]$，$\alpha = 1$ 表示相邻两个网络层之间全连接，$\alpha = 0$ 表示无任何连接。

假设 l 层和 $l+1$ 层网络神经元数量分别为 n_l 个和 n_{l+1} 个，连通率为 α，则生成第 l 和 $l+1$ 层节点之间连接的算法描述如下。

1）计算需要生成的连接数量 L。

$$L = \alpha n_l n_{l+1} \qquad (10\text{-}11)$$

2）在 l 层中依概率 p_1 选取一个神经元 x_i^l，概率 p_1 正比于神经元 x_i^l 的度，即

$$p_1 = \frac{k_i}{\sum_{m=1}^{n_l} k_m} \qquad (10\text{-}12)$$

式中，k_i 为节点 i 的度。

3）在 $l+1$ 层中依概率 p_2 选取一个神经元 x_j^{l+1}，概率 p_2 正比于神经元 x_j^{l+1} 的度，即

$$p_2 = \frac{k_j}{\sum_{m=1}^{n_{l+1}} k_m} \qquad (10\text{-}13)$$

式中，k_j 为节点 j 的度，如果 k_j 等于零，则在 $l+1$ 层中随机选取一个神经元。

4）在神经元 x_i^l 和神经元 x_j^{l+1} 之间建立连接，方向由 x_i^l 指向 x_j^{l+1}，表示信息由第 l 层传至 $l+1$ 层。

5）如果建立的连接数小于 L，则转到式（10-12），否则结束。

在线社交网络上信息传播具有社会强化效应，如对一条信息来说，传播过程中，行为人倾向于接受亲密朋友的信息。社会强化效应对应的是节点间的关系强度，即模型中的连接权重 w，$w \in (0,1]$，两个行为人之间的连接权重越大，则在信息传播过程中，接收信息的行为人从这个连接收到的信息量越大。虽然应用节点的属性度量节点间的连接权重具有很好的效果，但是很多情况下这些数据的获取非常困难，甚至是不可能的，因此，通过观察节点间的交互行为，采用各层网络神经元节点的度分布来度量连接权重，是更为简单易行且可靠的方法。

假设 l 层上有 m_l 个神经元与 $l+1$ 层上第 j 个神经元相连接，则 l 层上 m_l 中第 i 个神经元与神经元 j 相连接的权重可表示为

$$w_{ij}^l = \frac{k_i}{\sum_{m=1}^{m_l} m} \qquad (10\text{-}14)$$

连接权重是影响信息传播路径的重要因子，它使行为人偏爱和相信连接权重高的信息源传递过来的信息。

综上所述，信息传播神经网络的构造算法伪代码如算法 10-1 所示。

算法 10-1　CreateNeuralNetwork(N,k,a)

输入：网络节点数量:N

　　　　节点扩散系数:p

　　　　网络连通率:a

输出：神经网络图:ANNGraph

```
ANNGraph.node={-1}                        //初始化神经网络图 ANNGraph
ANNGraph.edge={0}
ANNGraph.weight={0}
for i =1 to 7 do
   nodeNum[i]=CountLayerNode(N,p)         //计算各层神经元数量
for i=1 to 7 do
   for j=1 to nodeNum[i] do
      ANNGraph.node[i][j] = 1             //生成神经元节点
      for i =1 to 6 do
   linkNum=a*nodeNum[i]*nodeNum[i +1]//计算第 i 层与第 i +1 层之间的连接数
   for j =1 to linkNum do
    randv1=getRandomInt(nodeNum[i])
```

```
  if randv1.degree!=0
    p=v1.degree/totalDegree(i)
    randp=getRandomInt(1)
    if randp<p then
    v1=rand v1
  else
    v1=rand v1
  randv2=getRandomInt(nodeNum[i+1])
  if rand v1.degree!=0
    p= v1.degree/totalDegree(i+1)
    randp=getRandomInt(1)
    if randp<p then
      v1=rand v1
  else
    v1=rand v1
  ANNGraph.edge[i][v1][v2]=1   //在第 i 层的 v1 节点与第 i+1 层的 v2 节点之间建立连接
for i =1 to 6 do                //计算连接权重
for r=1 to nodeNum[i]
  for c=1 to nodeNum[i+1]
    degreeSum=0
  for m=1 to nodeNum[i]
   if ANNGraph.edge[i][m][c]==1
     degreeSum=degreeSum+node[i][m].degree
ANNGraph.weight[i][r][c]=node[i][r].degree/degreeSum
```

5. 网络结构动态更新

在在线社交网络中，行为人通过信息分享、信息交互的方式来联系彼此，联系的实体是基于社交网络上"关注"与"被关注"的关系。但这种关系一般属于弱连接关系，只对信息传播的广度有效，对信息传播的深度作用效果不明显。神经网络随着信息传播活动的进行，网络结构会更新，神经元间的连接及连接权重会动态调整[22]。网络结构动态更新策略是弱连接关系容易断开，群体内部连接关系得到增强。具体操作是在相邻两层网络之间，找出度大的节点之间的连接予以断开，重新连接度小的节点，以体现出在线社交网络上小群体之间的关系（如家庭关系、同学关系、同事关系等）更稳定、更可靠。

6. 信息正向传播过程

为了研究信息传播的效果和网络舆情的演化，从信息对行为人的影响程度视角，度量出行为人对信息所表达的信念、态度、意见和情绪等的总和，统一用观点值指标表示，信息传播过程实际上就是向别人表达自己观点值的过程。假设用列向量 $\boldsymbol{X}^l=[x_1^l,x_2^l,\mathrm{L}\ ,x_i^l,x_{n_1}^l]^{\mathrm{T}}$ 表示第 l 层网络神经元的观点值，矩阵 $\boldsymbol{W}^l$ 表示 l 层和 $l+1$ 层网络神经元之间的连接权重，则信息正向传播公式为

$$\boldsymbol{P}^{l+1} = ((\boldsymbol{X}^l)^{\mathrm{T}} \boldsymbol{W}^l)^{\mathrm{T}} \tag{10-15}$$

式中，$\boldsymbol{P}^{l+1}$ 为正向传播到 $l+1$ 层网络神经元的观点值。传播完成后 $l+1$ 层网络神经元的新观点值 $(\boldsymbol{X}^{l+1})'$ 等于自身原观点值和刚接收到的观点值的算术平均值，即

$$(\boldsymbol{X}^{l+1})' = \frac{\boldsymbol{X}^{l+1} + \boldsymbol{P}^{l+1}}{2} \tag{10-16}$$

事件信息正向传播过程如下。

1）时刻 t_0 由外部事件引发的信息注入神经网络第 1 层（输入层）的神经元上，用观点值（$x_1^1, x_2^1, \mathbf{L}, x_i^1, x_{n_1}^1$）表示当前行为人对该信息的所持观点，由于各行为人立场不同、情感不同，一般情况下神经元上的观点值也不相等。

2）经过一个时间步的时滞后，在时刻 t_1，第 1 层神经网络中的神经元将自己的观点值与传播阈值进行比较，如果观点值大于传播阈值，则按式（10-15）传播规则将自己所持意见值信息向与之相连接的第 2 层（传播层）神经网络的神经元进行传递。

3）第 2 层神经网络的神经元根据与之相连接的信息源按连接权重进行线性组合得到自己的观点值，再与自身的传播阈值进行比较，观点值大于传播阈值的，在时刻 t_2 向第 3 层神经网络中的神经元进行信息传递。

4）类似过程重复进行，事件信息经第 4～6 层网络神经元传播，在时刻 t_6 传至第 7 层。第 7 层为信息终结层，该层神经元处于传播网络的边界，信息传播终止于此，不再向其他节点转发信息。

经过一次完整的信息正向传播后（$t_0, t_1, \mathbf{L}, t_6$），神经网络中每个神经元都具有一定的观点值，形成在线社交网络舆情。神经网络第 7 层远离输入层，与产生信息的事件本身相关度非常低，用第 7 层网络神经元上观点值的离散程度来衡量在线社交网络的信息传播舆情状况最为客观。因此，本章采用第 7 层网络的舆情熵 H 来度量网络舆情水平，舆情熵是社交网络系统观点值无序程度的量度，舆情熵大，表示观点值出现的概率大，意味着对信息认可度"混乱"和"分散"；舆情熵小，表示观点值出现的概率小，意味着对信息认可度"统一"和"集中"。舆情熵 H 计算方法如下：

$$H = -\sum p_i \ln p_i \tag{10-17}$$

式中，p_i 为第 7 层网络中各神经元所持不同观点值的概率。观点值越离散，舆情熵值越大；反之，舆情熵值越小。

另一种度量传播舆情的指标是观点值标准差 S，同样能反映一个社交网络上各节点观点值的离散程度，如下所示：

$$S = \sqrt{\frac{1}{N} \sum_{l=1}^{7} \sum_{i=1}^{n_l} (x_i^l - \bar{x})^2} \tag{10-18}$$

式中，$\bar{x}$ 为神经网络上神经元观点值的算术平均值；N 为神经元数量。

7. 舆情差值逆向传播过程

在线社交网络的用户收到信息后，会对信息进行评论、点赞等操作，实际上就是向信息发送者反馈自己的意见，进行信息交互。为了体现用户间信息的交互行为，通过神经网络逆向传递舆情差值，以修正各神经元所持观点值。

舆情差值 E 表示网络舆情的离散和混乱程度，数值上等于网络平均观点值与神经元观点值之差再与舆情熵的乘积，表示为

$$E^l = H(\overline{x}I - X^l) \tag{10-19}$$

式中，E^l 为第 l 层网络神经元的舆情差值；H 为舆情熵，由式（10-17）计算求得；I 为单位向量。

舆情差值由神经网络第 7 层，逐层反馈逆向传播，直至输入层，逆向传播规则如下：

$$E^{l-1} = \lambda W^{l-1} E^l \tag{10-20}$$

式中，E^{l-1} 为 $l-1$ 层网络神经元的舆情差值；λ 为逆向信息传播率，$\lambda \in (0,1]$，表征反馈信息传播的强度；W^{l-1} 为 $l-1$ 层和 l 层网络神经元之间的连接权重。

舆情差值逆向传播的结果使网络神经元的观点值得到不断修正，将节点原观点值与接收到的舆情差值之和作为神经元节点的新观点值，即

$$(X^{l-1})' = X^{l-1} + E^{l-1} \tag{10-21}$$

式中，$(X^{l-1})'$ 为 $l-1$ 层网络神经元的新观点值；X^{l-1} 为 $l-1$ 层网络神经元的原观点值。

8. 网络舆情演化过程

网络舆情是在一定的社会空间内，通过网络围绕中介性社会事件的发生、发展和变化，民众对公共问题和社会管理者产生和持有的社会政治态度、信念和价值观。网络舆情是社会舆情在互联网空间的映射，是社会舆情的直接反映。然而，网络舆论出现具有不确定性、引导能力弱、价值观扭曲等问题，需要网络舆论引导者，即媒体，建立预警机制实现精准引导，遏制不良网络舆情的产生，端正价值观实现理性引导。因此，在模型中引入了媒体观点注入环节。

网络舆情的形成需要空间和时间，在线社交网络信息传播与舆情演化模型中空间就是信息传播神经网络，时间就是信息传播、信息交互的历时过程。一个完整的网络舆情演化流程如图 10-3 所示，具体过程如下。

步骤 1，由外部事件引发的某条信息注入神经网络输入层，使输入层神经元具有相应的观点值。

步骤 2，是否存在媒体引导行为，如有，则将媒体观点值也注入神经网络输入层，并与神经元所持观点值进行线性叠加运算；如无，则转入步骤 3。

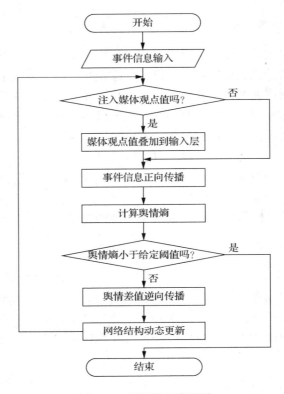

图 10-3　舆情演化流程图

步骤 3，按照式（10-15）传播规则进行事件信息正向传播。

步骤 4，此时信息也传遍整个神经网络，计算网络舆情熵。

步骤 5，网络舆情熵是否小于某个预先给定的阈值，如是，则表明网络舆情已收敛，演化结束；否则，转入步骤 6。

步骤 6，计算舆情差值并进行逆向传播，以修正各神经元的观点值。

步骤 7，更新网络拓扑结构，转入步骤 2。

经过一定次数的演化迭代，网络舆情会收敛到一个比较小的区间内，表明在在线社交网络上，事件信息经充分传播、交流、讨论后，大众观点会大致趋向于统一，但无法达到完全统一。同时，在线社交网络上用户存在着明显的群体效应，群体内部观点较为统一，但群体之间观点存在一定差异。

10.4　实验分析与舆情演化分析

为了验证人工神经网络在线社交网络信息传播与舆情演化模型——IPNN 模型的有效性，构建了节点规模为 $N=1000$ 的神经网络，开展仿真实验，仿真实验参数设置如表 10-2 所示。

表 10-2 仿真实验参数设置

参数名称	符号表示	数值
网络节点数	N	1 000
节点扩散系数	ρ	2
观点值	x	(0,10)
节点阈值均值	—	2
逆向信息传播率	—	0.05
节点连通率	α	0.1
节点重连率	β	0.05

10.4.1 信息传播神经网络拓扑特征

根据表 10-3 所示神经网络的分层特性，将在线社交网络节点逐一分配到信息传播神经网络的输入层、传播层、终结层，各层节点数量如表 10-3 所示。

表 10-3 各网络层节点数量

网络层次编号	网络层次名称	节点数量
1	输入层	8
2	传播层	16
3	传播层	32
4	传播层	63
5	传播层	126
6	传播层	252
7	终结层	503
小计		1 000

如表 10-3 所示，输入层节点数量较少，一般由事件亲身经历者或直接目击者组成；传播层节点连接呈放射状，节点数目迅速增加；终结层节点数量大，与事件本身相关度低，对信息和事件并不关心，更不会向外传播。

传播层和终结层节点度分布如图 10-4 所示。由图 10-4 可知，各层节点度分布并不均匀，近似服从正态分布，说明网络中存在明显的意见领袖现象，各个节点在信息传播中的重要性不同，节点观点值主要通过度大的节点产生影响。每个节点一般有多个信息来源，这与实际认知相符，对于一个热点事件信息，行为人会从在线社交网络上多个朋友圈收到相应信息。

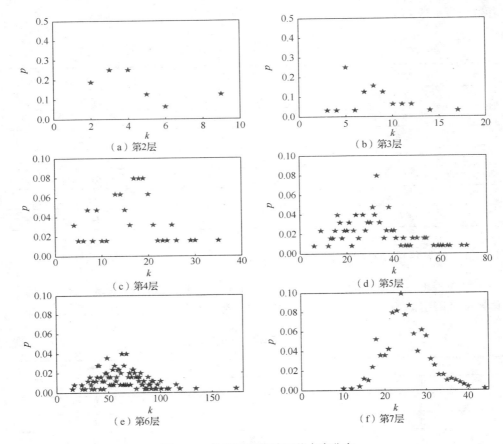

图 10-4　传播层和终结层节点度分布

10.4.2　网络舆情演化分析

用 T 表示一个完整的信息传播周期，包括信息正向传播过程、舆情差值逆向传播过程和网络结构动态更新过程，通过迭代演化实验，观察网络舆情如何产生及与哪些因素有关。

1. 网络舆情收敛性

基于人工神经网络的在线社交网络信息传播与舆情演化模型的迭代演化过程如彩图 14 所示。在 $T=0$ 时，节点观点值分散；随着演化的进行，观点值逐渐统一，在 $T=6$ 时，网络舆情基本形成；在 $T=12$ 时，网络舆情收敛于 $x \in [6.4, 7.2]$ 中的几个稳定值上，之后无论演化多少个时间步，网络舆情不再变化。

由图 10-5 可知，事件发生时，不同的当事人或目击者所处视角不同，自身专业水平、用户观点值不同，而且受利益相关性的影响有时观点值差异很大，如某人在事件中受益，则他们传播正面信息，观点值大；在事件利益受损，传播负面信息，观点值小。然后，各节点经信息分享、评论点赞、交流互动之后，节点观点值迅速趋向统一。最后，受在线社交网络群体行为的影响，观点值收敛于几个非常接近的数值。

在演化过程中，网络舆情熵变过程如图 10-5 所示，在 $T=0$ 时，舆情熵为 2.87，节点观点值混乱，随着演化的进行迅速下降，在 $T=6$ 时，曲线下降趋势变得平缓，最终稳定为 1.09。这表明网络舆情形成需要一个过程，即使演化的时间无限延长，也无法达到绝对的统一。

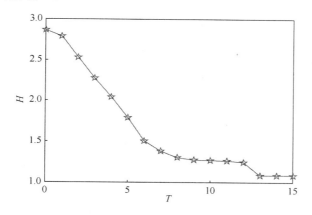

图 10-5　网络舆情熵变过程

在演化过程中，节点观点值标准差变化过程如图 10-6 所示。在 $T=0$ 时，标准差为 0.82，观点值离散，偏差较大；随着演化的进行迅速下降，在 $T=6$ 时，下降为 0.17，最终稳定在 0.096，从样本统计角度反映了节点观点值的分布状态。

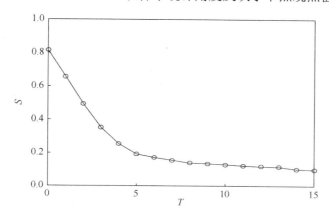

图 10-6　节点观点值标准差变化过程

　　2. 逆向信息传播率的影响

　　神经网络逆向传递舆情差值，舆情差值变化过程如彩图 15 所示，节点舆情差值分布在零附近的非对称区间上，随着演化过程的推进，舆情差值的绝对值不断下降，并趋近于零。

　　根据式（10-20），逆向信息反馈量不仅与舆情差值、连接权重有关，而且逆向信息传播率 λ 也是一个重要影响因素，分别选取逆向信息传播率 $\lambda = 0.01, 0.05, 0.1, 0.2$，观察网络舆情演化过程，所得结果如彩图 16 所示。

　　由彩图 16 可见，当逆向信息传播率 $\lambda = 0.01$ 时，节点观点值无法快速收敛，不能形成网络舆情；随着 λ 逐渐增大，收敛性能逐渐变好，舆情形成速度加快，当 $\lambda = 0.1$ 时，达到最优值，$T = 5$ 时网络舆情基本形成，而且舆情熵最终下降至 0.52；λ 继续增大，当 $\lambda = 0.2$ 时，演化过程中节点观点值混乱，有些节点的观点值出现振荡现象，虽然最终宏观趋势走向统一，但舆情熵仅下降至 0.64。表明逆向信息传播率 λ 属于模型超参数，取太大或太小都无法使模型达到最优状态，需要根据经验值进行设定。

　　3. 用户观点阈值的影响

　　神经网络中每个神经元节点存在一个观点阈值，该阈值表示用户对信息的兴趣度，如果观点值低于阈值，表示节点对该信息无兴趣、不关心，不予转发和传播。

　　根据数理统计知识易知，节点阈值 θ 服从正态分布，$\theta \sim N(\mu, \sigma^2)$，分别取阈值均值 $\mu = 0, 2, 4, 6$ 进行仿真，对演化结果的影响如彩图 17 所示。当 $\mu = 0$ 时，网络中几乎所有节点都参与信息传播，网络极度活跃，网络舆情收敛速度快。然后随着 μ 值逐渐增大，网络舆情收敛性能变差，当 $\mu = 4$ 时，很多节点观点值衰减为零，节点观点值离散，无法收敛；当 $\mu = 6$ 时，绝大多数节点观点值低于节点阈值，剩余节点无法形成有效的信息传播路径，因此节点观点值离散，经过多轮演化仍无法收敛到一个小区间，表明网络节点免疫能力越强，对信息的分享、交流欲望越低，参与信息传播的人数越少，无法形成网络舆情。

　　4. 媒体观点的影响

　　网络舆情是一把双刃剑，各国政府高度重视网络舆情，建立了相应监控机制，运用主流媒体积极引导，把握正确的舆情方向，推进社会健康良性发展。因此，事件信息传播过程中，一般会有媒体介入，但是，不同的时间、不同的报道频率对网络舆论引导的效果也不同。彩图 18 显示了媒体观点值为 9，媒体报道频率分别取 $M = 0.1, 0.3, 0.5, 0.7$ 时的演化效果。

　　如彩图 18（a）所示，在媒体报道频率 $M = 0.1$ 时，事件信息自由传播，基本无干预，当演化到 $T=10$，注入了一次媒体观点值，网络节点出现一次观点值跃迁现象，但因媒体报道频率较低，演化最终节点观点值 $x \in [7,8.1]$，偏离预设的媒体观点值 9 较大，引导效果不佳；彩图 18（b）中，在 $M=0.3$ 时，报道频率增加，分别在 $T=3,6,10,13$ 时注入了媒体观点值，演化最终节点观点值 $x \in [7.8,8.9]$，引导效果有所提升；图彩 18（c）和（d）中，进一步提升了媒体报道频率，可见节点观点值曲线变得平滑，无明显阶跃，节点观点值最终收敛于 $x \in [8.3,9]$ 和 $x \in [8.4,9]$，网络舆情引导效果好。以上分析表明，针对在线社交网络上的公共事件信息传播，需要进行信息管控，并适时进行媒体宣传引导，而且媒体介入时间越早，媒体报道频率越高，网络舆情引导的效果越好。

10.4.3　与传统舆情演化模型的比较

首先根据传统舆情演化模型构建 1 000 个节点的传播矩阵，以神经网络第一轮信息扩散的结果作为节点观点值初值，用神经网络的层间连接状态生成传统舆情模型的权值矩阵 W，然后分别在传统舆情演化模型与基于人工神经网络的信息传播与舆情演化模型——IPNN 模型上演化迭代 15 次（彩图 19）。

在线社交网络上，用户数量大，群体效应明显，相对所有节点全连接而言，节点间连接稀疏，以至于重视所有节点间直接交互的传统舆情演化模型收敛性较差，如彩图 19（a）所示。事件信息仅在网络中小群体内部得到了讨论和交流，实现群体内观点的统一，但群体间由于连接数较少，无法形成统一的观点。从彩图 19（b）也可看出，传统舆情演化模型中节点观点值标准差下降缓慢，稳定在 0.65 处。

基于人工神经网络的信息传播与舆情演化模型依据六度分隔理论采用七层神经网络，模型收敛性能好，节点观点值能迅速统一，经过五轮演化后基本形成网络舆情，如彩图 19（c）所示。节点观点值标准差呈指数趋势下降，最终稳定在 0.01 上，表明社交网络上不管是群体内部，还是群体之间，观点都高度统一，表明基于人工神经网络的信息传播与舆情演化模型较好地刻画了信息传播及舆情演化的过程。

基于人工神经网络的信息传播与舆情演化模型是借鉴近年来非常热门的人工神经网络研究成果，结合在线社交网络信息传播理论，特别是六度分隔理论，以在线社交网络上用户间的交互行为为研究对象，从用户交互的时间序列、关系强度和参与交互的节点重要性三个角度出发，分别用信息传播神经网络的分层结构、连接权重和节点度进行描述，精准刻画了交互行为的特征对信息传播效果的影响，进而揭示了社交网络舆情形成的过程和机理。

为了降低问题的复杂性，基于人工神经网络的信息传播与舆情演化模型在建模过程中也做了适当简化和近似处理。对于某些网络小群体，内部连接数相当大，近似于全连接，如家庭群体、工作班组群体，模型中仍然需要强制分层处理，按信息传播路径将节点归入与其相连接的直接信息源的下一层网络中，并斩断其与同一层网络间的连接。对于网络舆情熵，为了减少计算复杂度，以终结层节点的舆情熵近似代替网络的全局舆情熵，从理论分析和仿真结果可知，这种近似是合理的。另外，基于人工神经网络的信息传播与舆情演化模型底层架框是人工神经网络，神经元数量大，连接数多，网络整体显得庞大复杂，计算时间长而且成本高。

本 章 小 结

　　本章首先对近年来在线社交网络发展及网络舆情演化计算方法进行了总结，对传统研究方法和基于人工神经网络的研究方法进行了对比分析。然后以传播学六度分隔理论为依据，以舆情熵作为度量信息传播和网络舆情演化的评价标准，构建了包括输入层、传播层和终结层在内的七层神经网络模型；以神经元模型为基础，推导出事件信息正向传播算法、舆情差值逆向传播算法、网络结构动态更新算法，这一系列迭代算法组成一个有机整体，作为信息传播动力学原型，较好地刻画了在线社交网络信息传播和舆情演化的过程，揭示了信息扩散传播、用户观点变迁、网络舆情形成的内部规律。最后通过仿真实验，分析了网络舆情收敛过程，以及模型各参数的影响情况，并将基于人工神经网络的信息传播与舆情演化模型与基于连接矩阵的传统舆情演化模型进行了对比分析，结果显示提出的基于人工神经网络的信息传播与舆情演化模型是合理、有效的，为在线社交网络舆情演化研究提供了一种新的研究思路和方法。

参 考 文 献

[1] HAN X. Analysis on the current situation of online news communication and public opinion and its countermeasures[J]. Agro food industry hi tech, 2017, 28(1):2932-2934.

[2] DAVE S H, KELLER B D, GOLMER K, et al. Six degrees of separation: connecting research with users and cost analysis[J]. Joule, 2017, 1(3):410-415.

[3] REPUTATION N, FORWARDING M, RATE H A. A fuzzy collusive attack detection mechanism for reputation aggregation in mobile social networks: a trust relationship based perspective[J]. Mobile information systems, 2016(4):1-16.

[4] CHIASSERINI C F, GARETTO M, LEONARDI E. Social network de-anonymization under scale-free user relations[J]. IEEE/ACM transactions on networking, 2016, 24(6):3756-3769.

[5] WANG J, GUO M, ZHANG L, et al. Research on dissemination rule of public opinion from SNA perspective: taking the vaccine safety event as an example[J]. Studies in media & communication, 2017, 5(1):42.

[6] XIAN M O, QIAN J M, QIAN W U. Social network model with community characteristics[J]. Communications technology, 2018, 51(2):376-380.

[7] LIU X, LI T, WANG Y, et al. An SIS epidemic model with infective medium and feedback mechanism on scale-free networks[J]. Open access library journal, 2017, 4(5):1-9.

[8] LIM S, SHIN J, KWAK N, et al. Phase transitions for information diffusion in random clustered networks[J]. European physical journal b, 2016, 89(9):188-203.

[9] ZHANG Y, LYU T, ZHANG Y. Hierarchical community-level information diffusion modeling in social networks[C]. International ACM SIGIR Conference on Research and Development in Information Retrieval, ACM, 2017:753-762.

[10] DURRHEIM K, QUAYLE M, TREDOUX C G, et al. Investigating the evolution of ingroup favoritism using a minimal group interaction paradigm: the effects of inter- and intragroup interdependence[J]. Plos one, 2016, 11(11):e0165974.

[11] KARAN R, BISWAL B. A model for evolution of overlapping community networks[J]. Physica a: statistical mechanics & its applications, 2017, 474:380-390.

[12] CHEN X, ZHANG C, HU Y, et al. Temporal social network: group query processing[C]. International Workshop on Database and Expert Systems Applications, 2017:181-185.

[13] CHEN X G, DUAN S, WANG L D. Research on clustering analysis of internet public opinion[J]. Cluster computing, 2018(6):1-11.

[14] CHEN X, XIA M, CHENG J, et al. Trend prediction of internet public opinion based on collaborative filtering[C]. International Conference on Natural Computation, Fuzzy Systems and Knowledge Discovery, 2016:583-588.

[15] YANG Y. Research and realization of internet public opinion analysis based on improved TF-IDF algorithm[C]. IEEE Computer Society, 2017:80-83.

[16] GAO X, FU L. Methods of uncertain partial differential equation with application to internet public opinion problem[J]. Journal of intelligent & fuzzy systems, 2017, 33(1):1-11.

[17] YIN F, ZHANG B, HUANG B, et al. An public opinion trend prediction method based on neural network algorithm[C]. IEEE International Conference on Computational Intelligence and Applications, 2017:440-444.

[18] WANG F. The evaluation of public opinion in the internet using optimized neural network and genetic algorithm[C]. Advanced science and technology, 2016:57-62.

[19] ZHANG X. Network public opinion data mining model of hierarchical multi level[J]. Journal of computational & theoretical nanoscience, 2016, 13(12):9498-9501.

[20] JIANG M, JIN L, QIN F, et al. Network public comments sentiment analysis based on multilayer convolutional neural network[C]. IEEE International Conference on Internet of Things, 2017:777-781.

[21] HALCROW C, CARR L. SPENCE: a model to describe, measure and map online/offline community[C]. ACM Conference on Web Science, 2016:327-329.

[22] LIAN Y, DONG X, LIU Y. Topological evolution of the internet public opinion[J]. Physica a: statistical mechanics & its applications, 2017, 486:567-578.

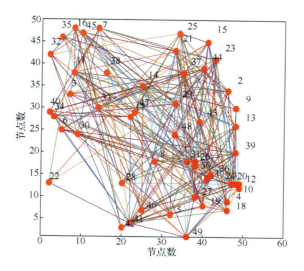

彩图 1　随机网络结构模型

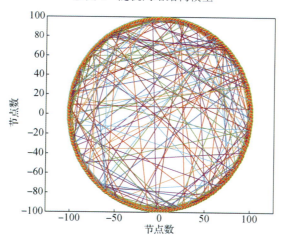

彩图 2　小世界网络结构模型

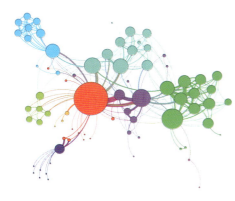

彩图 3　Gephi 绘制的图形

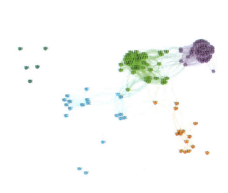

彩图 4　标签传播算法运行结果

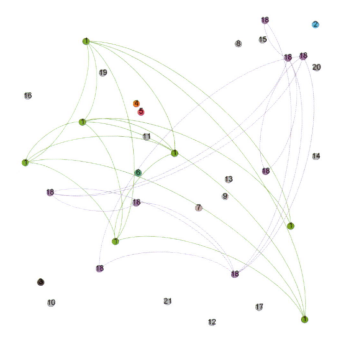

彩图 5　GN 算法发现的社区划分

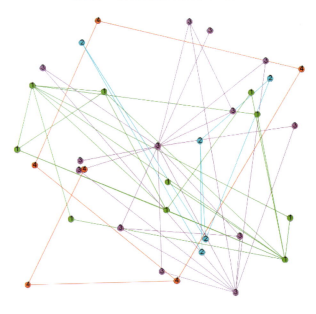

彩图 6　FN 算法发现的社区划分

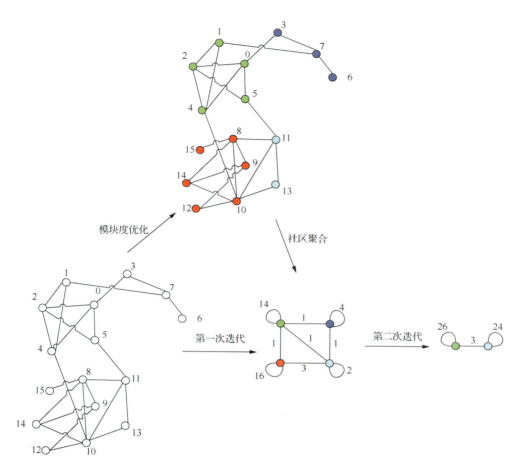

模块度优化

社区聚合

第一次迭代

第二次迭代

彩图 7   MICDA 过程示意图

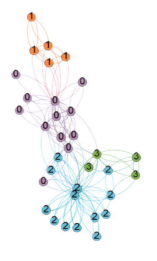

彩图 8   MICDA 发现的社区划分

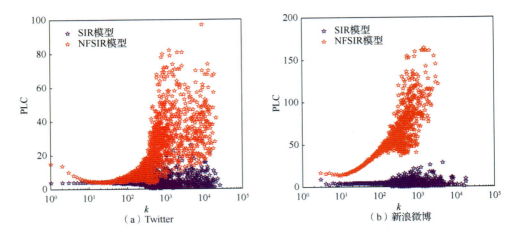

（a）Twitter （b）新浪微博

彩图 9 NFSIR 模型与 SIR 模型传播生存周期对比图

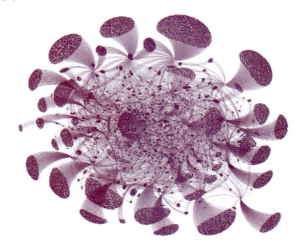

彩图 10 微博在线社交网络

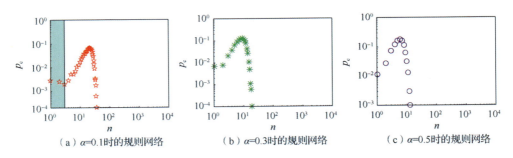

（a）α=0.1时的规则网络 （b）α=0.3时的规则网络 （c）α=0.5时的规则网络

彩图 11 级联粒度分布

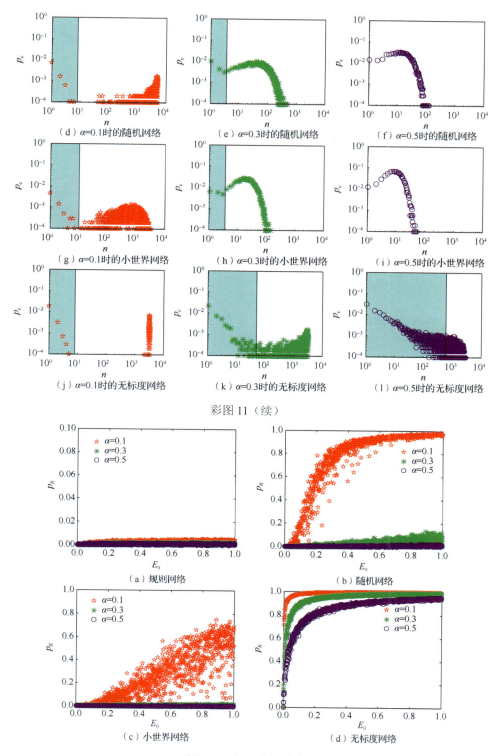

（d）α=0.1时的随机网络　　　（e）α=0.3时的随机网络　　　（f）α=0.5时的随机网络

（g）α=0.1时的小世界网络　　　（h）α=0.3时的小世界网络　　　（i）α=0.5时的小世界网络

（j）α=0.1时的无标度网络　　　（k）α=0.3时的无标度网络　　　（l）α=0.5时的无标度网络

彩图 11（续）

（a）规则网络　　　（b）随机网络

（c）小世界网络　　　（d）无标度网络

彩图 12　初始能量影响

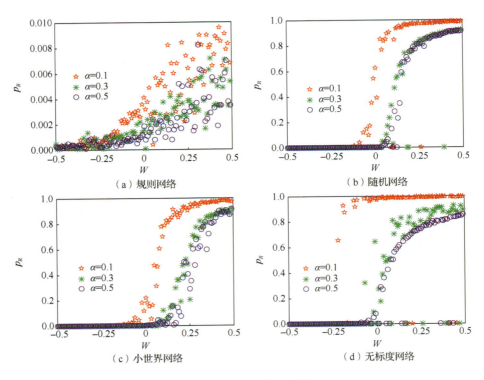

（a）规则网络 　　　　　　（b）随机网络

（c）小世界网络 　　　　　　（d）无标度网络

彩图 13　外力做功影响图

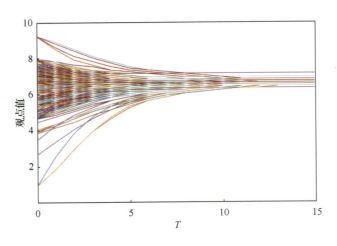

彩图 14　迭代演化过程

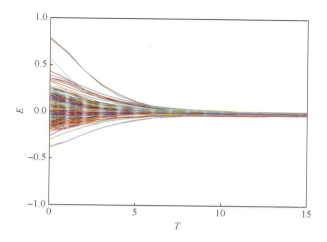

彩图 15　舆情差值变化过程

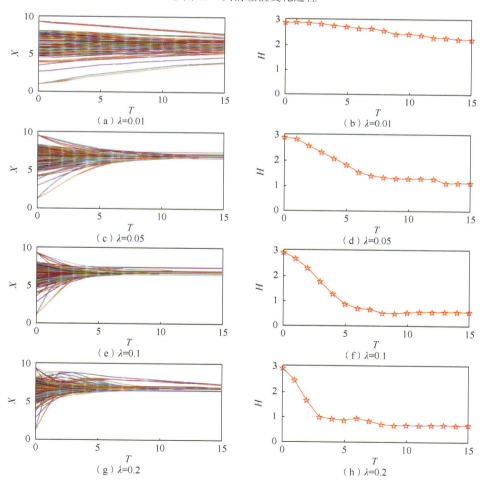

（a）λ=0.01　　　　　　　　　　　（b）λ=0.01

（c）λ=0.05　　　　　　　　　　　（d）λ=0.05

（e）λ=0.1　　　　　　　　　　　（f）λ=0.1

（g）λ=0.2　　　　　　　　　　　（h）λ=0.2

彩图 16　逆向信息传播率影响分析图

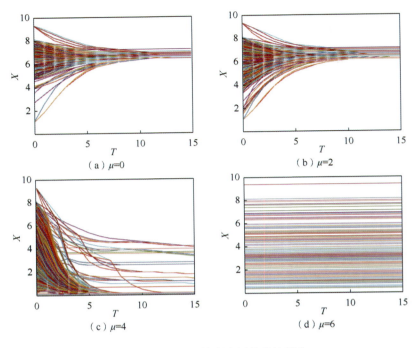

彩图 17　节点阈值影响网络舆情演化

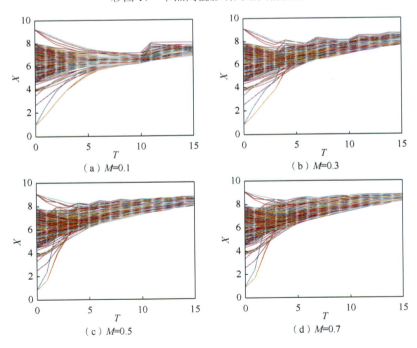

彩图 18　媒体影响网络舆情演化

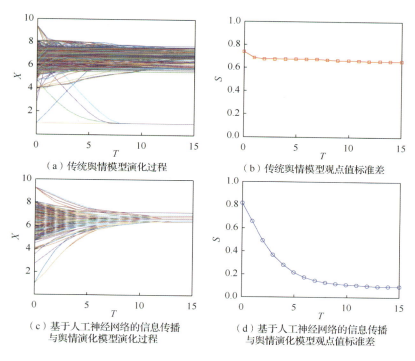

（a）传统舆情模型演化过程

（b）传统舆情模型观点值标准差

（c）基于人工神经网络的信息传播
与舆情演化模型演化过程

（d）基于人工神经网络的信息传播
与舆情演化模型观点值标准差

彩图 19　演化效果对比图